제1장

원시유가의 기원

1. 시작하는 말

유가의 기원에 관한 문제는 현재까지도 학계에서 이견이 분분한 분야로서, 이 문제에 관하여 연구자들마다 제 각기 서로 다른 각도에서 조명한 자신의 견해를 제시하고 있는 실정으로 아직 명확한 정설이 정해지지 않았다고 판단된다. 현재 학계에 거론되고 있는 유가의 기원에 대한 학설은 대략 다음과 같다고 할 수 있다.

먼저 공자 일생의 사적이나 공자의 사상체계로부터 유가사상의 기원을 탐색하는 학설로서, 이러한 각도에서 연구한 결과의 특징은 공자를 사회개혁가로 보고 있다는데 있다. 전목錢穆과 크릴H.G.Creel 같은 학자가 이러한 부류에 속한다.

다음은 사회체제의 거시적인 변화에 대한 분석으로부터 공자의 사상과 정치적 실천을 탐색하는 학설로서, 이러한 시각에서 연구한 결과는 공자를 중심으로 한 새로운 사회적 계층 및 학파가 발생했다고 하는 점에 그 특징이 있다고 할 수 있다. 조기빈趙起彬과 광아명匡亞明 및 카이즈카 시게키貝塚茂樹 같은 학자가 이러한 부류에 속한다.

그 다음은 '사士'나 '유儒' 등의 사회적 계층 혹은 사회적 단체의 실체로써 유가사상의 기원을 탐색하는 학설로서, 종합적인 특징을 가지고 있으며 여영시余英時 같은 학자가 이러한 부류에 속한다.

그 다음은 사상발전의 관점에서 유가사상의 기원을 탐색한 학설로서 '인仁'과 '예禮' 등의 개념의 변화를 중시한 점에 그 특징이 있다고 할 수 있다. 서복관徐復觀과 아카즈카 키요시赤塚忠 같은 학자가 이러한 부류에 속한다.

끝으로 연구자 자신이 설정한 철학적 관점에 기반 하여 공자 사상의 의미를 묘사한 학설로서 사상의 자율적 발전을 중시한 점에 그 특징이 있다고 할 수 있다. 이택후李澤厚와 모종삼牟宗三과 핑가레트H. Fingarette 같은 학자가 이러한 부류에 속한다.

이상과 같은 학자들의 학설은 매우 심도 있는 연구결과라고 판단되지만, 본문에서 제기하고자 하는 문제의식에 비춰볼 때 다음과 같은 세 가지 측면에 있어서 보완이 필요하다고 생각된다.

먼저 많은 학자들의 견해 속에는 공자 본인의 사상과 정치적 실천이 주요한 연구 대상으로 각인되어져 있으며, 일부 학자들과 같은 경우는 역사적 법칙의 공자에 대한 영향을 과도하게 중시하고 있다. 그러나 여기에서의 문제는 만일 유가를 일종의 사회세력으로 간주한다면 마땅히 유가의 집단으로서의 특색을 고찰해야 한다는 것이다.

다음은 대부분의 학자들이 공자 사상의 본질이나 의미의 측면에만 집중적인 고찰을 하기 때문에 유가사상이 왜 형성되었을까? 라고 하는 문제에는 상대적으로 소홀했다는 것이다. 다시 말하면 춘추전국시대의 사회에서 무슨 이유 때문에 유가사상이 출현했어야만 했는가의 문제에 대한 설명과 고찰이 부족하다는 것이다.

마지막으로 많은 연구 서적이 공자의 정치적 실천에 대하여 거론하고 있지만, 공자나 원시유가 사상의 정치성에 대해서는 거의 거론하고 있지 않다는 것이다. 즉 많은 학설들이 유가사상과 춘추전국시대의 국가들 사이의 대립적 측면만을 강조하여 유가학파와 춘추전국시대 국가들 간의 상호의존적 측면을 경시했다는 점이다. 만일 유가학파와 춘추전국시대의 국가들 사이에 대립적인 관계만 존재했다고 하면 유가의 세력이 어떻게 그처럼 빠르게 확산될 수 있었겠는가?

본문에서는 이상과 같은 문제의식에 기초하여 유가집단이 어떻게 발생하게 되었나 하는 사안에 대하여 다음과 같은 문제들을 중심으로 분석을 해보겠다. 유가집단과 그 사상의 연원은 어디에 있는가? 어떤 요인이 유가집단의 형성을 촉진시켰는가? 유가집단과 춘추전국시대의 새로운 형태의 국가와의 관계는 어떠했는가? 유가집단과 춘추전국시대 국가들의 결합은 어떠한 문제를 발생시켰는가?

2. 유가 학파의 연원

유가의 연원에 관한 문제에 대하여 유가 학파의 세 가지 사상 연원 즉 '유儒'·'사史'·'시악詩樂'의 측면과 유가의 주요한 사회적 모체로서의 '사士'의 실태 측면의 두 부분으로 나누어 살펴볼 수 있다.

먼저 '유儒'의 원시형태에 관한 문제부터 살펴보기로 하겠다. '유'란 무엇인가? '유'에는 어떠한 사상 내함이 담겨져 있는 것인가? 『설문해자』에는 "유는 부드러움이다. 술사의 호칭이다."[1]라고 기록되어 있다. '유'자의 의미에서 언급하자면 중요한 함의는 '수需' 부분에 있다고 할 수 있다. 시라카와 시즈카白川靜 같은 경우는 '수需'자의 원래 형태는 '우雨'와 '이而'인데, '이'자는 머리를 풀어헤친 무당을 의미하며, 그것에 '우'자가 더해져 그것이 가리키는 것은 비를 청하는 의식을 거행하는 '무격巫覡'을 의미하는 것이라고 한다.[2]

고대의 중국 특히 춘추시대 이전의 중국사회에는 '사祀'라고 하는 씨족집단이 있었다는 점에 유의할 필요가 있다. 이러한 '사'의 주요한 역할은 조상에 대한 의례를 담당하는 것으로 그들 즉 '사'의 신분이 높고 낮음의 관계없이 만일 '사'가 행사에 참여하지 않으면 왕이라고 할지라도 그들의 조상에 대한 제례를 진행할 수 없었다. 춘추시대의 사람들의 관념 가운데에 있어서 조상 역시 공동체의 구성에 포함되었으며 매우 중요한 존재였다.[3]

이러한 부분에서 주의해야 점은 고대사회에 있어서 '무격'과 '사'에 관한 사회적인 신분과 역할이 서한西漢시기 이후에 보여지는 사실들과는 다르다는 점에 반드시 유의해야 한다. 특히 춘추시대에 와서는 왕·제후와 '무격'사이는 명확한 구분이 없었다는 점에 반드시 유의할 필요가 있다. 즉 국가 차원의 제사를 거

---

1 許愼, 『說文解字』, "儒, 柔也, 術士之稱."

2 白川靜, 『孔子傳』, 東京, 中央公論社, 1989년, 78~80쪽 참조.

3 高木智見, 「春秋時代の神人共同體について」, 『中國-社會と文化』 集五, 1990년, 141~148쪽 참조.

행하는 때가 되면 왕·제후는 큰'무격'으로 변했는데, 이것은 왕·제후가 일정부분에 있어서는 무술巫術에 정통했음을 의미한다고 볼 수 있다. 이러한 상황은 상商나라시기에 특히 성행했던 것이기는 하지만 그렇다고 춘추시대에 와서 완전히 소실된 것은 아니라고 보기도 한다.[4] 그렇기 때문에 기우제 의식을 거행하는 '무격'이 어떤 때에는 전문적인 민간'무격'일 수도 있지만 또 어떤 때에는 '무격'으로 분장하여 '무격' 역으로 각색된 왕이나 제후일 수도 있다고 말할 수 있는 것이다.

그렇다면 '유儒'와 '유가'의 관계는 과연 어떠한 형태를 가지고 있는가 라는 문제에 대하여 살펴보도록 하겠다. 이러한 문제에 대해서는 춘추시대에 이르러 '무술巫術' 등 각종 의례에 관한 전문지식이 어떤 방법을 통하여 다음 세대로 전해질까? 라고 하는 물음에서 접근하는 편이 타당하다고 여겨진다. 즉 고대의 중국사회에서 전문적인 기능과 지식을 배울 수 있었던 곳에는 두 종류가 있었다. 하나는 고대의 각 나라에서 운영하던 학교로 서주西周시기의 '벽옹辟擁' 같은 경우가 그것에 해당된다. 다른 하나는 각 씨족의 내부에서 운영하던 학교이다. 중요한 점은 왕이나 제후 및 귀족들은 국가에서 운영하는 학교나 씨족에서 운영하는 학교를 선택하여 교육을 받을 수 있었으며, 본래 이러한 전문적인 지식들을 보유하고 있는 씨족집단이 존재하고 있다는

4 송나라에서 이러한 풍속이 특히 성행했는데, 『莊子』 등의 기록에 보이는 바와 같이 친히 기우제를 주재하는 송나라 경공景公의 경우 큰 무당의 면모를 가지고 있다고 할 수 있다.

것이다. 한편 그들은 왕이나 제후가 주관하는 각종의 국가차원의 제사 의례에 참여하면서 '무술' 등의 전문적인 지식과 기술을 왕이나 제후 귀족들의 자제에게 전수하기도 했다. 다른 한편으로는 비교적 중요한 전문적인 지식은 씨족집단 내부의 다음 세대에 전수하기도 했다.

춘추시대의 '유'는 '무술' 등 제사 의례와 관련된 전문적인 지식과 기술을 보유하고 있었던 씨족집단이었을 것으로 생각된다. 그들 가운데 국가차원의 대규모적인 제사의 진행 및 준비를 담당하는 '대유大儒'와 민간차원의 소규모적인 제사의 의례를 담당했던 '소유小儒'가 있었을 것이다. 그러므로 공자는 일찍이 "너는 군자다운 유자가 되어야지, 소인 같은 유자는 되지 마라."[5]라고 언급했던 것이다.

'유'와 '유가'의 관계에 대하여 적지 않은 학자들이 '무격'이나 '사祀' 등의 제사를 담당하는 집단을 유가의 원초적인 형태로 간주한다. 특히 근래의 고대문자학과 문화인류학의 발전은 갈수록 춘추시대의 '유'와 유가사상의 관련성에 힘을 실어주고 있다. 그러나 설사 그와 같다 손치더라도 앞에서 언급한 사실들로는 '무술巫術'을 담당했던 무당이나 신과 인간의 소통자의 역할을 했던 '사祀'가 갑자기 변하여 '덕치德治'나 '예치禮治'의 정치사상을 포함한 '유儒'로 변모 될 수 있었는가 라고 하는 문제에 대해서는 충분한 해답을 주고 있지 못하고 있다.

5 『論語』, 「雍也」, "女爲君子儒, 無爲小人儒."

'유儒' 혹은 '사祀'는 도대체 어떻게 그러한 정치사상으로 발전할 수 있었을까? 라는 문제에 대하여 다음과 같은 각도에서 조명할 수 있을 것이다. 먼저 '유'의 원초적인 형태는 민간차원의 제사의 의례를 담당했던 '무당'이면서 왕이나 제후 및 귀족들의 '교육자'임과 동시에 국가차원의 제사 의례 거행에서 빠져서는 안 될 조력자로서의 '유'였던 것이다. 이들에게는 자신들의 전문적인 지식을 정치철학으로 발전시킬 수 있는 능력과 의지가 있었을 것으로 판단된다. 다른 하나는 대체로 기술을 갖춘 모든 집단들과 마찬가지로 '유'의 존재형태는 씨족집단 위주로 이루어졌을 것인데, 그 가운데 국가차원의 행사에 영향력을 충분히 발휘할 수 있을 만한 씨족단체가 있어서 그들이 평상시에는 '무술巫術'에 종사하다가 일단 정치적인 분쟁이 발생했을 때는 '유'는 왕이나 제후 및 귀족들의 입장을 지도하면서 집단적인 역량을 이용하여 가볍게 여길 수 없는 실력을 발휘할 수 있었을 것이라고 생각한다.[6] 이와 같이 볼 때 유가집단의 출현 이전에 '유'는 이미 정치집단으로서의 잠재적 가능성을 보유하고 있었다고 볼 수 있으며, 이러한 의미에서 정치철학의 발생은 자연스러운 현상이라고 판단된다.

『논어』의 가치관을 분석해보면 원시유가가 '시詩'와 '음악樂'을 매우 중요시했음을 쉽게 발견할 수 있다. 공자는 "시에서 흥취를 갖게 되고, 예로써 자립하게 되고, 음악에서 완성시키는 것이

6 白川靜, 『孔子傳』, 東京, 中央公論社, 1989년, 127~130쪽 참조.

다."[7]라고 했는데, 이러한 공자의 언급 속에는 주어가 생략되었기 때문에 우리는 '흥취'와 '자립' 및 '완성'의 주체가 학습의 대상인지 아니면 인간의 덕성인지를 결정 할 수가 없는 것이다. 그러나 여기에서 최소한 원시유가가 '시'와 '음악'을 매우 중시했다는 사실만큼은 알 수 있다. 그렇다면 고대의 중국인에게 있어서 '시'와 '음악'은 그들에게 어떠한 의미를 부여하는 것이었을까? 또한 유가에서 '시'와 '음악'을 학파의 이데올로기 형성수단으로 끌어들인 이후 '시'와 '음악'은 유가사상에 어떠한 영향을 끼쳤을까?

현대의 문헌고증학 및 문화인류학의 연구결과에 의하면 우리가 접하고 있는 『시경』의 원형은 연애가요와 제사의례용 노래였다.[8] 이 가운데 두 번째 의미를 특별히 주시할 필요가 있는데, 제사의례용 노래의 제작은 '신神'에게 봉헌 드리기 위한 행위로서 고대인은 이러한 행위에 대하여 경건하게 임했다. 그러므로 이러한 노래의 제작 행위에 대하여 고대인들은 최고의 지식과 사고력을 발휘했을 것이다. 서주시기 말기에는 '시'의 창조는 제사의례용 노래의 범주에서 독립하게 되는데, 이는 인간의 창조적 사고의 시작이 '시'의 방식으로 나타났음을 의미하는 것이다. 따라서 고대인들은 '시'를 통하여 생활의 고달픔과 정치와 사회에 대한 비판과 미래에 대한 불안 등등 자신과 사회의 각종 관계

7 『論語』, 「泰伯」, "興於詩, 立於禮, 成於樂."

8 松本雅明, 「古典の形成」, 『世界歷史』 卷四, 東京, 岩波書店, 1970년, 127~130쪽 참조.

를 표명하기 시작한다. 춘추시대에 와서 '시'에 대한 새로운 창조는 이미 종말을 고하고, 고대 선인들의 지적유산으로 변모하여 외교의전 등의 수사용으로 사용되는데 이러한 것이 '시'의 '단장취의斷章取義' 라고 하는 것이다. '시'의 '단장취의' 형식이 춘추시대 귀족들의 언어생활에 영향을 준 것은 '시'의 수사적인 기능과 음운의 탁월성 때문만이 아니고 '시'의 내용 자체가 고대인들의 최고 지적활동의 결과였기 때문인 것이다.

그렇기 때문에 『논어』에서는 "공자께서 백어에게 말씀하셨다. 너는 주남과 소남을 공부하였느냐? 사람으로서 주남과 소남을 공부하지 않으면, 그는 마치 담벼락을 마주 대하고 서 있는 것과 같을 것이다."[9]라고 언급한 것이다. 이곳에서 "그는 마치 담벼락을 마주 대하고 서 있는 것과 같을 것이다" 라는 언급은 언어적인 측면에만 답보 상태에 빠진 것이 아니라 전체적인 사고와 지적능력 역시 답보 상태에 빠지게 된다는 것을 의미하는 것이다. 원시유가에 있어서 지식과 사고에 대한 육성 및 사고의 성심을 다하는 태도는 '시'의 학습을 통하는 것이 가장 좋은 방법이었다.

원시유가에서 '음악'을 중요시한 이유는 두 가지 측면으로 귀납시킬 수 있는데 다음과 같다. 첫 번째 이유는 음악 자체가 가지고 있는 신비한 성질이다. 동서고금을 막론하고 선율의 일정한 조합은 인간의 정서를 동요시켜왔다. 그렇기 때문에 어떠한 제사의례 속에서도 음악은 필수 불가결한 요소로 자리 잡아 온

9 『論語』, 「陽貨」, "子謂伯魚曰: 女爲周南召南矣乎? 人而不爲周南召南, 其猶正牆面而立也與!"

것이다. 특히 더욱 장엄한 국가 차원의 의례에서 음악의 중요성은 더욱 높아졌던 것이다. 이러한 것이 바로 '예禮'와 '음악'을 합쳐서 '예악禮樂'이라고 말하는 이유인 것이다. 이러한 점에 대하여 기무라 에이이치木村英一 같은 경우 다음과 같이 주장했다.

> 각종 의례에는 그것에 적합한 각종 음악이 있다. 또한 이러한 음악은 각종 의례가 순조롭게 진행 될 수 있게 하는 선율을 가지고 있다. 의례와 음악의 미묘한 조화에 의해서 참여자들이 일체감에 도취되는 것을 누릴 수 있는 것이다. 이러한 점에서 볼 때 고대의 '예악'은 상호 표리관계를 이루고 있었을 뿐만 아니라 국가사회 질서의 통일과 작위 신분의 차별을 상징적으로 표현하고 있으며 이것을 실현하는 신성한 방법이었으며 통치계층의 필수적인 교양이었던 것이다.[10]

다음의 이유는 음악을 연주하는 악사에게 있다. 고대 사회의 악사는 신비한 음악의 연주자 일뿐만 아니라 고대 지식의 전달자였다. '시'의 가사는 반드시 음악과 동반되었기 때문에 악사들은 필연적으로 '시'의 가사를 외울 수 있었던 것이다.

그렇다면 '사史'의 지식전통과 원시유가의 관계는 어떠한가? 사실 대부분의 학자들이 원시유가와 『상서尙書』의 관계는 그다지 깊지 않은 것으로 생각하고 있다.[11] 그러나 원시유가와 『상

10 木村英一, 『孔子と論語』, 東京, 創文社, 1971년, 159쪽 참조.

11 白川靜, 『孔子傳』, 東京, 中央公論社, 1989년, 99쪽 참조.

서』의 관계가 그다지 깊지 않다고 하는 사실은 원시유가에게 역사관이 없었다거나 『상서』 가운데의 가장 일찍 성립되었다고 간주되고 있는 「오고五誥」 등의 역사기록을 참고한 적이 없었다는 것을 의미하는 것은 아니다. 춘추시대에는 각 나라에 사관史官이 있었는데, 그들은 한편으로는 서주시기 이래의 기록을 전수받아 보존하는 작업을 하였으며 동시에 자신들 역시 역사를 기록하는 작업을 했었다. 또한 원시유가의 합리적인 사고방식은 역사 공부를 통하여 터득된 것인데, 그것은 역사 지식의 누적을 통하여 역사의 경험을 배워 그것으로써 행동의 표준을 삼았기 때문이다. 신화적인 부분 이외에 그들의 경험은 실제세계를 초월하지 않았기 때문에 그들의 학습의 교훈은 인간의 활동이 주가 되었던 것이다. 『춘추좌전』의 "천도는 멀고, 인도는 가깝다."[12]라고 하는 기록은 바로 이러한 사실을 잘 대변하고 있는 것이다.

유가집단의 또 다른 주요한 사회모체인 '사士'에 대해서는 유가집단의 성립이 '유'와 '사'계층의 융합이라고 하는 측면에서 조명하고자 한다. '사'라는 글자는 갑골문 속에서 이미 나타나기 시작하고 있으며, 상나라 시기에는 '사'자와 '왕'자가 거의 같은 의미로 쓰였다. 그러므로 '사'와 '왕'의 원래 글자는 모두 특권계층의 상징을 의미하는 것이었다고 할 수 있는 것이다. 왕권의 강화에 따라 이러한 원래 글자는 '사'와 '왕'의 두 글자로 분화되

12 『春秋左傳』, 「昭公十八年」, "天道遠, 人道邇."

어 그것들의 구분을 나타내게 되었다.[13] 서주시기에 와서는 '사' 자는 제사의례를 담당했던 관직을 지칭한 것처럼 보이지만 이러한 해석은 아직까지 정설로 인정받지 못하고 있다.

춘추시대에 이르러 '사'라는 명칭에는 새로운 함의가 부여되어 역사의 무대에 다시금 출현한다. 춘추시대의 '사'는 '국國'과 '도都' 등에 거주하던 씨족 공동체의 성원이었다. 그들은 평상시에는 공동체의 연장자로부터 '예禮'와 활쏘기 및 전차 몰기 등을 배우지만, 일단 전쟁이 발발하면 자신의 무기를 휴대하고 전장으로 출동하였다. 이러한 '사'계층은 기본적으로 통치계층에 속했다고 할 수 있다. 또한 서복관徐復觀 같은 경우는 『시경』속에 나오는 '사'개념의 분석을 통하여 '사'계층의 변천과정을 분석했는데 다음과 같다.

> '사'는 본래 '국인國人' 가운데의 농민이었다. 철기를 사용하기 전에는 농기구로 경작을 할 때 반드시 농민들 가운데 건장한 자가 필요했다. 그러므로 '사'는 원래 농민 가운데 특별한 건장한 자를 지칭하는 것이었다. 당시에는 항상 이러한 건장한 농민을 선별하여 '갑사甲士'로 삼았기 때문에 '갑사'를 '사'라고 불렀던 것이다. 단 평시의 직업은 여전히 농업이 주가 되었다. 다시 '갑사' 가운데 귀족의 하급관료로 선발된 사람들이 있었는데 그들을 상사上士·중사中士·하사下士라고 불렀으며 농사일에서 벗어나기 시작하여

13 河池重造, 「先秦時代'士'の諸問題」, 『史林』 卷四十二, 1959년, 4~6쪽 참조.

> 군대 조직의 기본 골간을 이룬다. 또한 귀족을 위해 일하는 사람들 가운데 농사일을 그만둔 사람들도 '사' 집단의 일부로 편입된다. 대부분의 '사' 및 그의 가족들은 농사일과 연결되어 있었다. 그러나 '갑사'를 '사'라고 불렀고, 하급관료 역시 '사'라고 불렀기 때문에 '사'의 명칭에는 점진적으로 농민 가운데의 건장한 사람이라고 하는 본래의 의미가 사라지게 된다. 춘추시대에 와서는 전문적으로 각종 통치기술에 대하여 추구하는 사람들이 출현하여 정치의 예비군이 되어 농사일에는 손을 떼게 된다.[14]

서복관은 비록 명확하게 지적하지는 않았지만 '사'가 피통치계층에 속하는 것처럼 여기고 있다. 또한 여영시余英時는 춘추시대 말기에 이르러 '사'는 귀족에도 속하지 못하고 그렇다고 서민에도 속하는 것도 아닌 중간계층이라고 생각했다.

> 귀족계급들 가운데는 지위가 부단히 하강되어 '사'가 되는 경우도 있었고, 특히 서민계급에서는 많은 사람들이 지위가 상승되어 '사'가 되어 '사'계층은 확대되었으며 성질도 변화하기 시작했다. 가장 중요한 것은 '사'는 이미 다시는 고염무가 언급한 것처럼 '대체로 모두 직책이 있는 사람'이 될 수 없었다. 반대로 '사'는 고정된 봉건관계 속에서 떨어져 나와 '사'는 정착하지 않는다고 하는 상태로 진입하게 된다.[15]

---

14 徐復觀, 「封建政治·社會的崩潰, 及典型專制政治的成立」, 『新亞書院學術年刊』 第十一期, 香港, 1969년, 18쪽 참조.

15 余英時, 『中國知識階層史論』, 臺北, 聯經圖書出版事業公司, 1980년,

서복관이 지적한 것처럼 춘추시대 말기에는 통치계층과 피통치계층 사이에 '사'계층에 속하는 사람들이 갈수록 증가해가고 있었다. 비록 '사'계층의 상당수에 해당하는 인원이 부득이하게 농업에 종사하여 생활을 유지하고 있기는 했지만 그들은 신분상승을 통한 통치계층의 성원으로의 진입기회를 포기한 것은 아니었다. 그래서 여영시 같은 경우 "이러한 때 사회에 학문과 지식을 갖춘 '사'계층의 사람들이 대규모로 출현하였으며, 그들은 관료사회로의 진출을 전업으로 삼았으나, 사회적으로는 고정된 직위가 그들을 기다리고 있지는 않았다. 이러한 상황 아래서 관직의 문제가 발생한 것이다."[16]라고 언급한 것이다.

춘추시대 말기에 전체 '사'계층은 개별적인 관직에로의 진출방식을 통하여 정치세력을 결성하게 되며, 이러한 정치세력은 춘추시대 말기에서부터 전국시대 초기에 연이어 성립된 새로운 형태의 국가의 기반이 되었다. 그렇다면 '사'는 과연 어떻게 이러한 새로운 형태의 국가에서 관직을 구했을까? 그들은 '사'계층에 속한 것에 불과했기 때문에 순조롭게 관직에 진출 할 수는 없었다. 그래서 그들은 우선 새로운 형태의 국가에서 필요로 하는 각종의 기능과 전문지식을 배워야 했다.

22쪽 참조.

16 余英時, 『中國知識階層史論』, 臺北, 聯經圖書出版事業公司, 1980년, 22~23쪽 참조.

3. 유가집단의 형성

이상과 같은 주장들의 결과를 기반으로 하여 다음과 같은 즉 유가는 왜 성립되었을까? 및 유가는 어떤 성립과정을 거쳤을까? 라고 하는 문제들을 중심으로 유가집단의 형성에 대하여 살펴보도록 하겠다. 상기의 문제들에 대한 선결과제로서 우선 이미 언급한 '사회모체'와 '지식전통' 등은 과연 어떠한 요인과 상호 결합하여 유가집단의 성립을 촉진시켰을까? 라고 하는 문제를 풀어야만 한다고 생각한다. 이러한 문제에 대하여 결론적으로 다음과 같은 세 가지 이유를 들어보겠다.

하나는 새로운 형태의 국가에서는 유능하고 믿음직한 인재가 상당 수 필요했다는 점이다. 다른 하나는 상류층인 귀족계층에 속하지도 않고 서민계층에도 속하지 않는 피통치계층인 '사'계층이 대규모로 출현했다는 점이다. 끝으로 각 국國에서는 학교의 역할이 퇴색됨과 동시에 전문지식을 보유한 씨족집단 역시 그러한 전문지식을 유지 전수하는 것이 어려운 처지에 놓이게 되는 곤경이 생겼다는 점이다.

먼저 첫 번째 이유에 대하여 서술해보겠다. 즉 새로운 형태의 국가에서 요구하는 인재는 대략 뛰어난 전투 지휘능력을 갖춘 인재와 각종 의례에 대하여 해박한 지식을 갖춘 인재와 축성이나 관개시설에 전문적인 기능을 갖추었으며 각종 천연자원을 잘 관리할 수 있는 인재들이었을 것이다. 전투 지휘능력을 갖춘 인재의 필요성에 대해서는 언급할 필요가 없으며 각종 의례에 대하여 해박한 지식을 갖춘 인재에 관해서 보면 다음과 같다. 당시의 새로운 형태의 국가들에서는 갈수록 규모가 대형화되는 제사의례의 거행이 필요했는데, 이러한 행사를 거행하는 데는 필연적으로 많은 인재가 필요했다. 또한 축성이나 관개시설에 전문적인 기능을 갖추고 천연자원을 잘 관리할 수 있는 인재에 관해서는 국가형태의 변화 추세와 관련지어 볼 수 있는데, 그것은 읍제邑制국가의 형태가 영토국가의 형태로 변화하는 과정에 수반되는 필연적인 결과라고 할 수 있다.[17] 즉 새로운 형태의 국가에서는 신 개척지에서 얻어지는 이익을 유지하기 위해서는 반드시 중간 통치계층(토지와 백성을 제어할 수 있는)의 직위세습화를 방지해야만 했다. 만일 그렇지 않을 경우 중간 통치계층이 관리하거나 지배하는 영역은 '채읍화采邑化'되어 그것을 바탕으로 세력 확장을 도모하여 일정한 세력이 형성되면 군주의 세력권에서 이탈하거나 상위의 통치계층에 대항하는 결과를 초래할 수 있었기 때문이었다.[18] 그렇기 때문에 상위의 통치자 입장에서는 '봉록제俸祿制'를 도입하여 중간 통치계층의 직위를 비세습화 시킨 것이다.

새로운 형태의 국가의 군주는 어떠한 방법으로서 신하들이 자신에게 충성을 굳건히 하도록 했을까? 춘추시대의 말기에는 새

17 松丸道雄 외, 조성을 역, 『중국사개설』, 서울, 한울 아카데미, 1990년, 55쪽 참조.

18 增淵龍夫, 『中國古代の社會と國家』, 東京, 弘文堂, 1960년, 436~447쪽 참조.

로운 형태의 국가의 군주와 '가재家宰' 및 '읍재邑宰' 등 직속부하들 사이의 연대는 상당한 부분에 있어서 약해진 상태에 있었다. 그래서 군주들은 종종 '맹약盟約'의 방식을 통하여 부하들의 배반을 방지하고자 했다.[19] 이러한 '맹약'은 본래 신성한 종교의식의 의미가 담겨져 있으나 춘추시대 중기 이후에 이르러서는 점진적으로 상징적인 의례의 형태로 변모되어 갔다. 그러므로 '가재' 및 '읍재' 등 부하의 입장에서 본다면 '맹약'에 복종한다는 것이 도리어 자신에게 불리한 상황을 초래할 수 있게 되기 때문에 그들은 항상 반란을 시도했던 것이다. 여기에서 새로운 형태의 국가에 있어서 가장 경계해야할 만한 사항은 바로 부하의 세력 확대 및 배반에 의한 국가적인 타격이었던 것이다. 그렇기 때문에 새로운 형태의 국가에서는 국가를 위하여 성심 성의껏 일을 할 수 있는 믿음직한 인재가 필요했던 것이다. 원시유가의 '인仁'·'신信'·'충忠' 등의 핵심적인 개념들은 새로운 형태의 국가의 이러한 요구에 부응하기 위해 제시된 것들이다.[20]

유가집단이 발생하게 된 두 번째와 세 번째의 원인은 서로가 관련이 있는 사안이라고 할 수 있다. '사'계층은 관직을 얻기 위해서 반드시 새로운 형태의 국가에 도움이 될만한 각종 기술과 전문지식을 학습해야 했으며, 자신이 믿을 만한 인재라는 것을 증명시켜야만 했다. 앞서 언급한 바와 같이 고대 중국에서는 각

19 伊藤道治, 『中國社會の成立』, 東京, 講談社, 1981년, 144~148쪽 참조.

20 赤塚忠, 『中國古代思想史研究』, 東京, 研文書店, 1987년, 218~223쪽 참조.

종 기술과 전문지식을 배울 수 있는 방법이 두 종류 있었다. 하나는 고대의 각 나라에 설치되었던 학교였고, 다른 하나는 각 씨족공동체 사회 내부에서 유지되고 다음 세대로 전수했던 방식이었다. 고대 중국에서 '사관史官'과 '악사樂師' 등의 관직이 세습되었다는 점이 바로 그러한 사례인 것이다.

양관楊寬 같은 경우 서주시기의 학교와 교육제도는 과거 씨족공동체의 원시적인 교육제도의 발전에서 온 것이라고 하여 다음과 같이 언급했다.

> 서주의 대학은 귀족 구성원들의 집회와 예의 실습과 음악연주와 연회의 예절과 활쏘기를 연습하는 곳이었다. 그렇기 때문에 귀족의 자제들이 성인사회의 생활방식과 필요한 지식과 기능을 배우기 위해서는 이곳이 가장 좋은 실습 장소였다. 당시 귀족생활 속에서 필요한 지식과 기능은 '육예'라고 하는 것으로 예禮·악樂·사射·어御·서書·수數가 있었으나, 예악과 사어 위주였다.[21]

춘추시대 이전의 통치계층에 있어서 가장 중요한 행사는 '제사'와 '전쟁'이었다. 그래서 어떠한 경우에도 불구하고 그들은 귀족이라면 반드시 '예악禮樂'과 '사어射御'를 배워야만 했던 것이다.

춘추시대 중기 이전에는 '예악'과 '사어' 및 역사기록 등의 전문지식은 대외적으로 철저하게 봉쇄되어 씨족공동체 내부에서

21 楊寬, 『古史新探』, 北京, 中華書局, 1965년, 207쪽 참조.

만 유지되고 전수되었던 것처럼 보인다. 춘추시대 중기 이후에 명문세족 사이의 권력분쟁과 명문세족의 멸망으로 인하여 각 국의 학교는 활력을 잃게 되었을 뿐만 아니라, 명문세족의 멸망은 동시에 전문적인 기술과 지식을 보유한 수많은 씨족집단의 멸망과 유랑을 초래하게 되었다. 반대로 권력분쟁에서 승리한 귀족들과 같은 경우, 그들은 세력을 더욱 확장시키기 위해서는 더 많은 수의 인재가 필요하다는 것을 느끼고 있었다. 그리고 더욱 중요한 요인은 전통적인 학교와 씨족공동체 내부의 교육으로는 도덕적 소양을 갖춘 인재(믿을 수 있는 인재)를 손쉽게 양성할 수 없었다는 것이다. 이와 같이 유가집단 형성의 역사적 조건들은 이미 성숙되어가고 있었다.

유가집단의 발생 과정에 대하여 공자의 생애와 적절하게 배합하여 구성해본다면 더욱 설득력 있는 사실을 도출할 수 있을 것으로 판단하며, 다음과 같은 단계로 구성하여 살펴보도록 하겠다. 먼저 공자는 '유'라고 하는 씨족단체에서 태어나고 여기에서 각종 제사의례를 배운다고 하는 단계이다. 그 다음은 공자가 정치에 참여하며 정치세력을 조성하는 단계인데, 이 시기의 공자는 정치적으로 큰 성공을 거두지는 못한다. 끝으로 공자 만년의 단계인데, 이 시기는 공자가 자신의 정치세력을 학문단체로 전환시키고 자신은 인재육성을 담당하는 단계이다.

먼저 우리는 공자가 출생한 씨족집단이 '무격巫覡'인가 아닌가의 문제에 집착할 필요가 없을 것이다. 왜냐하면 당시에는 '무격' 씨족의 구성원이 정치에 참여하지 못할 하등의 이유가 없었기 때문이다. 중요한 것은 공자 자체가 '예禮'의 전문가로서 정치적 활동을 시작했다고 하는 사실이다.

다음은 공자의 정치적 활동에 대한 정의의 문제다. 순자 이래로 공자의 정치적 활동은 종종 노魯나라 집권층을 옹호한 것으로 인식되어져 왔다. 그러나 『논어』에 기재되어 있는 각종 기록들은 우리들에게 이러한 견해에 대하여 의심을 하게 만든다.[22] 그러나 반대로 부득불 『순자』 이후 공자에 관련된 기록들은 진한秦漢시기 이후의 황제 중심의 가치관과 섞여 있는 것이라는 혐의가 있다고 볼 수도 있는 것이다.[23] 그렇기 때문에 춘추시대의 상황을 고려한다면 즉 춘추시대의 각 국의 공실公室은 반드시 복종해야하는 대상이 아직은 아니었을 때 공자와 자로子路 등의 제자들은 하나의 정치세력을 이루고 있어 때로는 노나라를 위해서 일을 하기도 하고 때로는 계씨와 양호 등 주요한 정치세력들과 협력을 했다고 말 할 수 있는 것이다.

그러나 노나라에서 정치에 참여했던 시기의 공자는 삼환三桓의 정치적 맞수가 되지 못했기 때문에 공자는 부득이하게 외국으로 도피할 수밖에 없었으며, 심지어는 환퇴桓魋나 광인匡人들 등의 공격을 받기도 한다. 공자의 집단이 공격을 받을 수밖에

22 『논어』의 기록에 의하면 공자는 공산불요公山不狃의 반란에 동참하려 했으며(양화편), 또한 필힐佛肸의 초청에도 응했으며(양화편), 양호陽虎의 관직 제의에 승낙을 했다(양화편).

23 小倉芳彦, 『中國古代政治思想硏究』, 東京, 靑木書店, 1970년, 252~254쪽 참조.

없었던 주요한 원인은 공자의 정치세력이 위衛나라 등 외국에서 지속적으로 정치적 활동을 전개했기 때문이라고 판단된다.[24]

공자가 만일 계속해서 현실 정치에서 성공을 견지할 수 있었다면 중국의 역사 속에서 등장했던 수많은 정치세력들처럼 역사의 무대에서 소실되었을 것이다. 사실 공자의 위대한 점은 그러한 정치세력을 학문단체로 전환을 시킨 것에 있다고 할 수 있다. 이렇기 때문에 공자의 집단은 역사에서 소실되지 않았을 뿐만 아니라 새로운 역사의 조류를 열었다고 할 수 있는 것이다.

> 공자가 진나라에 계실 때 말씀하셨다. 돌아가자! 돌아가자! 내 고장의 젊은이들은 뜻은 너무 크나 일에는 거칠고, 아름답게 겉모양을 이루기는 했으나 일을 재량하는 방법은 알지 못한다.[25]

공자가 만년이었을 때 언급한 위의 인용문의 의미는 바로 공자 자신은 정치에 더 이상 참여하고 싶지 않고 오직 가르치는 일에만 전념하겠다는 의미이다. 바꿔 말하면 공자는 자신에게 속한 집단의 성격을 이미 거대해진 정치세력을 위하여 인재를 제공하는 학원의 성격으로 바꾸겠다는 것이다. 이렇게 함으로써 다시는 정치적으로 박해를 받지 않고, 반대로 이로부터 각종 정치집단들 즉 새로운 형태의 국가의 군주들로부터 정치적인 보호

24 白川靜, 『孔子傳』, 東京, 中央公論社, 1989년, 38~54쪽 참조.

25 『論語』, 「公冶長」, "子在陳曰: 歸與! 歸與! 吾黨之小子狂簡, 斐然成章, 不知所以裁之."

와 경제적인 지원을 받을 수 있었을 것이다. 이와 같이 볼 때 공자집단의 이러한 결단은 유가가 향후 중원세계 전체로 그 세력을 확대시켜 나갈 수 있는 획기적인 전환을 가져왔다고 할 수 있는 것이다. 이러한 전환은 바로 유가가 사상가 집단으로서의 자리 매김 했음을 의미하는 진정한 출발점이 된다고 할 수 있는 것이다.

이상과 같이 볼 때, 춘추시대는 씨족공동체 사회가 와해되는 시기였으며, 이와 동시에 전문적인 기술(예악, 시서, 관개기술 등)을 구비한 씨족집단이 정치세력간의 투쟁에 휘말려 들어가는 한편 씨족집단이 해체되거나 멸망하는 시기이기도 했다. 이러한 추세에 따라 중국의 각 지역에서는 혈연을 초월한 전문적인 지식과 기술을 겸비한 집단이 탄생하게 된다. 공자의 집단도 그러한 집단들 가운데의 하나라고 할 수 있다. 그러나 이러한 집단들이 또한 정치세력의 특성을 가지고 있었기 때문에 역사의 무대에서 반복적으로 뜨고 가라앉았던 것이다. 즉 어떤 집단은 그 세력을 확대시켜나가고 어떤 집단은 멸망의 길을 밟았던 것이다. 이러한 상황들 속에서 공자의 집단만이 국가조직의 주체가 되려고 하는 의지를 과감하게 포기하고 새로운 형태의 국가의 인재(믿을 수 있는 인재) 양성의 역할을 담당하게 된다.

공자와 원시유가집단의 이러한 선택은 유가집단의 파격적인 발전을 수반하였다. 그러나 원시유가집단이 발전했던 이러한 종류의 방향은 그들과 전국시대의 국가들 사이에 긴밀한 의존 관계를 조성하게 된다. 또한 이러한 의존 관계는 전국시대에 활약

했던 유가사상가들의 행동과 정치사상의 기본적인 요인이 되었던 것이다.

4. 맺는 말

이상과 같은 논의들을 근거로 유가의 기원문제에 대하여 다음과 같은 사실을 살펴볼 수 있었다.

먼저 유가집단의 연원에 관한 문제에 대하여 유가학파의 세 가지 사상연원 즉 '유'·'사'·'시악'의 측면과 유가집단의 주요한 사회적 모체로서의 '사'의 실태 측면의 두 부분으로 나누어 살펴보았는데 다음과 같다.

춘추시대의 '유'는 '무술' 등 제사 의례와 관련된 전문적인 지식과 기술을 보유하고 있었던 씨족집단이었을 것으로 생각된다. 그들 가운데 국가차원의 대규모적인 제사의 진행 및 준비를 담당하는 '대유大儒'와 민간차원의 소규모적인 제사의 의례를 담당했던 '소유小儒'가 있었을 것이다.

제사의례용 노래로서의 시는 '신神'에게 봉헌 드리기 위한 의식에 사용되었으며, 서주시기 말기에는 '시'의 창조는 제사의례용 노래의 범주에서 독립하여 인간의 창조적 사고의 시작이 '시'의 방식으로 나타난다. 또한 원시유가에서 '음악'을 중요시한 이유는 음악 자체가 가지고 있는 신비한 성질과 음악을 연주하는 악사가 신비한 음악의 연주자 일뿐만 아니라 고대 지식의 전달자였기 때문이다.

'사史'의 지식전통과 원시유가의 관계는 『상서』 가운데의 가장 일찍 성립되었다고 간주되고 있는 「오고」 등의 역사기록을 참고한 점에서 볼 수 있다. 춘추시대에는 각 나라에 사관史官이 있었는데, 그들은 한편으로는 서주시기 이래의 기록을 전수 받아 보존하는 작업을 하였으며 동시에 자신들 역시 역사를 기록하는 작업을 했었다. 또한 원시유가의 합리적인 사고방식은 역사 공부를 통하여 터득된 것인데, 그것은 역사 지식의 누적을 통하여 역사의 경험을 배워 그것으로써 행동의 표준을 삼았기 때문이다.

다음은 유가는 왜 성립되었을까? 및 유가는 어떤 성립과정을 거쳤을까? 라고 하는 물음들을 중심으로 유가집단의 형성 문제에 대하여 살펴보았는데 다음과 같다.

새로운 형태의 국가에서는 뛰어난 전투 지휘능력을 갖춘 인재와 각종 의례에 대하여 해박한 지식을 갖춘 인재와 축성이나 관개시설에 진문직인 기능을 갖추었으며 각종 천연자원을 잘 관리할 수 있는 인재들이 필요했다. 이러한 능력들 이외에도 국가를 위하여 성심 성의껏 일을 할 수 있는 믿음직한 인재 역시 필요했다. 그래서 원시유가에서는 새로운 형태의 국가의 이러한 요구에 부응하기 위해 '인'·'신'·'충' 등의 핵심적인 개념들을 제시한 것이다.

춘추시대 중기 이전에는 '예악'과 '사어' 및 역사기록 등의 전문지식은 대외적으로 철저하게 봉쇄되어 씨족공동체 내부에서만 유지되고 전수되었던 것처럼 보인다. 춘추시대 중기 이후에 귀족들 사이의 권력투쟁과 명문세족의 멸망으로 인하여 각 국의 학교는 활력을 잃게 되었을 뿐만 아니라, 동시에 전문적인 기술과 지식을 보유한 수많은 씨족집단의 멸망과 유랑을 초래하게 되었다. 반대로 권력분쟁에서 승리한 귀족들과 같은 경우, 그들은 세력을 더욱 확장시키기 위해서는 더 많은 수의 인재가 필요하다는 것을 느끼고 있었다. 그러나 전통적인 학교와 씨족공동체 내부의 교육으로는 도덕적 소양을 갖춘 인재(믿을 수 있는 인재)를 손쉽게 양성할 수 없었다. 이와 같이 유가집단 형성의 역사적 조건들은 이미 성숙되어가고 있었다.

정리해서 말하면 춘추시대는 씨족공동체 사회가 와해되는 시기였으며, 이와 동시에 전문적인 기술(예악, 시서, 관개기술 등)을 구비한 씨족집단이 정치세력간의 투쟁에 휘말려 들어가는 한편 씨족집단이 해체되거나 멸망하는 시기이기도 했다. 이러한 추세에 따라 중국의 각 지역에서는 혈연을 초월한 전문적인 지식과 기술을 겸비한 집단이 탄생하게 된다. 공자의 집단도 그러한 집단들 가운데의 하나라고 할 수 있는 것이다.

| 참고문헌 |

朱公遷, 『詩經義疏』, 『四庫全書』 本.

孫星衍, 『尙書今古文注疏』, 『平津館叢書』 本.

劉寶楠, 『論語正義』, 『續皇淸經解』 本.

焦循, 『孟子正義』, 『焦氏遺書』 本.

趙汸, 『春秋左氏傳補注』, 『通志堂經解』 本.

許愼撰, 段玉裁注,『說文解字注』, 上海, 上海書店, 1992년.
木村英一,『孔子と論語』, 東京, 創文社, 1971년.
白川靜,『孔子傳』, 東京, 中央公論社, 1989년.
H.G.Creel,『孔子與中國之道』, 太原, 山西人民出版社, 1993년.
趙起彬,『論語新探』, 北京, 人民出版社, 1976년.
匡亞明,『孔子評傳』, 濟南, 齊魯書社, 1985년.
錢穆,『孔子與論語』, 臺北, 聯經圖書事業公司, 1988년.
余英時,『中國知識階層史論』, 臺北, 聯經圖書出版事業公司, 1980년.
李澤厚,『中國古代思想史論』, 北京, 人民出版社, 1986년.
徐復觀,『中國人性論史』, 臺北, 臺灣商務印書館, 1990년.
牟宗三,『中國哲學十九講』, 臺北, 學生書局, 1991년.
楊寬,『古史新探』, 北京, 中華書局, 1965년.
河池重造,「先秦時代'士'の諸問題」,『史林』 卷四十二, 1959년.
增淵龍夫,『中國古代の社會と國家』, 東京, 弘文堂, 1960년.
松本雅明,「古典の形成」,『世界歷史』 卷四, 東京, 岩波書店, 1970년.
小倉芳彦,『中國古代政治思想研究』, 東京, 青木書店, 1970년.
伊藤道治,『中國社會の成立』, 東京, 講談社, 1981년.
赤塚忠,『中國古代思想史研究』, 東京, 研文書店, 1987년.
高木智見,「春秋時代の神人共同體について」,『中國-社會と文化』 集五, 1990년.
徐復觀,「封建政治·社會的崩潰, 及典型專制政治的成立」,『新亞書院學術年刊』 第十一期, 香港, 1969년.
H. Fingarette, 송영배 역,『공자의 철학』, 서울, 서광사, 1993년.
松丸道雄 외, 조성을 역,『중국사개설』, 서울, 한울 아카데미, 1990년.

제2장

유가의 집대성자 공자

제1절

하늘과 인간의 관계

1. 시작하는 말

『논어論語』에 기록되어 있는 자공의 "선생님께서 성과 천도에 대해 언급하신 것은 들어본 적이 없다."[1]라고 하는 언급을 살펴보았을 때, 다음과 같은 두 가지의 의미를 찾아볼 수 있다. 먼저 공자는 천天에 관한 문제에 대해서는 논의를 하지 않았다고 하는 것이다. 또 다른 하나는 천에 관한 문제가 당시 사회에서 항상 있었던 논의의 주제였거나 혹은 아니었거나 하는 것이다. 춘추시대 당시 사상가들의 철학사상 가운데 천에 관한 문제는 결코 소홀히 할 수 없는 매우 중요한 관건적 성질을 가진 주제였다고 할 수 있다.

공자는 도덕인격의 배양과 도덕행위의 실천 즉 인도仁道의 완성을 특히 중시했었던 반면에 불가사의 하거나 파악할 수 없는 추상적인 관념에 대해서는 비교적 언급을 삼가 했는데 이는 매우 자연스러운 것이었다고 볼 수 있다. 그렇지만 주나라 초창기

1 『論語』, 「公夜長」, "夫子之言性與天道, 不可得而聞也."

이후부터 시작된 인문주의의 발전과정 가운데 천에 관한 문제는 매우 중요하고 핵심적인 관념으로 자리를 잡아 왔다고 볼 수 있다. 이러한 시대적인 분위기 속에서 공자는 주나라 초기의 인문문화를 전승하는 입장에 있어서 천에 대한 문제를 완전히 방치하기는 상당히 어려웠을 것이다.

『논어』의 기록을 살펴보면 곳곳에서 공자가 천에 관한 문제를 언급하고 제기한 부분을 발견할 수 있다. 그렇기 때문에 자공이 언급한 선생님께서 천도에 대하여 언급한 것에 관해서는 들어본 적이 없다는 것은 아마도 비교하는 차원에서 하게 된 과장된 화법이 아니었을까? 라고 조심스럽게 추측을 해본다. 그렇다면 공자는 과연 어떻게 천에 관한 문제에 대하여 자신의 입장을 표방했을까? 라고 하는 의문이 제기 될 수 있는데, 대체적으로 말하자면 인심仁心으로부터 천도를 증험해 갔다고 할 수 있을 것이다. 그렇기 때문에 명命·천天 혹은 천명이라고 하는 것들은 많거나 혹은 석거나 모두가 인仁(도덕)과 직접적이고 밀접한 관련이 있다고 할 수 있는 것이다.

이러한 공자의 천도에 관한 문제가 어떻게 그의 도덕사상에 연결되는 것인지에 대한 조명이 반드시 필요하다고 생각한다. 그렇기 때문에 본문에서는 공자의 천도론 사상에 대하여 먼저 공자기 언급한 명命의 의미에 대한 분석으로부터 시작해서 천天의 의미에 대한 고찰을 거쳐서 천명으로 이어지는 사유모식을 중심으로 논의를 진행해보도록 하겠다.

2. 공자에게 있어서 명命의 의미

『시경詩經』이나 『상서尙書』에서 찾아볼 수 있는 명命이라고 하는 글자는 대부분이 천天이라고 하는 글자와 함께 연결되어 보이곤 한다. 이는 천의 권위와 명령을 표시하는 것으로, 어떠한 사람이라도 절대로 그러한 천의 명령을 위배해서는 안 된다고 하는 의미가 내포되어 있다고 할 수 있다. 권위로서의 의미를 가지는 명령은 『춘추좌전春秋左傳』과 『국어國語』에서 자주 보이는 왕명王命이나 군명君命 혹은 기타의 통치상의 명령 등이 대표적이라고 할 수 있다. 이외에 『춘추좌전』의 "사람은 천지의 중화의 기를 받아서 태어났는데 이를 천명이라고 말하고, 이 때문에 행위 예의 몸가짐에 법칙이 있는 것이며, 이를 천명으로 정한다."[2]라고 하는 기록이 있는데, 이는 사람의 생명에 합리적인 질서를 추구하는 특성이 있다고 하는 사실을 직접적으로 언급한 것이라고 할 수 있다. 또한 『춘추좌전』의 "사람이 누구인들 죽지 않겠는가? 악인이 제명에 죽지 못하는 것은 천명이다."[3]라고 하는 기록이 있는데, 이는 사람이 세상을 살아가는 과정 속에서 간혹 마주치게 되는 어떠한 현상을 자기 자신 스스로의 역량으로는 해결할 수 없는 상황에 직면하게 되는 경우가 있는데, 이러한 것에 대하여 일반적인 사람들은 운명이라고 한다는 것을 언

2 『春秋左傳』, 「成公十三年」, "民受天地之中以生, 所謂命也, 是以有動作威儀之則, 以定命也."

3 『春秋左傳』, 「昭公二年」, "人誰不死, 凶人不終, 命也."

급한 것이라고 할 수 있다. 이와 같이 볼 때 명命이라고 하는 글자에는 위배될 수 없고 저항할 수 없으며, 알 수가 없으며 장악할 수 없다고 하는 특성이 있다고 하는 사실을 발견할 수 있다.

『논어』에 공자가 단독으로 사용한 명命자는 곳곳에서 찾아볼 수 있는데, 대략 다음과 같은 것들이 있다고 할 수 있다.

> 백우가 병이 나자 공자께서 문병을 가셔서 창문에서 그의 손을 잡고 말씀하셨다. "이 사람을 잃다니 운명이로다! 이렇게 훌륭한 사람인데 이런 병이 생기다니! 이렇게 훌륭한 사람인데 이런 병이 생기다니!"[4]

> 공자께서는 이익을 추구하는 것과 천명에 관한 것 그리고 인에 관해서 말씀하신 것은 드물었다.[5]

> 공자께서 대답하여 말씀하셨다. "안회라는 사람이 배우기를 좋아했습니다. 그는 화가 나도 다른 사람에게 화풀이를 하지 않고, 동일한 과오를 되풀이하여 범하지 않았는데 불행하게도 명이 짧아서 벌써 죽었습니다. 지금은 그런 사람이 없습니다. 배우기를 좋아하는 사람이 있다는 말을 듣지 못했습니다."[6]

> 자하가 말했다. "내가 듣기로는 사람의 생사여부는 운명에 달려

4 『論語』, 「雍也」, "伯牛有疾, 子問之, 自牖執其手曰: 亡之, 命矣夫! 斯人也而有斯疾也! 斯人也而有斯疾也!"

5 『論語』, 「子罕」, "子罕言利與命與仁."

6 『論語』, 「雍也」, "孔子對曰: 有顔回者好學, 不遷怒, 不貳過. 不幸短命死矣. 今也則亡, 未聞好學者也."

있고, 부귀해지는 것은 하늘에 달려 있다고 하였소."[7]

공자가 말했다. "도가 장차 행해지는 것도 천명이고, 도가 장차 없어지는 것도 천명이다. 공백료가 그 천명을 어찌 하겠는가!"[8]

공자께서 말씀하셨다. "천하에 도가 있으면 예악과 정벌에 관한 의사가 천자에 의하여 결정되고, 천하에 도가 없으면 천자에게 권한이 없어져 예악과 정벌에 관한 의사가 제후에 의하여 결정된다. 대개 예악과 정벌에 관한 의사가 제후에 의하여 결정되면 십대가 되도록 나라를 잃지 않는 일이 드물고, 대부에 의하여 결정되면 오대가 되도록 나라를 잃지 않는 일이 드물며, 대부의 가신이 나라의 운명을 쥐고 있으면 삼대가 되도록 나라를 잃지 않는 일이 드물다."[9]

공자께서 말씀하셨다. "천명을 모르면 군자가 될 수 없고, 예를 모르면 사회에 나설 수 없으며, 다른 사람의 말을 잘 알아듣지 못하면 그 사람을 알 수 없다."[10]

이상의 인용문 가운데 세 번째 인용문의 명은 생명을 의미하

7 『論語』, 「顔淵」, "子夏曰: 商聞之矣, 死生有命, 富貴在天."

8 『論語』, 「憲問」, "道之將行也與, 命也. 道之將廢也與, 命也. 公伯寮其如命何!"

9 『論語』, 「季氏」, "孔子曰: 天下有道, 則禮樂征伐自天子出; 天下無道, 則禮樂征伐自諸侯出. 自諸侯出, 蓋十世希不失矣; 自大夫出, 五世希不失矣; 陪臣執國命, 三世希不失矣."

10 『論語』, 「堯曰」, "孔子曰: 不知命, 無以爲君子也; 不知禮, 無以立也; 不知言, 無以知人也."

고 여섯 번째 인용문의 명은 국가의 운명을 의미하는 것으로 모두가 보통명사의 용법으로 쓰였기 때문에 심도 있는 분석과 논의가 필요하지 않다고 생각한다. 그러나 일곱 번째 인용문의 명과 같은 경우 천명의 의미로 사용되었다고 볼 수 있으며, 두 번째 인용문의 명은 역대로 수많은 학자들에 의해서 다양한 견해들이 제기되었지만 원문에 의미를 보면 역시 천명의 의미라고 볼 수 있다. 네 번째 인용문의 명은 수명의 길고 짧음에 대한 것으로 운명의 의미로 이해될 수가 있다.

이러한 것들 이외에 첫 번째와 다섯 번째 인용문의 명命자는 전통적인 견해를 계승한 것이라고 생각되는데, 여기에서는 명을 객관적인 존재의 사실이나 현상으로 보았으며, 사람의 힘으로는 컨트롤을 할 수가 없는 것으로 사람은 반드시 이러한 명의 제약을 받을 수밖에 없는 것이라고 보았다. 여기에서 주의할 점은 공자가 제기한 이러한 명은 개인의 성공여부나 부귀와 빈천 및 축복과 새앙의 측변에서 언급되어진 것이 아니고, 그가 밤낮으로 추구하는 덕행이나 인도仁道에 의해서 현실 세계에 실현되는 것이다. 예를 들자면 공자의 제자들 가운데 백우가 덕행으로는 안회와 마찬가지로 가장 뛰어난 제자로서 공자의 안중에는 장차 학단을 이끌어갈 재목으로 각인되어 있었는데, 불치의 병에 걸려버렸으니 이는 공자의 덕행과 인도仁道가 세상에 더욱 넓게 퍼지려는 희망이 사라져버리게 된 것이나 다름이 없는 것이었다.

어찌할 도리가 없는 속수무책의 상황에서 공자는 단지 일반 사람들과 마찬가지로 이것도 운명이다! 라고 하는 탄식밖에 할 수 없었을 것이다. 유보남劉寶楠은 공자의 탄식에 대해서 “공자의 이러한 탄식은 상실의 시기로 현명한 군주가 없었고, 도가 있는 선비들 다수가 병으로 요절을 해서 안회가 죽었을 때와 마찬가지로 울음을 운 것이다.”[11]라고 분석하고 있다. 이와 같이 볼 때 공자가 비록 운명에 대하여 탄식을 했지만 그 출발점은 일반 사람들과 크게 달랐던 것이라고 말할 수 있는 것이다. 바꿔 말하자면 공자가 주목한 것은 바로 그 자신이 천하의 질서를 바로잡고 도덕의 탄탄대로를 향해 매진하는 것이었다. 이러한 염원은 앞서 인용한 「헌문憲問」 편의 “도가 장차 행해지는 것도 천명이고, 도가 장차 없어지는 것도 천명이다. 공백료가 그 천명을 어찌 하겠는가!”라고 하는 언급에서 분명하게 확인할 수가 있다.

공자는 도가 행해지거나 혹은 행해지지 못하는 것의 여부는 자기 자신이 컨트롤할 수 있는 것은 아니지만, 그렇다고 해서 그것이 다른 사람에 의해서 지배될 수 있는 것이라고도 생각하지 않았다. 이와 같이 본다면 사람이 관심을 가져야 하는 것은 바로 결과의 문제가 아니라 과정 가운데 사람이 도대체 어느 정도의 노력을 쏟아 부었느냐고 하는 것과 그러한 것을 견지하는 것이 도덕에 부합하느냐의 여부에 관한 것이었다는 점을 알 수 있다. 그러므로 공자 자신 역시 당시의 상황 속에서 도가 행해지

11 劉寶楠, 『論語正義』(上), 北京, 中華書局, 1998년, 226쪽 참조.

지 못할 것이라는 것은 이미 불가피한 사실임을 알고 있었기 때문에 “심하도다 나의 노쇠함이여! 오래 되었도다 내가 더 이상 주공을 꿈에 보지 못함이!”[12]라고 했으며, 또 “봉황새도 날아오지 않고 황하에서 그림도 나오지 않으니 나는 끝났구나!”[13]라고 말했던 것이다. 그러나 공자는 이러한 이유 때문에 결코 의기소침해 하지 않았으며, 아울러 운명을 장악할 수가 없었기 때문에 자신의 시대적 사명을 져버리지는 않았던 것이다. 그래서 어떤 문지기가 공자를 “안 되는 줄 알면서도 굳이 하려는 그 사람”[14]라고 비판했던 것이다. 이와 같이 공자의 일생은 항상 끊임없이 노력하는 삶을 살아갔었음을 알 수가 있는 것이다. 심지어는 그가 객관적인 한계인 운명의 제약을 받았을 때도 공자는 여전히 자신이 견지하고 있던 도덕가치의 실현을 결코 잊지 않았던 것이다. 그렇기 때문에 명命은 공자에게 어떠한 형태의 소극적인 의미를 수반하지 않고 오히려 반대로 공자의 도덕실천의 의지를 더욱 공고히 만들어주는 역할을 했던 것이다.[15]

3. 공자에 있어서 천의 의미

공자는 인도仁道 정신을 기반으로 새로운 가치체계 및 문화적

12 『論語』, 「述而」, “甚矣! 吾衰也久矣! 吾不復夢見周公.”

13 『論語』, 「子罕」, “鳳鳥不至, 河不出圖, 吾已矣夫!”

14 『論語』, 「憲問」, “是知其不可而爲之者.”

15 勞思光, 『新編中國哲學史』(一), 臺北, 三民書局, 1986년, 86쪽 참조.

이상을 수립했는데, 그는 이러한 원칙을 일생동안 변함없이 굳게 견지해 나갔다고 할 수 있다. 공자가 천에 대하여 다양한 견해를 내놓을 때도 그의 원칙은 변함이 없었다고 말할 수 있다. 『논어』를 살펴보면 곳곳에서 공자가 천에 대하여 언급한 것을 발견할 수 있는데, 일견 공자는 주나라 초기부터 전해져 온 천지신명의 성격을 띤 천 관념을 계승한 것처럼 생각되지만, 이러한 문제에 관해서는 심도 있는 논의가 필요하다고 판단한다. 공자의 귀신에 대한 견해를 기반으로 해서 그의 전통적인 천신 신앙에 대한 견해를 파악할 필요가 있다고 생각한다.

공자는 귀신의 존재에 대하여 부정을 하는 입장을 취하지는 않았지만, 그렇다고 해서 그것을 중시하는 입장도 취하질 않았다. 그렇기 때문에 자로子路가 귀신을 섬기는 것에 대하여 공자에게 묻자, 그는 "사람을 섬길 줄 모르고서야 어찌 귀신을 섬길 줄 알겠느냐?"[16]라고 대답했던 것이며, 또 번지樊遲가 지혜로움에 대해서 묻자, 공자는 "사람들이 의로움에 이를 수 있도록 힘쓰고, 귀신을 공경하되 그를 멀리한다면 지혜롭다고 할 수 있다."[17]라고 대답했던 것이다. 이러한 공자의 태도는 제사를 지내는 것에 대해서도 종교적 성격을 띤 기복신앙의 관점에서가 아니라, 사람이 가지고 있는 도덕적 가치의 관점에서 접근했던 것이다. 그래서 공자는 제사에 임하는 태도에 대하여 다음과 같이

16 『論語』, 「先進」, "未能事人, 焉能事鬼?"

17 『論語』, 「雍也」, "務民之義, 敬鬼神而遠之, 可謂知矣."

언급했던 것이다.

> 조상에게 제사를 지낼 때는 마치 조상이 앞에 앉아 계시는 것처럼 정성스럽게 하고, 여러 신령들에게 제사를 지낼 때는 마치 여러 신령들이 앞에 앉아 있는 것처럼 경건하게 하셨다. 공자께서 말씀하셨다. "나는 제사에 직접 참여하지 않으면 제사를 지내지 않은 것과 같은 기분이다."[18]

이와 같은 공자의 귀신에 대한 견해를 통해서 그의 천에 대한 관념을 추정해볼 수 있을 것이다. 그러므로 만일 천지신명의 성격을 가지고 공자가 수차례 언급하고 제기한 천 관념에 대한 이해를 진행한다면 이는 공자의 천 관념을 심각하게 곡해할 수 있을 것이다. 공자는 도덕실천의 근거 혹은 도덕 가치의 근원으로서 이해한 천 관념을 매우 중시했다고 할 수 있으며, 이러한 천을 도덕성 의미의 천이라고 한다.[19]

도덕성 의미의 천에 대해서 『논어』를 살펴보면 곳곳에서 공자와 제자 및 다른 사람들과의 대담 혹은 토론 속에서 발견할 수 있다.

> 왕손가가 물었다. "아랫목에 아첨하느니 차라리 부뚜막에 아첨하는 편이 낫다는 것은 무엇을 말하는 것입니까?" 공자께서 말씀하

18 『論語』, 「八佾」, "祭如在, 祭神如神在. 子曰: 吾不與祭, 如不祭."

19 徐復觀, 『中國人性論史』, 臺北, 臺灣商務印書館, 1990년, 86쪽 참조.

셨다. "그렇지 않습니다. 하늘에 죄를 지으면 빌 데가 없습니다."[20]

공자가 남자를 만나자 자로가 좋아하지 않았다. 이에 공자가 맹세하여 말씀하셨다. "내가 만약 떳떳하지 못한 짓을 했다면 하늘이 나를 미워하지, 하늘이 나를 미워해!"[21]

공자께서 말씀하셨다. "하늘이 나에게 덕을 부여하셨는데 환퇴가 나를 어떻게 하겠는가?"[22]

공자께서 말씀하셨다. "위대하다, 요의 임금 됨됨이여! 숭고하다, 오직 하늘만이 광대하거늘 유독 요임금만은 그것을 본받았으니!"[23]

공자가 광읍에서 두려움에 빠져 있을 때 말씀하셨다. "문왕은 이미 돌아가셨지만 그의 문화는 여기 나에게 전해져 있지 않으냐? 하늘이 이 문화를 없애버리려고 했다면 그분보다 나중에 죽을 나 같은 사람이 이 문화에 동참하여 그것을 향유할 수 없었을 것이고, 하늘이 아직 이 문화를 없애려고 하지 않는다면 광인들이 나를 어떻게 하겠느냐?"[24]

---

20 『論語』, 「八佾」, "王孫賈問曰: 與其媚於奧, 寧媚於竈, 何謂也. 子曰: 不然, 獲罪於天, 無所禱也."

21 『論語』, 「雍也」, "子見南子, 子路不說, 夫子矢之曰: 予所否者, 天厭之! 天厭之!"

22 『論語』, 「述而」, "子曰: 天生德於予, 桓魋其如予何?"

23 『論語』, 「泰伯」, "子曰: 大哉堯之爲君也! 巍巍乎, 唯天爲大, 唯堯則之!"

24 『論語』, 「子罕」, "子畏於匡, 曰: 文王旣沒, 文不在茲乎? 天之將喪斯文也, 後死者不得與於斯文也; 天之未喪斯文也, 匡人其如予何?"

> 공자께서 병환이 심해지자 자로가 문인에게 시켜서 가신 노릇을 하게 했다. 병환이 좀 뜸해지자 공자께서 말씀하셨다. "오래 되었구나, 유가 거짓을 행한 지가! 가신이 없으면서 가신이 있는 체하다니, 내가 누구를 속인단 말이냐? 하늘을 속이겠느냐?"[25]

> 안연이 죽자 공자께서 말씀하셨다. "아아! 하늘이 나를 망치는구나! 하늘이 나를 망쳐!"[26]

> 공자께서 말씀하셨다. "나는 하늘을 원망하지 않고 남을 탓하지 않으며, 하찮은 것에서부터 배워서 수준 높은 것에 이르나니 나를 아는 사람은 하늘이리라!"[27]

이상의 인용문들 속에서 공자가 언급한 천은 모두가 인격과 의지가 갖춰져 있는 것이라고 할 수 있는데, 이러한 특징은 전통적인 천신 신앙에서 말하는 천과 비슷하다고 볼 수 있다. 그렇지만 이들 둘 사이에는 매우 중요한 차이가 존재한다고 볼 수 있는데, 즉 공자가 언급한 천에는 어떠한 형태의 초자연적인 역량이 없다고 하는 것이다. 다시 말하자면 공자가 언급한 천에는 상과 벌을 내릴 수 있는 지고 무상한 권위와 능력이 없으며, 복을 내려주고 재앙을 가져다주는 능력 역시 없다는 것이다. 공자는 온전히 인문정신과 도덕가치의 측면에서 천을 언급했기 때문에 만

25 『論語』, 「子罕」, "子疾病, 子路使門人爲臣. 病間, 曰: 久矣哉由之行詐也! 無臣而爲有臣, 吾誰欺? 欺天乎?"

26 『論語』, 「先進」, "顔淵死, 子曰: 噫! 天喪予! 天喪予!"

27 『論語』, 「憲問」, "子曰: 不怨天, 不尤人; 下學而上達, 知我者其天乎!"

일 이러한 천을 천신 신앙의 성격을 띤 천으로 볼 경우 이는 상당한 곡해를 불러일으킬 소지가 있는 것이다. 그러므로 표면적으로 볼 때는 공자의 하늘에 대한 신앙은 이미 상당히 정성스럽고 절실하면서 심오하게 보이지만,[28] 실제로는 공자가 도덕문화에 대해 그렇게 집착한 것으로 보아야 한다. 이는 공자가 주나라 초기 이래로 전해져 온 인문정신의 발전을 계승한 것에 그 자신의 도덕실천을 더한 필연적인 결과인 것이다.

예를 들어 세 번째와 다섯 번째 인용문은 공자가 그 자신의 인문소양과 도덕인격이 바로 하늘에서 온 것임을 직접적으로 표명한 것이라고 할 수 있다. 그렇기 때문에 공자가 오직 하늘만이 자기 자신을 이해할 것이라고 말한 것이었으며, 바로 여기에서 하늘이 가지고 있는 도덕적 특징이 매우 분명하게 드러나는 것이다. 또한 이와 같기 때문에 요임금과 같은 성군이 본받을 대상이 될 수 있는 것이다. 만일 이러한 각도 즉 요임금이 그것을 본받아서 이룩한 태평성대의 측면에서 본다면 천의 가치를 다시 고려하게 되며, 자연히 오직 하늘만이 위대하다고 하는 찬양을 할 수 있게 될 것이다. 여기에서 주의해야 할 것은 천이 위대한 까닭은 결코 천이 지고무상의 권위와 절대적인 신앙의 대상을 대표하는 것이기 때문이 아니라는 것이다. 만일 이렇다고 한다면 요임금이 그것을 본받았다고 하는 것은 어떠한 실질적인 가치와 내용도 갖지 못하게 되는 것이기 때문이다. 그러므로 천은

28 羅光, 『中國哲學思想史』(先秦篇), 臺北, 學生書局, 1985년, 267쪽 참조.

반드시 도덕성 의미의 천이 되어야 만이 비로소 요임금이 그것을 본받아서 천도에 부합하는 도덕문화와 질서를 창출하게 되는 것이다.

사람은 도덕규범에 부합하지 않는 행위를 드러낼 수 없는 것이며, 행위는 반드시 도덕의 요구에 부합할 수 있도록 견지해야만 하는 것이다. 이러한 것은 자기 자신의 주재성인 인심仁心의 책임에 대한 자각일 뿐만 아니라 분명하게 천을 본보기로 삼게 되는 것이기 때문에 사람이 요행을 바라는 생각은 털끝만큼도 없게 되는 것이다. 이는 “아랫목에 아첨한다.” 혹은 “부뚜막에 아첨한다.”는 것에 관계없이 모두가 정당하지 못한 행위이기 때문에 사람은 반드시 천도天道를 따라서 인도人道를 행해야 하는 것이다. 만일 그렇지 않을 경우에는 무슨 기도를 해도 모두가 아무런 의미가 없는 공염불이 되는 것이다. 바꿔 말하자면 하늘에 죄를 지었다고 하는 것은 자신의 행위가 도덕규범의 요구에 부합할 수 있는지의 여부를 자기 스스로가 완전히 결정할 수 있다는 의미를 내포하고 있는 것이다.

공자는 인도仁道를 세상에 대하여 실현하고자 하는 강렬한 사명의식 때문에 그 자신이 생각했던 전수자인 안회가 죽었을 때, 인도仁道가 다시는 세상에 전해지지 못할 것이라고 생각하며 “하늘이 나를 망치는구나!”라고 하는 탄식을 끊임없이 했던 것이다. “나를 망친다.”는 말은 자신의 목숨이 조만간 끝나는 것에 대한 탄식이 아니라 인도仁道가 중간에 단절되는 것을 우려한 안타까움을 표시한 것으로, 이는 천도 역시 존재하지 못할 것에 상응하는 우려인 것이라고 할 수 있다. 이러한 것은 공자의 역사적 사명감의 자연스러운 발로라고 할 수 있으며, 이러한 사명감은 천에 그 근원을 두는 것으로 사람이면 모두가 가지고 있는 도덕 특징인 것이다. 그러므로 도덕성 의미의 천은 그 존재가 공자의 생명가치에 투사된 후에 실재할 수 있게 되는 것이다.

『논어』에 나타나 있는 공자가 언급한 도덕성 의미의 천 이외에 또 다른 의미의 천이 있으니 그것은 바로 자연적 의미의 천이라고 할 수 있다. 『논어』에서 찾아볼 수 있는 공자가 언급한 자연적 의미의 천은 단지 한 곳에서만 발견할 수 있다. 아울러 거기에서도 공자는 천을 순수 자연적 의미로서 만이 아닌 감정과 발생의 의미가 있는 것으로 보았다.

> 공자께서 "나는 말을 하지 않겠다."라고 하시자 자공이 "선생님께서 말씀을 하시지 않으면 저희들이 무엇을 전술傳述하겠습니까?"라고 했다. 그러자 공자께서 말씀하셨다. "하늘이 무엇을 말하더냐? 사철이 운행되고 만물이 생겨나지만 하늘이 무엇을 말하더냐?"[29]

하늘은 어떠한 표시나 행동도 취하고 있지 않지만 사계절은 끊임없이 운행되고 있다. 이것은 자연적 의미의 천의 가장 간단한 특징이라고 할 수 있다. 그러나 여기에서 공자가 말하고자 하는 핵심사항은 천의 자연적 의미가 아니라 말이 없이 행하는

29 『論語』, 「陽貨」, "子曰: 予欲無言. 子貢曰: 子如不言, 則小子何述焉. 子曰: 天何言哉? 四時行焉, 百物生焉, 天何言哉?"

것에서 만물이 발생한다는 것에 있다고 할 수 있다. 즉 이는 천에는 인덕仁德의 가장 뛰어난 표현이 담겨져 있으며, 사람은 이러한 인덕仁德의 표현을 본받아야 한다는 것이라고 하는 의미인 것이다.

> 공자께서 말씀하셨다. "너희들은 내가 숨긴다고 생각하느냐? 나는 너희들과 함께하지 않은 일이 없다. 이것이 바로 나 공구라는 사람이다."30

숨긴다고 하는 것은 바로 말을 하지 않는다는 것을 의미하는 것으로, 이처럼 공자는 말 보다는 행위의 실천을 통하여 직접적으로 교육의 효과를 달성하는 것을 중시했다고 볼 수 있다. 그러므로 공자가 언급한 제자들과 함께 실천하지 않은 것에 대하여 주자가 "성인이 저술을 하지 않고 묵언하는 것은 가르침이 아닌 것이 아니다."라고 한 것은 이와 같은 의미이다. 주자의 해석과 하늘은 비록 말하지 않지만 사계절을 운행한다고 하는 것은 의미상에서 상통하는 것이라고 할 수 있다. 그렇다면 공자가 실천한 것은 무엇인가? 공자가 실천한 것은 죽을 때까지 감히 잠시라도 떠날 수 없는 인도仁道였던 것이다. 이러한 것은 또한 만물이 생겨난다고 하는 것과 같은 도리이다. 주자는 또 정이천의 주장을 인용해서 "성인의 도는 천의 그러함과 같은 것이다."라

---

30 『論語』, 「述而」, "子曰: 二三子以我爲隱乎? 吾無隱乎爾! 吾無行而不與二三子者, 是丘也."

고 했으며, 또 여조겸의 주장을 인용해서 “성인이 도를 체득하고 말하지 않는 것은 하늘의 모습이 그렇게 비춰지는 것과 같다.”라고 했다. 이와 같은 정이천과 여조겸의 해석은 매우 심도 있는 분석이라고 할 수 있을 것이다. 이와 같이 볼 때 자연적 의미의 천이 사람에게 부여한 가장 커다란 계시는 실천하면서 생성한다고 하는 인도仁道의 정신인 것이다. 이상의 논의들을 통해서 알 수 있는 사실은 공자가 언급한 자연적 의미의 천은 여전히 인仁을 중심으로 하는 도덕생명의 의미를 잃지 않고 있다고 하는 것이다.

4. 천명에 대한 견해

천명이라고 하는 말은 이미 『시경』이나 『상서』에서 출현했던 명사로서, 간단하게 말하자면 천명은 바로 천제의 명령이 되는 것이다. 이러한 명령에는 절대적인 권위가 있는 것이기 때문에 어떠한 사람도 절대로 위배할 수 없는 것이었다. 천명은 본래 인간이 믿고 있는 하늘이 가지고 있는 천지신명의 성격에 그 근원을 둔 것으로 그것에는 인간에게는 없는 초자연적인 능력이 있다고 인식되어져 왔다. 공자는 초자연적 능력을 가진 천지신명의 성격을 지닌 천에 대해서는 언급하지 않았기 때문에 이와 같은 전통적인 천명 관념에 대해서 자연히 수용하는 태도를 보이지는 않았었던 것이다. 그러나 공자는 천에 대하여 새롭게 해석한 것과 마찬가지로, 그는 천명에 대해서도 새로운 견해를 가지고 있었다. 앞서 언급한 천의 의미에 대한 부분에서 공자가 도덕성 의미의 천의 존재를 체득하고 증험할 때에, 그가 언급한 천에 대한 논의에서 공자는 항상 의식적인 것이나 무의식적인 것에 관계없이 자신이 지고 있는 역사적 사명감을 노출하곤 한 것을 발견할 수 있다. 즉 도덕문화의 계승과 발전 모두가 공자 자신으로부터 시작되었기 때문에 요임금이나 순임금과 같은 성인들의 위대한 덕성을 찬양했던 것이며, 문왕과 주공의 예악제도와 문화적 전통이 자기에게 이어져 있다고 생각하여 자신의 도덕이상이 세상에 실현할 수 있기를 간절하게 염원했던 것이다.

공자는 주나라의 문화를 계승하면 백 세대 이후의 일을 알 수 있다고 하였는데, 이러한 일련의 문화발전의 연속성은 모두가 도덕규범의 요구 아래서 합리적인 측면과 질서 있는 모습이 드러나게 되는 것이다. 이러한 것은 인간이 필요로 하는 것일 뿐만 아니라 천도의 요구에도 부합하게 되는 것이기 때문에, 전체적인 역사의 발전과정 속에서 공자는 아주 소소한 부분을 점하고 있다고 말할 지라도, 공자의 자각은 매우 중요한 것이며 관건적인 연결점에 속하는 것이다. 이러한 체득 아래에서 공자는 다음과 같이 말했다.

> 군자에게 두려워하는 것이 세 가지 있으니 천명을 두려워하고 대인을 두려워하고 성인의 말씀을 두려워한다. 소인은 천명을 몰라서 이를 두려워하지 않고 대인을 함부로 대하며 성인의 말씀을

업신여긴다.[31]

공자는 무엇 때문에 천명을 두려워해야 한다고 했을까? 하안何晏의 경우 "순응하면 길하고 거역하면 흉한 것이 천명이다."[32]라고 언급하고 있는데, 이러한 하안의 견해는 다소 문제가 있는 것으로 판단한다. 공자의 사상 가운데 군자는 도덕의 전형적인 대표자로서 인식되어 지고 있는데, 『논어』 속에서 공자가 언급한 군자의 모습 가운데 과연 어느 곳에서 군자가 천명에 순응하면 길하고 거역하면 흉하다는 것에 관심을 갖고 있다고 하는 것을 찾아볼 수 있는가? 다시 말하자면 군자는 도덕의 전형적인 대표자로서 그가 경외해야 하는 것은 자연히 도덕의 층면에 속하는 것이어야만 한다. 이러한 것은 대인이나 성인의 말씀으로부터 실증될 수가 있는 것이다. 즉 대인은 그 인격이 위대하다는 것을 표시하는데,[33] 일반적으로 말해서 인격이 위대하다고 하는 것은 반드시 그 사람의 행동거지나 일련의 행적이 타인의 모범이 될 수 있기에 충분해야 하는 것이며, 성인의 말씀은 그의 사상을 매개로 해서 이해해야 하는 것이며 이와 같은 말씀을 통해서 나타난 사상은 당연히 천도天道와 인도人道에 부합하게 되는 것이다.

---

31 『論語』, 「李氏」, "君子有三畏: 畏天命, 畏大人, 畏聖人之言. 小人不知天命而不畏也, 狎大人, 侮聖人之言."

32 何晏, 『論語集解』, 『漢魏古注十三經』(下), 北京, 中華書局, 1998년.

33 陳大齊, 『孔子學說』, 臺北, 正中書局, 1983년, 258쪽 참조.

물론 대인과 성인의 행동거지와 행적 및 사상을 비롯한 모든 것은 군자가 밤낮을 가리지 않고 추구해야 하는 것이기 때문에 다만 그렇게 하지 못할 것을 항상 염려하는 것이다. 그래서 군자는 당연히 항상 경계하고 삼가고 두려워하는 것이다. 진일보해서 말하자면 도덕성 의미의 천이 인간사회의 문화에 구현될 때에 가장 구체적이면서 대표적으로 나타나는 것이 바로 대인의 행적과 성인의 말씀이라고 하는 것이다. 또한 군자는 도덕의 강렬한 자기 요구에 대하여 부득불 하늘이 자신에게 부여한 이러한 사명을 완성할 수 있는지 여부를 경계하고 삼가 하면서 두려워해야 하는 것이다. 그래서 군자는 천명을 두려워해야 하는 것이다. 주자는 이에 대하여 "천명은 하늘이 부여한 바의 올바른 이치이다……대인의 행적과 성인의 말씀은 모두가 천명을 당연히 두려워해야 하는 것이고, 천명을 알아서 두려워하는 것은 부득이하게 두려워하는 것이다."라고 설명했다. 주자는 군자가 두려워하는 것의 순서를 잘못 판단했는데, 즉 군자는 반드시 먼저 대인의 행적과 성인의 말씀을 찬동하고 그러한 것을 두려워해야 하고, 천명이 바로 대인의 행적과 성인의 말씀에 있다고 하는 것을 체득하여 깨달은 뒤에 비로소 천명을 두려워하는 것을 자각하게 되는 것이다. 그러나 이와 같은 공자의 견해는 천을 피동적인 것으로 보고 인간을 능동적인 존재로 본 경향이 있다고 생각한다. 그러므로 천명은 이후에 존재하게 되는 것일 뿐 선천적으로 존재하게 되는 것이 아니게 되는 것이다.

이상과 같은 군자가 천명을 두려워한다고 하는 도리를 이해한 후에 공자가 무엇 때문에 "천명을 모르면 군자가 될 수 없고, 예를 모르면 사회에 나설 수 없으며, 다른 사람의 말을 잘 알아듣지 못하면 그 사람을 알 수 없다."[34]라고 말했는지에 대하여 그 진의를 쉽게 파악할 수 있게 된다. 또한 앞의 인용문에서 공자가 언급한 명命은 운명이거나 천제의 명령이 아닌 것인데, 그 이유는 이 둘은 군자와 서로 조화될 수 없는 것으로 오직 천명만이 비로소 군자가 인식하고 증험할 만한 가치가 있는 것이다.

공자가 제기한 군자와 천명의 관계는 단지 지식적인 측면에서 추론한 것에 그친 것이 아니고, 그 자신이 인도仁道를 실천하는 과정 속에서 인심仁心을 함양한 후에 얻게 된 체험적 증명의 결론인 것이다. 이러한 공자의 견해를 가장 잘 대표하는 언급이 있는데, 다음과 같다.

> 나는 열다섯 살에 학문에 뜻을 두었고 서른 살에 자립하였으며, 마흔 살에는 미혹되지 않았고 쉰 살에는 천명이 무엇인지를 알았으며, 예순 살이 되어서는 귀가 뚫려 한번 들으면 곧 그 이치를 알았고 일흔 살에는 마음속으로 하고 싶은 대로 해도 법도에서 벗어나지 않았다.[35]

공자가 쉰 살이 되기 전에 행했던 일련의 행위들 즉 학문과

---

34 『論語』, 「堯曰」, "不知命, 無以爲君子也; 不知禮, 無以立也; 不知言, 無以知人也."

35 『論語』, 「爲政」, "子曰: 吾十有五而志於學, 三十而立, 四十而不惑, 五十而知天命, 六十而耳順, 七十而從心所欲不踰矩."

자립 및 미혹되지 않음 등과 같은 것들은 모두 낮고 쉬운 것을 배운다고 하는 '하학下學'에 해당 되는 것으로, 이는 또한 공자 그 자신이 도덕문화 분야의 기초를 수양한 것을 의미한다고 할 수 있는 것이다. 이러한 기초를 근거로 해서 공자는 위로 거슬러 올라가 천도를 탐구하여 궁극적으로 천명의 의미를 인식하고 증명하게 된 것이며, 또한 자신의 사명의 소재를 알게 된 것이다.[36] 그러므로 공자는 도덕생명의 완성에 집착하게 된 것이며 아울러 그것을 사람들의 삶 속에서와 개인의 행위 속에서 실현하고자 했던 것이다. 그렇기 때문에 공자는 자신이 한 번 들으면 곧 이치를 알았고 마음속으로 하고 싶은 대로 해도 법도에서 벗어나지 않았던 것이다.

현대적인 관점에서 보았을 때 공자의 도덕인격은 확실히 대인과 같이 일반적으로 위대하다고 할 수 있으며, 그가 남겨 놓은 수많은 언급들은 일찍이 성인의 말씀으로 인식되어져 왔던 것이라고 할 수 있을 것이다.[37] 이와 같이 볼 때 공자는 확실히 도덕문화의 재창조라고 하는 역사적 사명을 다하기 위해서 최선의 노력을 경주하였으며, 천명의 자각 역시 그 자신의 삶의 여정 속에서 실현되었던 것이라고 하는 것을 알 수가 있게 된다.

---

36 傅佩榮, 『儒道天論發微』, 臺北, 學生書局, 1988년, 108쪽 참조.

37 공자는 중국의 역사에서 보면 양한시대 이후로 청대에 이르기까지 대부분의 모든 왕조의 지식인들로부터 성인으로 취급되었으며, 한국 역시 조선왕조 오백년 동안 지식인들과 일반 사람들에 의해서 성인으로 존숭되어져 왔다고 볼 수 있다.

5. 맺는 말

이상과 같이 공자의 천도론 사상에 대하여 먼저 공자가 언급한 명命의 의미에 대한 분석으로부터 시작해서 천天의 의미에 대한 고찰을 거쳐서 천명으로 이어지는 사유모식을 중심으로 살펴보았는데, 이를 정리하면 다음과 같다.

『논어』에 있는 "백우가 병이 나자 공자께서 문병을 가셔서 창문에서 그의 손을 잡고 말씀하셨다. 이 사람을 잃다니 운명이로다! 이렇게 훌륭한 사람인데 이런 병이 생기다니! 이렇게 훌륭한 사람인데 이런 병이 생기다니!"라고 하는 기록과 "공자가 말했다. 도가 장차 행해지는 것도 천명이고, 도가 장차 없어지는 것도 천명이다. 공백료가 그 천명을 어찌 하겠는가!"라고 하는 기록에서의 명命자는 공자가 전통적인 견해를 계승한 것이라고 생각되는데, 여기에서는 명을 객관적인 존재의 사실이나 현상으로 보았으며, 사람의 힘으로는 컨트롤을 할 수가 없는 것으로 사람은 반드시 이러한 명의 제약을 받을 수밖에 없는 것이라고 보았다. 다만 여기에서 주의할 점은 공자가 제기한 이러한 명은 개인의 성공여부나 부귀와 빈천 및 축복과 재앙의 측면에서 언급되어진 것이 아니고, 그가 밤낮으로 추구하는 덕행이나 인도仁道에 의해서 현실 세계에 실현되는 것이다. 또한 공자는 도가 행해지거나 혹은 행해지지 못하는 것의 여부는 자기 자신이 컨트롤할 수 있는 것은 아니지만, 그렇다고 해서 그것이 다른 사람에 의해서 지배될 수 있는 것이라고도 생각하지 않았다. 이와 같이 본다면 사람이 관심을 가져야 하는 것은 바로 결과의 문제가 아니라 과정 가운데 사람이 도대체 어느 정도의 노력을 쏟아 부었느냐고 하는 것과 그러한 것을 견지하는 것이 도덕에 부합하느냐의 여부에 관한 것이었다는 점을 알 수 있다.

공자의 귀신에 대한 견해를 기반으로 해서 그의 전통적인 천신 신앙에 대한 견해를 파악해보면, 즉 공자는 귀신의 존재에 대하여 부정을 하는 입장을 취하지는 않았지만, 그렇다고 해서 그것을 중시하는 입장도 취하질 않았다. 그렇기 때문에 자로子路가 귀신을 섬기는 것에 대하여 공자에게 묻자, 그는 "사람을 섬길 줄 모르고서야 어찌 귀신을 섬길 줄 알겠느냐?"라고 대답했던 것이며, 또 번지樊遲가 지혜로움에 대해서 묻자, 공자는 "사람들이 의로움에 이를 수 있도록 힘쓰고, 귀신을 공경하되 그를 멀리한다면 지혜롭다고 할 수 있다."라고 대답했던 것이다. 이러한 공자의 태도는 제사를 지내는 것에 대해서도 종교적 성격을 띤 기복신앙의 관점에서가 아니라, 사람이 가지고 있는 도덕적 가치의 관점에서 접근했던 것이다. 그러나 만일 천지신명의 성격을 가지고 공자가 수차례 언급하고 제기한 천 관념을 이해한다면 이는 공자의 천 관념을 심각하게 왜곡하게 되는 것이다. 즉 공자는 도덕실천의 근거 혹은 도덕 가치의 근원으로서 이해한 천 관념을 매우 중시했다고 할 수 있으며, 이러한 천을 도덕성 의미의 천이라고 한다.

공자는 인도仁道를 세상에 대하여 실현하고자 하는 강렬한 사명의식 때문에 그 자신이 생각했던 전수자인 안회가 죽었을 때,

인도仁道가 다시는 세상에 전해지지 못할 것이라고 생각하며 "하늘이 나를 망치는구나!"라고 하는 탄식을 끊임없이 했던 것이다. "나를 망친다."는 말은 자신의 목숨이 조만간 끝나는 것에 대한 탄식이 아니라 인도仁道가 중간에 단절되는 것을 우려한 안타까움을 표시한 것으로, 이는 천도 역시 존재하지 못할 것에 상응하는 우려인 것이라고 할 수 있다. 이러한 것은 공자의 역사적 사명감의 자연스러운 발로라고 할 수 있으며, 이러한 사명감은 천에 그 근원을 두는 것으로 사람이면 모두가 가지고 있는 도덕 특징인 것이다. 그러므로 도덕성 의미의 천은 그 존재가 공자의 생명가치에 투사된 후에 실재할 수 있게 되는 것이다.

공자는 "군자에게 두려워하는 것이 세 가지 있으니 천명을 두려워하고 대인을 두려워하고 성인의 말씀을 두려워한다."라고 주장했는데, 여기에서 말하는 대인과 성인의 행동거지와 행적 및 사상을 비롯한 모든 것은 군자가 밤낮을 가리지 않고 추구해야 하는 것이기 때문에 다만 그렇게 하지 못할 것을 항상 염려하는 것이다. 그래서 군자는 당연히 항상 경계하고 삼가고 두려워하는 것이다. 진일보해서 말하자면 도덕성 의미의 천이 인간사회의 문화에 구현될 때에 가장 구체적이면서 대표적으로 나타나는 것이 바로 대인의 행적과 성인의 말씀이라고 하는 것이다. 또한 군자는 도덕의 강렬한 자기 요구에 대하여 부득불 하늘이 자신에게 부여한 이러한 사명을 완성할 수 있는지 여부를 경계하고 삼가 하면서 두려워해야 하는 것이다. 그래서 군자는 천명을 두려워해야 하는 것이다.

또한 공자가 쉰 살이 되기 전에 행했던 일련의 행위들 즉 학문과 자립 및 미혹되지 않음 등과 같은 것들은 모두 낮고 쉬운 것을 배운다고 하는 '하학下學'에 해당 되는 것으로, 이는 또한 공자 그 자신이 도덕문화 분야의 기초를 수양한 것을 의미한다고 할 수 있는 것이다. 이러한 기초를 근거로 해서 공자는 위로 거슬러 올라가 천도를 탐구하여 궁극적으로 천명의 의미를 인식하고 증명하게 된 것이며, 또한 자신의 사명의 소재를 알게 된 것이다. 그러므로 공자는 도덕생명의 완성에 집착하게 된 것이며 아울러 그것을 사람들의 삶 속에서와 개인의 행위 속에서 실현하고자 했던 것이다.

| 참고문헌 |

朱公遷, 『詩經義疏』, 『四庫全書』 本.

孫星衍, 『尙書今古文注疏』, 『平津館叢書』 本.

趙　汸, 『春秋左氏傳補注』, 『通志堂經解』 本.

徐元誥, 『國語集解』, 上海, 商務印書館, 1934년.

楊伯峻, 『春秋左傳注』, 北京, 中華書局, 1996년.

何　晏, 『論語集解』, 『漢魏古注十三經』(下), 北京, 中華書局, 1998년.

劉寶楠, 『論語正義』, 北京, 中華書局, 1998년.

陳大齊, 『孔子學說』, 臺北, 正中書局, 1983년

羅　光, 『中國哲學思想史』(先秦篇), 臺北, 學生書局, 1985년.

勞思光, 『新編中國哲學史』(一), 臺北, 三民書局, 1986년.

傅佩榮, 『儒道天論發微』, 臺北, 學生書局, 1988년.

徐復觀, 『中國人性論史』, 臺北, 臺灣商務印書館, 1990년.

제2절

인간의 본성에 대한 논의

1. 시작하는 말

고대 중국의 사상에 있어서의 인간 문제에 대한 중시 특히 인성 및 인성에 관련된 문제는 중국사상이 가지고 있는 독특한 측면을 보여주는 부분이라고 할 수 있을 것이다. 중국사상을 발전사적인 측면에서 회고해보면, 유가사상은 인간에 대한 탐구를 시초로 탐구의 영역을 인간사회 전반에 걸쳐 확대 발전 시켜왔음을 알 수 있다. 즉 인간에 대한 탐구를 통하여 점진적으로 사고의 대상을 인간사회의 정치·경제·문화 등의 전반적인 분야에로 확대시켜나갔던 것이다.

유가사상에서는 인간 자신을 대상화시켜 인간의 본질에 대하여 반성적인 사고를 하기 시작하는데, 이렇게 인간이 자신을 사고의 대상으로 인식하기 시작했다는 것은 인간이 자아와 객관적인 실재세계 속에서 다른 존재자의 실체를 의식하기 시작했음을 의미하는 것이다.

유가사상의 인간에 대한 사고는 객관적인 실재세계의 탐구를 통하여 자신의 존재와 다른 사물의 차이를 반성적으로 인식한데 있다. 또한 그들은 인간이 자연계에서 우월적인 위치에 있음을 부정하지도 않았다. 유가사상에서는 비록 인간이 자연계에서 우월적인 위치에 있음을 인정했지만 인간의 본질에 대해서는 명확한 설명을 하지 않았다. 그 이유는 유가사상에서는 실천이성을 중시한 반면 이론의 사변성에 대해서는 중시하지 않았기 때문에 인간 존재를 추상화시키지 않은데 있다고 할 수 있다. 또한 현실생활과 괴리된 인간존재에 대해서는 생각을 할 만한 여지가 없었기 때문에 유가사상의 인간존재에 대한 이해는 모두 실천이성을 출발점으로 삼아 도덕가치의 함의를 담고 있는 것이다.

유가사상의 집대성자라고 할 수 있는 공자의 인성론에 대한 문제는 명확하게 규명하기 쉽지 않은 문제라고 판단된다. 그 이유는 공자가 체계적으로 인성에 대하여 언급하거나 논술한 부분이 없기 때문이다. 그렇기 때문에 본문에서는 공자의 인성에 대한 견해를 공자의 인급들 속에서 인싱론 문제와 비교적 가깝세 접근했다고 판단되는 것들을 중심으로 공자의 인성론 문제에 대한 해석을 시도해보도록 하겠다.

2. 성상근性相近과 습상원習相遠

공자는 성性에 대하여 언급을 거의 하지 않았다. 『논어論語』에 언급된 '성'자는 불과 두 곳에서만 발견할 수 있는데, 다음과 같다. 한 곳은 공자가 언급한 "본성은 서로 가까운 것이지만, 습성이 서로를 멀어지게 한다."[1]이고, 다른 한 곳은 자공子貢의 서술에서 이다. 즉 자공이 "선생님의 글과 의표에 대해서는 들을 수가 있었지만, 선생님의 본성과 천도에 대한 말씀은 들을 수가 없었다."[2]라고 언급한 부분이다. 이러한 두 곳에서 언급된 성은 과연 성이란 무엇인가에 대해서는 명확한 해석이 결여되어 있으며, 다만 공자가 인간은 모두 성이 있음을 긍정했다는 사실만을 확인할 수 있다.

자공의 서술에 대하여 일부의 학자는 다음과 같은 해석학적 방법론을 제기하는데, 일견 참고할만한 가치가 있다고 여겨진다. 즉 하나는 "선생님의 글과 의표에 대해서는 들을 수가 있었지만, 선생님의 인간본성이 천도에 참여한다는 것에 대한 말씀은 들을 수가 없었다."로서 공자가 언급한 성은 천도天道에 참여한다고 하는 해석은 형이상학적 영역으로 귀결된다고 할 수 있다. 다른 하나는 "선생님의 글과 의표에 대해서는 들을 수가 있었지만, 선생님의 인간본성에 대한 것과 천도에 대한 말씀은 들을 수가 없었다."로서 공자가 천도로써 성을 논의한 것으로, 이는 성이 주제가 되어 성과 천도의 연결에 관한 문제를 본 것으로 심성론心性論의 영역으로 귀결된다고 할 수 있는 것이다.[3]

만일 성과 천도가 두 개의 논제라면 이 두 가지는 독립적인

1 『論語』, 「陽貨」, "性相近, 習相遠."

2 『論語』, 「公冶長」, "夫子之文章, 可得而聞也; 夫子之言性與天道不可得聞也."

3 林義正, 「論語 '夫子之文章之硏究'」, 『文史哲學報』 第四十二期, 臺北, 1995년, 9쪽 참조.

논의주제가 될 수 있다. 그렇다면 우리가 이미 알고 있는 것과 같이 이러한 두 개의 주제는 "들을 수가 없었다."가 되어버린다. 그렇기 때문에 그 속의 내용을 파악하는 작업은 난관에 직면할 수밖에 없게 되는 것이다. 그러나 만일 성과 천도가 서로 관련되어 있는 하나의 주제라고 한다면, 성과 천도에 대한 이해는 반드시 양자의 상관성과 맞물려 있을 것이다. 설사 이와 같다고 가정하더라도 아직 중요한 단서 하나가 문맥 속에 담겨져 있다고 할 수 있는데, 그것은 바로 공자가 채택한 성과 천도가 동질이라고 한 것과 논급의 방식으로는 성과 천도의 결합에 대한 문제에 관하여 어떤 식으로 말을 해야만 하는지를 알지 못한다는 것이다. 그렇기 때문에 자공이 "선생님의 본성과 천도에 대한 말씀은 들을 수가 없었다."라고 말한 것이다.

공자는 비록 성과 천도를 기반으로 윤리 도덕의 학설체계를 세우지는 못하지만, 후대의 맹자가 이러한 공자의 성과 천도에 기초한 사상을 계승하여 인仁·의義·예禮·지智라고 하는 사단지심四端之心의 이론을 체계화하여 성선설性善說의 관념을 확립하면서 진심盡心·지성知性·지천知天에 이르는 사상체계를 확립하기에 이른다. 만일 맹자의 학설체계가 우연적으로 세워진 것이 아니라고 가정한다면, 다음과 같은 가설을 세워볼 수 있을 것이다. 즉 공자 자신의 이론체계에서가 아닌 그 후학의 학설체계를 통하여 역으로 인성론 체계를 수립한다는 것이다. 다시 말하자면, 맹자의 인성론 체계를 통하여 공자의 인성론 체계를 건립할 수 있다는 가설을 세워볼 수 있다는 것이다. 이러한 가설은 비록 적합하지는 않은 측면이 있기는 해도 꼭 그렇게 요원한 것만도 아닌 것이라고 판단된다. 이러한 사고를 기반으로 하여 인간의 인仁에 대한 욕구를 가지고 공자의 인성론 문제를 조명해보는 시도 역시 나름대로 의미가 있을 것이라고 생각된다.

공자가 언급한 "본성은 서로 가까운 것이지만, 습성이 서로를 멀어지게 한다."로부터 본성과 습성의 대조에 주안점을 두고 공자의 인성론 문제를 파악해보면 다음과 같은 사실들을 알 수가 있을 것이다. 즉 공자가 제시한 습성이 사람들의 본성을 서로 상이하게 만드는데, 이러한 상이한 차이는 약간 혹은 소량의 차이가 아니기 때문에 상이함이 매우 멀다(크다)고 말하는 것이다.

'서로 다름'과 '서로 같음'을 상호 대응적인 측면의 입장에서 본다면 다음과 같은 문제가 제기 될 수 있을 것이다. 만일 습성의 "서로를 멀어지게 한다."고 하는 것이 나타내는 점이 차이라고 한다면, 본성과 습성은 대립적인 배열을 이루게 되어 대칭적으로 어떠한 의미를 전달할 수 있을 것인가? 또한 본성을 말하는 "서로 가까운 것"이라고 하는 것의 실제적인 의미는 과연 무엇인가? 이러한 것을 '서로 같음'을 사용하여 해석할 수 있는 것인가?

본성에 대해서는 "들을 수가 없었다."고 하였기 때문에 어떤 의미에서는 본성에 대한 정의를 내리거나 그 정확한 의미를 설명하기에는 적지 않은 어려움이 수반된다고 볼 수 있다. 그렇기 때문에 많은 사람들이 한결같이 아무런 의심 없이 비유나 추리를 통하여 쉽게 터득할 수 있었던 사실은, 공자가 "습성이 서로를 멀어지게 한다."는 사실과 대비하여 본성이 "서로 가까운 것"이 된다는 사실을 응용했다는 것이다. "본성은 서로 가까운 것"에 관하여 그것의 정확한 의미가 도대체 무엇을 지칭하는 것인가에 대하여 사람들은 제각기 다른 해석을 내놓는데 다음과 같다. 즉 어떤 사람들은 공자는 인간의 본성은 평등한 것으로 생각해서 극소수의 위로는 뛰어난 품성을 가진 사람들과 아래로는 우매한 품성을 가진 사람들을 제외한 일반적인 사람들의 품성은 선천적으로 평등하기 때문에 공자가 "서로 가까운 것"이라고 언급했다는 것이다.[4]

의리지성義理之性이나 인성仁性 및 성선性善의 각도로부터 착수해 들어가 보면 공자가 무엇 때문에 "본성은 서로 가까운 것"이라고 했는지에 대해서 이해하는 것은 쉽지 않은 일이다. 즉 천도天道가 내재되어 있기 때문에 본성이 선善하다고 하는 것은 모든 인간에게 똑같이 해당되는 사항이기 때문이다. 그러므로 "서로 가까운 것"이라는 언급은 '서로 농능하다'거나 '그것에 상당한다' 및 '서로 동일하다'는 의미와는 부합되지 않는다.

공자가 언급한 "본성은 서로 가까운 것"이라는 명제에 대하여 기질지성氣質之性의 각도로 접근해서 공자의 인성론 문제를 분석해볼 수는 없을까? 라고 하는 의문이 발생하기도 한다. '서로 가깝다'와 '서로 동일하다'는 언급들 사이에는 분명하게 구별이 존재하기 때문에 본성에 대한 해석을 시도할 때 기질지성의

4 宋淑萍, 「淵源有自一先秦學術的萌芽」, 『浩瀚的學海』, 北京, 三聯書店, 1991년, 106쪽 참조.

측면으로 분석해볼 수도 있기 때문이다. 이러한 접근방법은 주희朱熹가 견지하고 있는 견해로서 다음과 같다.

> 여기에서 말하는 '성'이란 '기질'을 겸해서 말한 것이다. 기질의 성은 본래 좋아하고 싫어하는 것의 구분이 있는 것이다. 그렇기 때문에 그것을 처음 언급할 때 모두가 서로를 심하게 멀어지게 하는 것은 아니다. 단 습성이 선에 가까우면 선하게 되고, 습성이 악에 가까우면 악하게 되기 때문에 처음에 서로 멀어진다고 한 것일 뿐이다. 정자가 말하기를 여기에서 말한 기질의 성은 성의 본원적인 것을 언급한 것이 아니다. 만일 그것의 본원적인 측면에서 언급한다면 성은 곧 리理가 되는 것이다. 이러한 리에는 불선不善함이 없기 때문에 맹자가 본성은 선한 것이다. 라고 말한 것은 이러한 이유 때문이다. 어디에 서로 가까운 것이 있겠는가?[5]

주희는 선한 본성이 천天에서 온 것으로 생각하여, 성선性善이 의미하는 것은 본성이 서로 같거나 동일하다는 것이라고 말했다. 그러나 공자가 이미 "본성은 서로 가까운 것"이라고 한 언급은 바로 본성에 대하여 그것을 기질과 겸해서 말한 것을 의미한다고 생각했다. 주희의 이러한 관점은 상당히 많은 수에 있어서 반대하는 의견들이 나오게 만드는 결과를 초래했다.

---

5 朱熹, 『論語集注』 卷九, 「陽貨第十七」, "此所謂性, 兼氣質而言者也. 氣質之性, 固有美惡之不同矣. 然以其初而言, 則皆不甚相遠也. 但習於善則善, 習於惡則惡, 於是始相遠耳. 程子曰: 此言氣質之性. 非言性之本也. 若言其本, 則性卽是理, 理無不善, 孟子之言性善是也. 何相近之有哉?"

서복관徐復觀과 같은 학자의 경우는 절대로 공자가 기질의 성에 대하여 언급했다고는 생각하지 않아서, "또한 기질의 성은 본래 좋아하고 싫어하는 것의 구분이 있는 것이다. 라는 말은, 곧 기질의 성이 처음에는 좋아하고 싫어하는 것에 대한 구분을 함유하고 있지만 그것이 본성 속에 잠복해 있어 아직 발동하지 않고 있는 상태에 불과한 것이다. 또한 무엇을 근거로 하여 본성 자체가 서로 가까운 것이라는 말을 할 수 있는 것인가? 그러므로 주자의 이러한 두 구문의 언급은 사실상 '구분'과 '가까운 것'이라는 서로 모순되는 어구를 동일한 사물 즉 기질의 성 위에 더한 것이다."[6]라고 주장 한 것이다. 또한 서복관은 『논어』에서 언급한 것이 비록 기질의 성에 상당하다고는 할 수 있겠지만, 그렇다고 해서 이러한 이유 때문에 공자가 기질의 성을 주장했다고는 말할 수 없는 것이라고 주장했다.

주자는 한편으로는 '구분'에 대하여 직접적으로 언급했으며, 다른 한편으로는 맹사가 주장한 본성은 선한 것이다. 라고 하는 언급에 인간의 마음이 모두 그러한 것과 같다는 것을 더하여 대비시킴으로써 "서로 가까운 것"의 의미를 확대시켜 '구분'의 의미에로 가깝게 접근시켰다. 즉 주자는 "서로 가까운 것"이라고 하는 말의 의미를 '구분'과 같은 의미로 보았다고 할 수 있다.

왕양명王陽明 같은 경우는 『전습록傳習錄』에서 "서로 동일하다"는 뜻으로써 "서로 가깝다"는 의미를 해석하는데, 그의 견해

6 徐復觀, 『中國人性論史』, 臺北, 臺灣商務印書館, 1990년, 78~79쪽 참조.

는 다음과 같다.

> 공자께서 말씀하신 "본성은 서로 가까운 것"이라는 것은 곧 맹자가 말씀하신 "본성은 선한 것이다"는 의미이다. 이러한 것은 기질의 측면에서만 말할 수 있는 성질의 것이 아니다. 만일 기질의 측면에서 언급한다면 단단함과 부드러움이 서로 대립하는데 어떻게 서로 가까울 수 있겠는가? 오직 본성이 선하다는 것만이 동일한 것일 뿐이다. 사람이 처음 태어났을 때는 선하다고 하는 것은 원래 동일한 사실이다. 그러나 단단함의 습성이 선에 기울면 단단함은 선이 되는 것이고, 습성이 악으로 기울면 단단함은 악이 되는 것이다. 부드러움의 습성이 선에 기울면 부드러움은 선이 되는 것이고, 습성이 악으로 기울면 부드러움은 악이 되는 것이어서 나날이 서로 멀어지게 되는 것이다.[7]

왕양명은 인간 모두가 공통적으로 가지고 있는 성선性善에 착안하여 "서로 가깝다"는 의미가 실제로는 "사람이 처음 태어났을 때의 선함"을 지칭하는 것이라고 설명했다. 다시 말하면, "서로 가깝다"는 의리의 성義理之性을 가리키는 것이지 기질의 성氣質之性을 가리키는 것은 아니라는 것이다. 채인후蔡仁厚 역시 왕

7 王陽明, 「傳習錄下」, "夫子說'性相近', 卽孟子說'性善', 不可專在氣質上說. 若說氣質, 如剛與柔對, 如何相近得? 惟性善則同耳. 人生初時, 善原是同的. 但剛的習於善則爲剛善, 習於惡則爲剛惡; 柔的習於善則爲柔善, 習於惡則爲柔惡, 便日相遠了." 王陽明, 「傳習錄下」, 『王陽明全集』 上册, 上海, 上海人民出版社, 1992년, 123쪽 참조.

양명의 견해에 적극적으로 동의하는 입장을 견지하면서 '의리의 성'으로 해석해야만 하는 타당성에 대하여 다음과 같이 의견을 개진했다.

> 언어적 함의에서 볼 때 '서로 가깝다'와 '서로 동일하다'는 각각 차별이 존재하고 있다. 그러나 옛날 사람들이 사용한 언어는 꼭 이처럼 엄격하게 사용되었던 것은 아니다. 『맹자』, 「고자상」에 우산의 나무 장에 실려 있는 "수목도 밤낮으로 자라고, 아침 공기를 흡수하여 기운이 깨끗해질 때는 살기를 좋아하고 죽기를 싫어하는 그 본능이 사람과 서로 비슷하여 차이가 많지 않다."에 대하여 주자는 "좋아하고 미워함이 사람과 서로 비슷하다는 것은 사람의 마음이 한가지로 같음을 말하는 것이다."라고 주석을 했는데, 이러한 것이 의미하는 것은 양심에서 피어나는 좋아함과 미워함은 모든 사람들이 모두 동일하다고 하는 것이다. 주자는 '서로 동일하다'라는 것으로써 '서로 가깝다'를 해석하고 있는 것이다. 그러나 공자가 말한 "본성은 서로 가까운 것"이라는 언급에서 서로 가깝다는 것은 맹자가 언급한 "서로 비슷하다"와 의미상에 있어서 서는 같은 맥락으로 보아야 한다. 이와 같기 때문에 "본성은 서로 가까운 것"에서의 본성은 '기질의 성'으로는 말해질 수 없는 것이며, 마땅히 사람들 모두가 동일한 '의리의 성'인 것이다.[8]

8 蔡仁厚, 『孔孟荀哲學』, 臺北, 學生書局, 1991년, 105쪽 참조.

3. 인仁과 본성本性의 문제

공자의 의리의 성에 대한 본질이 무엇인가의 문제에 대해서는 다양한 각도에서 조명해볼 수 있을 것이다. 본문에서는 『논어』의 내용들에 대한 직접적인 추론과 심도 있는 분석을 통하여 그 의미를 조명해볼 것이며, 이러한 작업들 위에 맹자의 인성론과 『중용中庸』의 성性 명命 이론을 더하여 추론하는 방식을 통하여 결론적으로 공자가 인仁으로써 본성性을 삼은 사실을 천명해보도록 하겠다.

'인仁'이라는 것은 일종의 내재적인 덕성이라고 할 수 있다. 공자가 '인'에 대하여 언급한 부분을 『논어』의 도처에서 찾아 볼 수 있으며 또한 그것이 내재적인 덕성의 의미로 언급된 부분 역시 적지 않지만 본문에서는 다음과 같은 일부만 다루어 보겠다.

> 인하기를 원해서 인하게 되었다.[9]
>
> 인은 멀리 있는 것일까? 내가 인하게 되고자 하면 곧 인이 찾아온다.[10]
>
> 하루라도 자신의 힘을 인을 위해 쓸 수 있는 사람이 있던가? 나는 능력이 부족한 사람은 보지 못했다. 그러한 사람이 있을 법이기는 하나 나는 아직까지 본적이 없다.[11]

---

9 『論語』, 「堯日」, "欲仁而得仁."

10 『論語』, 「述而」, "仁遠乎哉? 我欲仁, 斯仁至矣."

11 『論語』, 「里仁」, "有能一日用力於仁矣乎? 我未見力不足者. 蓋有之矣, 我

공자는 무슨 이유 때문에 "내가 인하게 되고자 하면 곧 인이 찾아온다." 및 "인하기를 원해서 인하게 되었다."라고 하는 말들을 했을까? 이러한 긍정적인 언사들 가운데 "인하기를 원해서 인하게 되었다."에서 "원하다"는 글자는 배고플 때 먹고 싶다는 욕구가 생기는 것과 추위 속에서 따뜻한 것을 추구하는 생리적인 욕망과 같은 맥락에서 이해되어져서는 안 되는 것이다. 그렇다면 어떠한 맥락에서 "인하기를 원해서"의 "원하다"는 글자의 의미를 이해해야 하는 것일까? 여기에서 다뤄져야할 "원하다"는 의미는 마땅히 "하루라도 자신의 힘을 인을 위해 쓸 수 있는 사람이 있던가?"에서의 "힘을 쓰다"는 의미와 동일한 선상에서 파악되고 이해되어져야 한다. 즉 "원하다"는 글자에는 "인을 위해 힘쓰다"라고 하는 의미를 포함하고 있으며, '주동적인 것'과 '반성' 그리고 '자각'의 함의가 내재되어 있다고 할 수 있다.

"내가 인하게 되고자 하면 곧 인이 찾아온다."에서 "나"는 누구를 지칭하는 것일까? 라고 하는 문제가 제기될 수 있다. 이러한 문제에 대하여 다음과 같은 두 가지 가능성을 상정해 볼 수 있을 것이다.

먼저, "나"는 보편적인 일인칭으로서 모든 개인들이 말하는 "나"가 아니고, 공자 자신을 지칭하는 것이다. 이때의 공자는 이미 마음 내키는 대로 행동해도 법도에 어긋남이 없는 경지에 도달한 상태이기 때문에 자연히 스스로가 "내가 인하게 되고자 하

未之見也."

면 곧 인이 찾아온다."라고 말할 수 있었던 것이다.

다음은 "나"는 일반적인 일인칭이라는 것이다. 즉 모든 사람들이 자기 자신에 대한 자각행위를 통하여 자신을 반성적으로 성찰하게 될 때에 비로소 그 가운데 '인'이 있다고 하는 것이다.

그렇다면 '인'은 어떻게 정의되고 해석되어야 할까? 라는 문제에 대해서는 맹자가 언급한 "모든 사람들이 다 요임금이나 순임금과 같은 성인이 될 수 있다"라고 하는 도리와 같은 맥락에서 파악되어져야 할 것이라고 판단한다. 공자가 말한 "인하기를 원해서 인하게 되었다"라는 언급은 '모든 사람들이 인하기를 원해서 인하게 되었다'라고도 말해질 수 있는 것이다. 그러나 만일 인하게 될 수가 없다면 그것은 '하지 않는 것'이지 '할 수 없는 것'이 아니다.[12] 그렇기 때문에 비록 우매한 품성을 지닌 사람은 수양공부를 정진하는 과정 가운데 "인하기를 원해서 인하게 되었다"는 경지를 달성할 수는 없지만, '모든 사람들이 인하기를 원해서 인하게 되었다'는 추론에는 별 지장을 주지 않는 것이다.

이는 맹자의 경우도 마찬가지인데, 맹자가 모든 사람들이 다 요임금이나 순임금과 같은 성인이 될 수 있다고 하는 것에 대한

12 맹자는 '할 수 없는 것'과 '하지 않는 것'의 구별에 대하여 "태산을 끼고 북해를 건너뛰는 것을 사람들에게 말하기를 '내가 할 수 없다'고 하면, 이는 진실로 할 수 없는 것이지만 어른을 위해서 나뭇가지를 꺾는 것을 사람에게 말하기를 '내가 할 수 없다'고 하면, 이는 하지 아니 할 뿐이지 할 수 없는 것이 아닙니다."라고 설명한 바 있다. 『孟子』, 「梁惠王上」, "挾太山以超北海, 語人曰: 我不能, 是誠不能也. 爲長者折枝, 語人曰: 我不能, 是不爲也, 非不能也."

긍정은 사실상 무턱대고 아무런 사람들이 다 요임금이나 순임금과 같은 성인이 될 수 있다고 하는 것을 뜻하지는 않는다. 그러한 언급 속에는 수양공부에 뜻을 세우고 최선을 다하여 노력해야 한다는 단서조항이 포함되어져 있는 것이다. 그러므로 모든 사람들이 다 갖추고 있는 내재적인 도덕성의 측면에서 본성을 말 할 때에만 모든 사람들이 "인하게 되고자 하면 곧 인이 찾아온다."라고 하는 공식이 설립될 수 있는 것이다.

만약 공자가 '인'을 '인도仁道'나 '인리仁理'로 간주하여 내가 욕구하는 것의 대상이 되어 '마음'과 '리理'를 나누어 두 개의 이론노선을 구축하여 그것을 나타낼 수 있게 되면 '마음'과 '리'는 이미 나누어졌기 때문에 "내가 인하게 되고자 하면 곧 인이 찾아온다."와 "인하기를 원해서 인하게 되었다"에 대한 합리적인 해설을 할 수가 없게 된다. 그렇기 때문에 오직 '인'만이 내가 본래부터 갖추고 있는 것이 되기 때문에 '인'하기를 원해서 '인'하게 되는 것에는 어떠한 외재적 요인에도 의탁할 필요가 없다는 것이다. 이래야 만이 공자의 이론체계가 두 가지 노선으로 분열되어 단일한 학설체계로 일치하지 않는 상황을 막을 수 있는 것이다.

맹자는 공자의 이러한 학설체계에 대하여 타당성이 있는 해석과 계승을 했다고 할 수 있다. 즉 맹자는 "인은 사람의 마음이다."[13]라고 하여 공자의 '인'을 인성의 본질로 파악하였던 것이다.[14] 이와 같이 공자의 인성에 대한 관점을 맹자의 인성론으로

13 『孟子』, 「告子上」, "仁, 人心也."

부터 거슬러 올라가 이해할 수도 있는 것이다. 어떤 학자들은 공자에게는 체계적인 인성론이 없다고는 하지만 맹자가 공자의 학설을 계승하고 그것에 대한 보완작업을 통하여 체계화시켜 완성했다고도 주장한다.

만일 맹자가 언급한 '인'은 사람의 마음이라는 것을 하나의 견해로 채용한다면 공자가 '인'으로써 '성'을 언급한 사항의 핵심적인 요소는 과연 무엇일까? 공자는 '인'이라고 하는 것은 인간에게 없어서는 절대로 안 되는 것이라고 생각했다. 그래서 그는 일찍이 '인'이 인간에 대하여 얼마나 중요한 존재인지를 "백성들에게 인의 필요성에 대한 문제의 정도는 물이나 불보다도 더 심각한 문제이다."[15]라고 매우 심도 있게 묘사를 하였다. 이외에도 '인'에는 또 다른 차원의 의미가 담겨져 있고 할 수 있다. 즉 가치에 관한 문제가 담겨져 있는데, 이러한 문제에 대하여 공자는 군자가 '인'에서 한시라도 떨어질 수 없는 것이며 그것을 상실해서는 안 된다고 하는 사례를 들어 설명하고 있다.

> 군자가 인을 버린다면 어찌 군자란 이름이 이룩되겠는가? 군자는 밥을 먹는 동안이라도 인을 어기지 말아야 하며, 다급한 순간이라

14 李澤厚는 "공자가 '인'을 사용하여 '예'를 해석한 것은 원래 '예에로 돌아간다.'를 위해서였다. 그러나 그 결과는 오히려 수단이 목적을 초월한 셈이 되었다. 공자에 의해서 발굴되고 강조된 '인'—인성심리원칙이 반대로 본질적인 것이 되어버렸다."라고 했다. 李澤厚, 『中國古代思想史論』, 北京, 人民出版社, 1986년, 22쪽 참조.

15 『論語』, 「衛靈公」, "民之於仁也, 甚於水火."

할지라도 반드시 인을 지키고, 넘어지는 순간이라 할지라도 반드시 인을 지켜야 한다.[16]

서복관 같은 경우는 공자의 '인'은 생명의 근원으로서 인성이 되는 것이라고 보아 공자에게 있어서의 인성은 '선'한 것이라고 주장했다.

> 공자가 기왕에 인정한 '인'은 각 개인의 생명 속에 내재되어 있는 것인데, 공자가 비록 '인'이 곧 인성이라고 설명을 하지는 않았지만, 앞에서 서술한 바와 같이 그것은 실제로는 본성은 선한 것이라고 여긴 것이다. 공자에게 있어서 선함의 궁극적인 것은 '인'이 되는 것이다. 즉 반드시 실제상에서 인정된 '인'만이 인간이 인간되는 이유에 대한 가장 근본적인 규정이 되는 것이며 또한 인이 생명의 근원으로서 인성이 되는 것이다.[17]

만일 역으로 거슬러 올라가는 추론 방식을 통하여 탐색해 본다면, 맹자가 언급한 '성선'은 공자를 계승하여 만들어진 학설체계로서 공자의 '인'은 자연히 인성론으로 전개되게 되는 것이다. 또한 만일 공자의 '인'으로써 인성론의 논점을 삼는다고 한다면 반드시 인간의 본성은 '선'한 것이라고 주장하게 되는 것이다. '인'은 공자의 인성론 체계에 있어서 가장 핵심적인 요소라고 말

16 『論語』, 「里仁」, "君子去仁, 惡乎成名? 君子無終食之間違仁, 造次必於是, 顚沛必於是."

17 徐復觀, 『中國人性論史』, 臺北, 臺灣商務印書館, 1990년, 98쪽 참조.

할 수 있는데, 이러한 사실은 후대의 사람들이 공자의 '인'을 인성론적 측면에서 이해한 귀결이라고 할 수 있을 것이다.

『논어』에서 자주 언급되었던 '인' 이외에 맹자가 언급했던 "인이라는 것은 사람다움이다"와 "인은 사람의 마음이다"는 주장 역시 매우 중요한 관건이 된다. 맹자는 공자의 계승자로 간주되어지는데, 그의 학설체계는 공자의 학설체계 위에 자신의 관점을 더하여 새로운 이론체계를 수립한 것으로 볼 수 있다. 그렇기 때문에 공자가 '인'으로써 본성을 설명했기 때문에 본성은 선하다고 하는 입장을 견지했으리라고 판단하는 것은 일견 설득력이 있다고 할 수 있는 것이다.

공자는 '인'이 구체적인 인물에 한정될 수 없는 것이라고 생각했다. 즉 공자는 '인'을 일개 덕목으로 보지 않았으며, 또한 그것에 대하여 특별한 정의도 내리지 않았기 때문에 어떠한 특정 인물에게 국한될 수 있는 성질의 것이 아니라고 생각했던 것이다. 공자는 쉽게 사람들에게 '인'을 허락하지 않았으며 스스로가 '인'하다고 자처하지도 않았다. 다만 공자는 대하는 사람에 따라 '인'에 대하여 다양하게 설명했을 뿐이다. 또한 '인'의 보편적 무한성의 측면에서 언급한다면 공자가 말한 '인'은 실제적으로는 '성性'과 '천도天道'·'천명天命'과 융합되는 것이다.

> 공자는 사람에게 '인'을 허락하지 않았으며 '인'으로써 자처하지도 않았으며, 다만 그는 '인'의 무한성에 대하여 심도 있는 파악을 했을 뿐이다. 앞에서 언급한 것과 같이 공자는 실제로 '인'이 태어

날 때부터 갖추어져 있는 것이며 선천적으로 인성에 존재하고 있는 것이라고 여겼다. 그리고 '인'의 특질은 부단하게 생리적인 한계를 돌파하여 무한하게 초월하는 것 즉 자신의 생리적인 욕망의 한계를 초월하는 것에 있다. 선천적으로 존재하면서 무한한 초월의 측면에서 말하자면 '인'의 내용이 되는 것은 인성인데, 실제로는 전통에서 말하는 '천도'·'천명'과 같은 것이다. 공자의 "오십에 천명을 알았다"는 말은 실제로 그가 오십 세가 되었을 때 '인'은 체현하기 시작하여 완전하게 드러낸 것인데, 이는 그가 '인'의 선천성과 무한한 초월성을 증험할 수 있게 되었다는 것이다.[18]

서복관의 관점에 의하면 공자는 '인'을 사용하여 '성'과 '천명'을 대체한 것이다. 공자 이후에 자사子思가 전한 『중용』에 "하늘이 명한 것을 성性이라 하고, 성을 따르는 것을 도道라 하며, 도를 닦는 것을 교육이라 한다."[19]라고 하는 기록은 공자의 인성론 사상의 발전적인 서술이라고 할 수 있으며, 직접적으로 '성'과 '천명'의 긴밀한 관계를 나타낸 것이라고 할 수 있는 것이다. 그리고 '성'을 따르게 되면 그것이 직접적으로 '천명'에 투영된다는 것이다. 또한 '도'를 닦는 다고 하는 것은 '성'과 '천명'의 본래적인 의미를 파악하여 그것들이 다시금 발휘될 수 있게 한다는 것으로 '수양공부'의 문제에 속하게 되는 것이다. '성'과 '천도'·'천명'의 문제에 대한 해석은 맹자의 '진심·지성·지천'에 대한 관점

18 徐復觀, 『中國人性論史』, 臺北, 臺灣商務印書館, 1990년, 98~99쪽 참조.
19 『中庸』, "天命之謂性, 率性之謂道, 修道之謂敎."

과 호응을 이루게 될 때만이 비로소 분명하게 해석이 되어 질수 있는 것이다.

4. 맺는 말

이상과 같은 공자의 인성론 체계에 대하여 정리해보면 다음과 같은 사실들을 알 수 있을 것이다.

공자가 언급한 "본성은 서로 가까운 것이지만, 습성이 서로를 멀어지게 한다."로부터 '본성'과 '습성'의 대조에 주안점을 두고 공자의 인성론 문제를 파악해보면 다음과 같다. 즉 공자가 언급한 '습성'이 사람들의 본성을 서로 상이하게 만드는데, 이러한 상이한 차이는 약간 혹은 소량의 차이가 아니기 때문에 상이함이 매우 멀다(크다)고 말하는 것이다. 또한 '서로 다름'과 '서로 같음'을 상호 대칭적인 측면의 입장에서 본다면 다음과 같은 문제가 제기된다. 만일 '습성'의 "서로를 멀어지게 한다."고 하는 것이 나타내는 점이 차이라고 한다면, '본성'과 '습성'은 대립적인 배열을 이루게 되어 대칭적으로 어떠한 의미를 전달할 수 있을 것인가? 또한 '본성'을 말하는 "서로 가까운 것"이라고 하는 것의 실제적인 의미는 과연 무엇인가? 이러한 것을 '서로 같음'을 사용하여 해석할 수 있는 것인가?

공자의 '본성'에 대해서는 "들을 수가 없었다."고 하였기 때문에 어떤 의미에서는 공자가 언급한 '본성'에 대한 정의나 그것의 정확한 의미를 설명하기에는 적지 않은 어려움이 수반된다. 그렇기 때문에 많은 사람들이 공자의 '본성'에 대한 의미를 비유나 추리를 통하여 쉽게 터득할 수 있었던 것은 바로 공자가 말한 "습성이 서로를 멀어지게 한다"는 언급과 대비하여 '본성'이 "서로 가까운 것"이 된다는 사실을 응용했기 때문이다. "본성은 서로 가까운 것"에 관하여 그것의 정확한 의미가 도대체 무엇을 지칭하는 것인가에 대하여 어떤 사람들은 공자는 인간의 본성은 평등한 것으로 생각해서 극소수의 위로는 뛰어난 품성을 가진 사람들과 아래로는 우매한 품성을 가진 사람들을 제외한 일반적인 사람들의 품성은 선천적으로 평등하기 때문에 공자가 "서로 가까운 것"이라고 언급했다는 주장을 한다.

공자가 '인'으로써 '성'을 언급한 사항의 핵심적인 요소는 과연 무엇일까? 공자는 '인'이라고 하는 것은 인간에게 없어서는 절대로 안 되는 것이라고 생각했다. 그래서 공자는 일찍이 '인'이 인간에 대하여 얼마나 중요한 존재인지를 "백성들에게 인의 필요성에 대한 문제의 정도는 물이나 불보다도 더 심각한 문제이다."라고 설명하였다. 이것 외에도 '인'에는 또 다른 차원의 의미가 담겨져 있고 할 수 있다. 즉 가치에 관한 문제가 담겨져 있는데, 이러한 문제에 대하여 공자는 군자가 '인'에서 한시라도 떨어질 수 없는 것이며 그것을 상실해서는 안 된다고 하는 사례를 들어 주장했다.

우리가 만일 역으로 거슬러 올라가는 추론 방식을 통하여 분석해 본다면 맹자가 언급한 '성선'은 공자를 계승하여 만들어진 학설체계로서 공자의 '인'은 자연히 인성론으로 전개되게 되는 것이다. 또한 만일 공자의 '인'으로써 인성론의 논점을 삼는다고 한다면 반드시 인간의 본성은 '선'한 것이라고 주장하게 되는 것이다. 그렇기 때문에 '인'은 공자의 인성론 체계에 있어서 가장 핵심적인 요소라고 말할 수 있는데, 이러한 사실은 공자의 '인'을 인성론적 측면에서 이해한 귀결이라고 할 수 있을 것이다. 또한 『논어』에서 자주 언급되었던 '인' 이외에 맹자가 언급했던 "인이라는 것은 사람다움이다"와 "인은 사람의 마음이다"는 주장 역시 매우 중요한 관건이 된다. 맹자는 공자의 계승자로 간주되어지는데, 그의 학설체계는 공자의 학설체계 위에 자신의 관점을 더하여 새로운 이론체계를 수립한 것으로 볼 수 있다. 그러므로 공자가 '인'으로써 본성을 설명했기 때문에 본성은 선하다고 하는 입장을 견지했으리라는 판단은 설득력을 가지게 되는 것이다.

| **참고문헌** |

黃侃, 『論語義疏』, 『皇淸經解』 本.

朱熹, 『論語集注』, 『海淵閣』 明刻本.

劉寶楠, 『論語正義』, 『續皇淸經解』 本.

朱熹, 『中庸章句』, 『海淵閣』 明刻本.

朱熹, 『孟子章句集註』, 『海淵閣』 明刻本.

焦循, 『孟子正義』, 『焦氏遺書』 本.

王陽明, 『王陽明全集』 上册, 上海, 上海人民出版社, 1992년.

李澤厚, 『中國古代思想史論』, 北京, 人民出版社, 1986년.

徐復觀,『中國人性論史』, 臺北, 臺灣商務印書館, 1990년.

蔡仁厚,『孔孟荀哲學』, 臺北, 學生書局, 1991년.

宋淑萍,「淵源有自一先秦學術的萌芽」,『浩瀚的學海』, 北京, 三聯書店, 1991년.

林義正,「論語 '夫子之文章之研究'」,『文史哲學報』 第四十二期, 臺北, 1995년.

제3절

올바른 정치에 대한 견해

1. 시작하는 말

유가의 예학禮學은 그 범주가 매우 광범위하다고 할 수 있다. 사마천 같은 경우 일찍이 "여러 세대에 걸쳐 배워도 그 학문에 통달할 수 없으며, 평생을 바쳐 예학 한 가지에만 매달린다 할지라도 다 연구할 수 없다."[1]고 한탄한 바 있다. 『논어』에 기록되어 있는 공자의 "예의 근본", "예의 실천", "예에 부합 한다", "예로 돌아간다" 등등의 언급들은 예법제도에 대한 주장이라고 할 수 있으며, 『순자』, 『주관』, 『의례』, 『예기』 등의 예학 경전을 거쳐 예교禮教가 유가의 교화학설의 중심축으로 정착하게 된다. 전통적으로 인의충신仁義忠信 등의 윤리적 가치의 주장에 대해서는 '내성內聖'의 방법론으로 예학은 '외왕外王'의 학문으로 귀결시켜 왔다. 또한 예교 활동은 반드시 인의仁義의 도道로 되돌아가게 되어, 마치 예교는 '내성'을 완성한 후에 '외왕'을 이해하는 과정 속에 그 일정한 지위가 있는 것처럼 보여 지기도 한다.

1 『史記』, 「太史公自序」, "累世不能通其學, 當年不能究其禮"

이미 누적되어 있는 많은 문헌자료들과 학자들의 공자의 예학사상에 대한 연구는 대부분 공자의 예학이 당시의 예법제도의 학설과 차이가 있었으면서 그것들과 대립했던 것으로 파악하고 있다. 이렇듯 기존의 연구를 통하여 분명하게 드러난 공자의 예학사상을 다시 한 번 검토한 후에 그러한 것에 대하여 다른 각도에서 체계적으로 해석을 해보고자 한다.

공자의 예학사상에 대한 연구 성과는 이미 그 수를 헤아리기 어려울 정도로 막대한 분량이 축적되어 있다고 할 수 있다. 이러한 상황 속에서 논자가 다시 공자의 예학에 대하여 논의를 진행하는 것이 무의미하게 생각될 수도 있을 것이다. 그러나 본문에서 논의하고자 하는 문제는 예치禮治에 관한 재해석의 문제이다. 예치의 재해석 문제는 예의를 통해서 자기수양을 한 뒤에 나라를 통치한다고 하는 정형화 된 모습의 예치가 아닌 '외왕' 활동 가운데 찾아볼 수 있는 그 자체에 내재되어 있는 윤리적 개념으로서의 예치의 재해석에 관한 것이다.

2. 덕치와 법치의 대립

정치제도에 관하여 언급을 할 때 일반적으로 유가는 예교를 중시하여 덕치德治를 주장하고, 상대적으로 법가는 포상과 처벌을 중시하여 법치를 주장한다고 하는 인상이 있다. 이러한 인상은 먼저 『논어』에서 언급한 도덕과 형벌의 관계를 통하여 증명해볼 수 있다.

> 공자가 백성들을 정령으로 인도하고 형벌로써 다스리면, 백성들은 형벌을 면하려만 할 뿐이요 부끄러움을 모르게 된다. 백성들을 덕으로 인도하고 예로써 다스리면, 백성들은 부끄러움이 있게 될 뿐만 아니라 바르게 된다고 말했다.[2]

이러한 인상과 구분은 언어표현과 과도한 견강부회의 문제에 기인한 것이라고 생각한다. '덕/법'의 대비적인 서술방식은 그동안 광범위하게 응용되어져 왔다고 할 수 있는데, 유가의 전적 및 그 외의 대부분의 고금의 문헌들 속에서 어렵지 않게 찾아볼 수 있다. 본문에서 지적 하고자는 하는 것은, 바로 이러한 대비적인 서술방식이 원래는 설명을 쉽게 이해할 수 있게 만들기 위한 방법으로 사용되었으나, 수차례의 변화를 거친 후에 형식적인 작용이 오히려 실질적인 의미보다 과도해진 경향이 발생했다고 하는 점이다. 이러한 해석 속에서 '예'와 '법'을 대립하는 두 개념으로 보아서 '예'와 '덕'의 개념을 연결한 후에 유가는 '민주 지향적, 내재적, 백성 지향적'으로 묘사되었으며, 법가는 '권위 지향적, 외재적, 통치자 지향적'으로 묘사되어 두 학파는 극단적으로 대립하는 모습으로 비춰지는데,[3] 유가는 거의 현대의 자유주의에 가깝다고 할 수 있다.[4]

2 『論語』, 「爲政」, "子曰: 道之以政, 齊之以刑, 民免以無恥; 道之以德, 齊之以禮, 有恥且格."

3 成中英, 『知識與價値』, 臺北, 聯經出版事業公司, 1986년, 449쪽 참조.

4 黃維幸, 『法律與社會理論的批判』, 臺北, 時報文化事業公司, 1991년, 267쪽 참조.

춘추시대의 사회계층의 이동은 기득권계층인 귀족들이 평민으로 전락하고 하층의 서민들이 지식을 구비하여 신분상승을 하게 되어, 기득권계층의 최하계급인 사인士人계층이 인구수에 있어서 대량으로 증가하게 되는 결과를 낳는다. 이렇게 지식을 구비한 사인계층은 기존에 정착된 봉건제도의 신분제도 관계망에서 떨어져 나와 당시 계급사회에 변화를 유발시킨다. 이러한 것 외에 예악제도가 붕괴되는 한편 지배계층에 의해서 독점되었던 학문이 민간에게까지 전파되기에 이른다. 이러한 시대적 상황은 사인계층이 문화사업의 전문가 집단으로 대두되게 하는 양질의 토양을 조성한다. 이렇게 새로운 집단을 형성하게 된 사인계층은 각기 다른 이념과 시대정신을 만들어서, 서로가 천하의 질서 유지를 위해서는 자신들의 학설이 가장 필요한 것이라고 경쟁적으로 유세를 한다.

유가학파 속에서의 사인계층이 견지하고 있던 핵심적인 정신은 인仁·예禮 등의 윤리개념이었다. 유가와 법가는 모두 공통적으로 사회와 정치질서의 회복과 유지를 정치철학의 최종적인 목표로 삼았으나, 사회질서를 회복시키는 방법론상에 있어서는 근본적으로 입장을 달리했다. 즉 법가는 유가처럼 심성론에 기초한 도덕의 학문체계를 건립할 수 없었다.[5] 아울러 유가에도 법치사상이 있다는 사실을 우리는 직시할 필요가 있다고 보는데, 향후 유가의 정치론에 대하여 논의를 전개해나갈 때 이점을 간과

5 瞿同祖, 『中國法律與中國社會』, 臺北, 里仁, 1987년, 361쪽 참조.

해서는 안 될 것이다. 개인의 인성 문제에 있어서 그것을 바라보는 관점의 차이가 유가와 법가의 학설체계를 근본적으로 대립하게 만드는 것이다.

이러한 '덕치'와 '법치'에 대한 뒤섞임과 오판은 방법론상의 소홀함에 기인한다고 말할 수 있다. '법치'와 법규범에 대하여 분석을 할 때 우리는 '유효함validity'과 '효능efficacy'이라고 하는 관찰방법의 시각적 차이를 소홀히 해서는 안 된다. '유효함'은 실증법에 대하여 분석과 평가를 할 때, 논리적 분석과 법규범의 기본개념에 치중하면서 법규범이 이미 외부의 권위자가 설립한 사실을 거쳤다는 것을 승인하여, 법률은 반드시 사회윤리와 서로 관련될 필요가 없다는 것이다. 그리고 '효능'은 법을 집행하는 사람과 일반인들에게 착안하여 법규범의 실제적인 응용부분의 승인이나 응용과 준수에 대한 것으로, 법규범의 사회적인 측면과 심리적인 측면을 반드시 고려해야한다는 것이다.[6]

선진유가의 법규범 준수에 대한 정도 및 법치정신의 태도를 정하는 문제를 처리하는 부분에 관하여, 만일 '유효함'이란 측면만을 검토한다면 실제행위와 윤리적인 사안의 합법성은 절차상의 정당성에 부합할 수 있는 것인가? 라고 하는 문제에 직면하게 된다. 법규범의 유효성에만 국한되면 장래에 발생할 수 있는 '법대로만 하면 유효하다'는 사실에 매몰되어 결국은 실제행위의 윤리적인 사안에 대하여 절차상의 정당성에 부합할 수 없는

6 顏厥安, 「論法哲學的範圍及主要問題」, 『哲學雜誌』 第四期, 1993년, 159~161쪽 참조.

결과를 초래 할 수 있다는 것이다.

서복관徐復觀은 "법가에서는 봉건제도의 '존존尊尊'의 요구는 보이지만, 제도를 유지하기 위한 기초가 되는 '친친親親'의 요구는 보이지 않는다."[7]라고 했다. 법가에서의 이상적인 군주는 법과 권세와 통치술을 잘 활용하여 명령의 유효성을 관철시키는 사람이다. 법의 유효성은 이미 이루어진 사안들을 군주가 보증하는 것이다. 그렇다면 법가의 통치방법론 속에서 군주는 정말로 자신의 마음이 내키는 대로 법을 제정할 수 있는 것인가? 물론 엄격한 법률의 적용 및 집행 여부에 관계없이 법규범은 스스로를 증명해낼 수 없기 때문에 법의 유효성은 실제생활을 벗어나서는 예측이 불가능한 것이다. 그러므로 실제적이면서 정밀하게 한 관찰에 부합하는 관점을 가지고 법규범의 '효능'에 대하여 논의를 진행해야만 하는 것이다. 즉 어떤 것이 예법규범의 유효한 기초가 될 수 있겠는가? 또 어떠한 조건의 기초 위에서 제도규범이 비로소 백성들의 일상생활 속에서 절실하게 인정되고 응용되며 준수되어 그 효능을 제대로 발휘할 수 있을까?

하나의 완전한 형태의 정치적 주장도 내용의 실질적인 문제에 대해서는 언급을 하지 않을 수는 없는데, 유가에 비하여 법가는 더욱 진일보해서 법치제도의 합리적 측면에 대하여 많은 논의를 내놓았다. 유가의 법치제도에 대한 사고의 틀 속에는 비록 법률체계에 대해서 전면적인 부정은 하지 않고는 있으나, 그들은 사

7 徐復觀, 『中國思想史論集』, 臺北, 學生書局, 1990년, 237쪽 참조.

회질서 유지에 진정한 효력을 발생시킬 수 있는 작용은 바로 사회적 윤리 도덕에 있다고 생각했다. 유가에서는 도덕이나 예의 등의 윤리개념이 효능의 측면과 가치에 있어서는 형벌이나 법률보다 우위에 선다고 생각하였으며, 또한 이러한 것들이 법치의 실질적인 효능의 근원이자 판단근거가 될 수 있다고 생각했다. 공자는 이러한 부분에 주목하여 윤리관계를 구체적인 사건 가운데에 드러냈다. 심지어는 고의적으로 좁은 의미의 합법성까지지도 간과하기도 했다.

> 섭공이 공자에게 말했다. "우리 마을에는 몸가짐이 정직한 사람이 있는데, 그의 아버지가 양을 훔치자, 자식이면서도 그것을 증언했습니다." 공자가 대답하여 말했다. "우리 마을의 정직한 사람은 그와 다릅니다. 아버지는 자식을 위해 그런 일을 숨기고, 자식은 아버지를 위해 그런 일을 숨기지만, 정직함이 그 가운데 있습니다."[8]

위의 인용문에는 덕의 작용이 우선이며 심지어는 법이 가지고 있는 보편성의 원칙에 대한 배척을 통하여 법률관계가 윤리관계에 전혀 적용되지 않는다는 사실뿐만 아니라 동시에 이러한 사건 속에서 내려야 하는 상황판단이 정직에 대해서 인가? 또 그것이 예禮에 부합하는 것인가? 하는 문제들을 기초로 하여 공자

8 『論語』, 「子路」, "葉公語孔子曰: 吾黨有直躬者, 其父攘羊而子證之. 孔子曰: 吾黨之直者, 異於是. 父爲子隱, 子爲父隱, 直在其中矣."

가 강조한 윤리의 근원적 요구에 대한 언급이 담겨져 있다고 할 수 있다. 그렇다면 "자식은 아버지를 위해 그런 일을 숨겨준다"고 하는 말은 '효孝'라고 하는 단순한 개념으로 해석할 수 있는 성질의 문제가 아니다. 그러므로 우리는 진일보하여 '효'는 어떻게 법률이 요구하는 보편성의 문제를 상실하게 만들었는가? 라고 하는 문제와 윤리원칙은 어떻게 법률형식의 가장 근본적인 요구보다 우위에 설 수 있는가? 라고 하는 문제들에 대하여 논의가 필요하다고 생각된다. 이러한 문제들은 법률제도의 근원이 윤리관계에 확실하게 있다는 것과 구체적인 개별사안의 판결 역시 윤리적 판단이 필요하다는 것을 설명하고 있는 것이다. 위에서 인용한 문장 가운데 자식이 만일 아버지를 관가에 고발하여 처벌받게 한다면 이는 예법의 원칙에 위배되는 것이다. 또한 이는 공자가 찬양한 "자식은 아버지를 위해 그런 일을 숨겨준다"는 행위와는 반대로 정확하게 법률의 적용을 받게 되기 때문에 법의 보편성을 온전하게 유지할 수 있게 되는 것이다.

형벌과 의전 및 제도 등을 포함한 국가의 모든 실증법체계는 법률질서의 외연적인 요인에 불과하고, 진정한 질서의 유지에 결정적인 작용을 하는 것은 한 사회에서 지속적으로 존재해오고 상호적이고 비정규적인 행위의 준칙이라고 할 수 있는 것이다. 이러한 것들은 또한 법률제도와 질서의 근원이 되는 것이다. 공자는 '예의 정신'을 확실하게 질서유지에 착안하여 추구했지만, 질서유지의 측면에만 머물지 않고 진일보하여 사회운영의 전제로서 '인仁'의 실현을 추구하려고 했다. '인仁'이라고 하는 윤리개념은 비록 명문화되고 정식적인 법률조항은 아니지만, 『논어』에서 언급하는 통치방법론 가운데 이것은 완전한 선善을 요구하는 상호대응관계인 개념으로서 실증법제도의 자연법개념을 보증하는 역할을 한다고 할 수 있는 것이다. 유가는 법치원칙을 가지고 있는데, 이러한 법치원칙이 요구하는 '법률적 보편성의 요구'는 윤리원칙의 보편적 요구의 기초 위에 건립되어야 한다는 것이다. 그러므로 윤리적 관계를 기본으로 하는 정치교화가 유가의 "정치를 하되 덕으로서 한다"는 '예치禮治'의 근본 함의가 되는 것이다.

또한 유가는 실체법의 영역 내에서 윤리적 성질의 법률기초만을 추구하는 것에 그치지 않고 법적 절차의 시행에 있어서도 마찬가지로 윤리관계에 기본을 둔 차별적 구분을 요구한다. 이러한 주장에 대한 실례는 『예기禮記』에 잘 나타나 있다.

> 무릇 다섯 가지의 형벌을 제정할 때는 반드시 천륜을 고려해야 한다. 책벌은 마땅히 그 사안에 따라 시행되어야 한다. 다섯 가지 형벌에 관한 송사를 처리할 때는 반드시 부자유친의 윤리에 근본을 두고 군신유의의 도리에 입각하여 그것을 저울질하여 알맞게 처리한다.[9]

유가는 한 걸음 더나가 마음에 의한 세상 통치를 심화시키는

9 『禮記』, 「王制」, "凡制五刑, 必卽天倫, 郵罰麗於事. 凡聽五刑之訟必原父子之親, 立君臣之義以權之."

경지에 도달할 것을 요구함으로써 소송절차가 사실상 인간의 사회성 및 군집성에의 추구를 확보해주는 좋은 예라고 보았다. 그래서 공자는 다음과 같이 언급한 것이다.

> 공자가 "송사를 듣고 재판을 함에 있어서 나도 남과 같으나, 반드시 송사가 발생하지 않도록 할 것이다."라고 말했는데, 이것은 실상이 없는 자가 거짓말을 다하지 못하는 것은 백성들의 마음을 크게 두렵게 하였기 때문이니, 이를 일러 '근본을 안다'는 것이다.[10]

공자는 형벌과 소송에 대한 가장 최선의 처리단계는 형벌과 소송이 없게 되는 상황이라고 생각했다. 또한 그는 사회적 여론의 압박과 대중들의 좋아함과 싫어함이 공동체를 안정시킬 수 있는 힘이라고 생각했다. 이렇게 의식적으로 최고선을 추구하는 나라에서는 정치생활이 국민들의 덕성함양을 촉진시킬 수 있을 것이다.[11] 이러한 것이 바로 '예치禮治'의 목표이면서 '예치'가 완성된 후의 이상적인 세계의 모습인 것이다.

10 『大學章句』, 傳四章, "子曰: 聽訟, 吾猶人也, 必也使無訟乎! 無情者, 不得盡其辭; 大畏民志, 此謂知本."

11 蕭高彦, 「共同體的理念」, 『臺灣政治學刊』 第一期, 臺灣政治學會, 1996년, 262쪽 참조.

3. 자기수양과 정치참여에 대한 구분

'덕치德治' 개념은 바로 윤리 관계로써 법치제도의 기본토대를 만들었다고 하는 개념으로서 이러한 개념에 대하여 정리를 끝내고 나서 다시 진일보하여 '예치' 혹은 '덕치'의 시행대상과 절차에 대하여 분석을 해보면 다음과 같다고 할 수 있다. 비록 "정치를 하되 덕으로써 한다"라는 언급이 정치활동의 기초적인 작용에 대한 설명이기는 하지만, 이것은 도덕수양이 정치활동의 표현적인 측면과 수단적인 측면이 된다는 사실을 부정하지는 않는다. 개인의 자기수양 문제는 『논어』에서 역점을 두고 주시하고 있는 과제이다. 그리고 이것은 자신을 덕으로써 수양한다는 명제로부터 덕이 있기 때문에 통치한다고 하는 명제로의 전환은 사상사 상의 일대 전환이라고 볼 수 있을 것이다.

이러한 과제에 대하여 본문에서는 하나의 분기점을 설정했는데 다음과 같다. 즉 도덕수양의 요구는 위정자에게 요청되는 것인가? 아니면 백성들에게 요청되는 것인가? 하는 문제이다. 이러한 문제는 "백성들의 신뢰가 없으면 나라는 설 수가 없다"의 해석에 대해서까지 연관 되어져 있다.

> 자공이 정치에 대하여 묻자, 공자가 "먹을 것이 풍족케 하고, 군비를 충분히 하고, 백성들이 신뢰하도록 하는 것이다."라고 말했다. 자공이 "부득이하게 꼭 한 가지를 버려야만 한다면, 이 세 가지 가운데 어느 것을 먼저 버리겠습니까?"라고 묻자, 공자가 "군비를 버려야지"라고 했다. 자공이 "부득이하게 꼭 한 가지를 버려야

만 한다면, 이 두 가지 가운데 어느 것을 먼저 버리겠습니까?"라고 묻자, 공자가 "먹을 것을 버려야지. 옛날부터 누구에게나 모두 죽음은 있었던 것이나, 백성들의 신뢰가 없다면 나라는 설 수가 없다."라고 했다.[12]

정현鄭玄은 "백성들의 신뢰가 없으면 나라는 설 수가 없다"는 문장을 "백성들의 문제가 가장 시급한 것을 말한 것이다"라고 해석했는데, 이를 통하여 "백성들의 신뢰"가 세 가지 가운데 가장 중요한 것이며 백성들이 위정자에 대하여 가장 긴박한 존재라는 사실을 인식할 수 있는 것이다. "백성들의 신뢰"는 곧 "백성들로부터 신뢰를 받음"을 의미하는데, 이것은 유가에서 위정자들에게 대하여 이렇게 해야 할 것을 요구하는 것이다. 하안何晏 같은 경우는 공안국孔安國의 주석을 인용하여 "나라를 다스리는 데에 있어서는 백성들의 신뢰를 잃어서는 안 된다"라고 하여 역시 위정자들에게 대하여 백성들의 신임을 얻는 것의 중요성을 다시 한 번 일깨워주고 있다. 반면 주희朱熹는 "신뢰"를 백성들과 통치자에 대한 공통적인 요구라고 해석했다. 그래서 그는 다음과 같이 말한 것이다.

신뢰가 없으면 비록 살아도 스스로 섬이 없으니, 죽음이 편안함이

12 『論語』, 「顏淵」, "子貢問政, 子曰: '足食, 足兵, 民信之矣.' 子貢曰: '必不得已而去, 於斯三者何先?' 曰: '去兵' 子貢曰: '必不得已而去, 於斯二者何先?' 曰: '去食. 自古皆有死, 民無信不立.'"

되는 것만 같지 못하니라. 그러므로 차라리 죽을지언정 백성들에게 신뢰를 잃지 않아야, 백성들로 하여금 또한 차라리 죽을지언정 나에 대한 신뢰를 잃지 않게 하는 것이다.[13]

이러한 개념에 대하여 다른 입장의 해석을 하는 것은 공자의 정치교화사상이 도대체 어떠한 것이 되는가?의 문제와 관련되어 있다고 할 수 있다. 서복관은 선진유가가 정치상에 있어서 제시한 요구는 모두 통치자에게 한 것이지 백성들에게 한 것은 아니라고 했다. 이러한 것은 '의義'와 통하며 '덕치德治'의 본질이 되는 것이다. 만일 백성들을 굶어죽지 않게 만들고 그들을 지켜 잃지 않는다면 이것은 유가의 자신을 수양하는 방법론으로써 그것이 백성들에게 있는 것이라는 주장을 했다.[14] 그러나 이러한 생각은 매우 부적절한 견해라고 판단된다.

다시 말하면 '자신을 수양함'과 '백성을 통치함'의 기준은 다르다고 하는데 있다. 즉 전자는 자연적 생명존재로서의 인간이 필요상 만들어 둔 가치가 아니며, 후자는 백성들의 자연적인 요구를 가장 우선적인 가치로 둔다는데 있다. 그렇지만 이러한 것들 가운데의 관건성의 문제는 고대인들의 문헌에 대한 해석이 분명하지 않아서 시간이 흘러 갈수록 그 뜻이 모호해져서 점차 자신을 수양한다고 하는 덕성이 점진적으로 통치방법론상에 있어서

13 『論語集注』 卷六, "無信, 則雖生而無以自立, 不若死之爲安. 故寧死而不失信於民, 使民亦寧死而不失信於我也."

14 徐復觀, 『中國思想史論集續篇』, 臺北, 學生書局, 1989년, 404~408쪽 참조.

백성들의 요구에 대한 조치와 혼재되어져, 결국에는 주자와 같이 “신뢰”를 ‘백성들이 갖추어야 할 덕목’으로 해석하여 그것이 인간이 본래부터 가지고 있어야 할 도덕수양이라고 하는 논조가 자연스럽게 만들어지게 되고, 심지어는 “백성들로 하여금 또한 차라리 죽을지언정 나에 대한 신뢰를 잃지 않게 하는 것이다”라고 하는 관점 가운데 공리주의적인 색채가 덧칠해져 있는 것을 지울 수 없게 만드는데 있다는 것이다.

이상과 같이 볼 때『논어』속에서의 인격수양에 대한 요구는 주로 위정자에게 요청되는 것으로, 이는 곧 위정자 자신의 양호한 인품과 덕성을 요구하는 한편 도덕규범을 직접적으로 실행하여 백성들에게 그것을 확실하게 준수하도록 요구하지 말라는 것이다. 그러므로 이러한 요구는 바로 “군자의 덕이 바람과 같다면 소인의 덕은 풀과 같은 것이라, 풀 위에 바람이 불면 반드시 쓸리게 마련이다.”[15]라는 것처럼 먼저 위정자의 간접적인 작용에 의해서 백성들을 교화할 것을 요구하는 것이다.

4. 예치의 실천

일반적으로는 ‘예치’ 가운데 가장 중요한 방법론은 ‘정명正名’이라고들 한다. 이러한 ‘정명’에 관해서는 자로와 공자의 다음과 같은 문답 속에서 찾아볼 수 있다.

15『論語』, 「顔淵」, “君子之德風, 小人之德草, 草上之風必偃.”

> 자로가 공자에게 물었다. "위나라의 임금이 선생님을 모셔다가 정치를 부탁드린다면 선생님께선 무엇부터 먼저 하시겠습니까." 공자가 "반드시 명분을 바로 잡겠다"고 했다. 그러자 자로가 반문했다. "그런 게 어디 있습니까. 선생님은 현실과 너무 거리가 있습니다. 어떻게 그것을 바로 잡겠다 하시는 것입니까." 그러자 공자가 "어리석구나, 유야! 군자는 자기가 알지 못하는 일에는 참견하지 않는 것이다. 명분이 바르지 않으면 일이 이루어지지 않고, 일이 이루어지지 않으면 예악이 일어나지 못하고, 예악이 일어나지 않으면 형벌이 적중하지 못하고 형벌이 알맞게 적용되지 못하면 백성들은 어떻게 행동해야 할지 모른다. 그러므로 사물의 이름을 군자가 붙일 때에는 반드시 말로써 설명할 수 있어야만 하며, 말로써 설명되면 반드시 이는 실행되어야 한다. 군자는 말에 있어 구차스러운 것이 없어야 한다."라고 했다.[16]

역대로 '정명'에 관해서는 여러 가지의 해석이 분분했다. 가장 오래된 시기의 해석은 마융馬融의 주석이라고 할 수 있는데, 그는 '정명'을 "모든 일의 이름을 바로잡는 것"이라고 하였으며, 이때의 "일"은 마땅히 예악제도를 포괄하고 있으며 그것들의 명분이 사실에 부합되어야 만이 혼란이 발생하지 않는다고 하였다. 그러나 정현鄭玄은 "정명은 문자를 바르게 쓰는 것이다. 공자

16 『論語』, 「子路」, "子路曰: 衛君待子而爲政, 子將奚先? 子曰: 必也正名乎! 子路曰: 有是哉? 子之迂也! 奚其正? 子曰: 野哉! 由也. 君子於其所不知, 蓋闕如也. 名不正則言不順, 言不順則事不成, 事不成則禮樂不興, 禮樂不興則刑罰不中, 刑罰不中則民無所錯手足. 故君子名之必可言也, 言之必可行也; 君子於其言無所苟而已矣."

는 가르침이 때에 맞춰 실행되지 못함을 보고 그 문자의 잘못된 점을 바로잡고자 했다."[17]라고 해석하여 단순히 문장의 의미를 명확하게 정리하는 작업에 그쳤다. 정이程頤는 "명분과 실제가 서로 부합해야 하는 것"이라고 해석하여 군자는 일을 실천하는 데 있어서 구차 하게 하지 않는다고 하는 것을 의미한다고 했다. 그리고 근대의 많은 학자들은 정치적인 함의에 집중하여 "군주와 신하 상하간의 권리와 의무를 조정하는 것"[18]이라고 해석하기도 했다.

'정명'에 대한 수많은 해석들 가운데 정현 이외의 기타 학자들의 견해는 '정명'을 윤리학의 범주에 기초하여 이해하고자 했다. 그러나 필자는 '그것들(명분과 실제)이 서로 부합될 수 있도록 조정 한다'고 하는 명제를 단지 윤리적 관계의 문제에만 국한시켜서는 안 된다고 생각한다. 즉 공자는 기존에 존재하던 신분질서에 의거하여 간단하게 신분상의 차이를 인정하지는 않았는데, 예를 들면 군신, 부자, 부부, 형세, 친구 사이의 관계가 '예禮'에 의해서 유지되고 있는 것이 바로 그러한 것이다. 윤리관계에 있어서는 반드시 윤리대상이 사전에 전제되어야만 하는데, 이는 관계를 바로 잡는데 있어서 사전에 반드시 명분과 실제가 서로

---

17 金谷治는 이러한 해석에 대하여 鄭玄 자신이 예학자(禮學者)였던 입장과 관련이 있다고 판단하고 있다. 金谷治, 「鄭玄與『論語』」, 『唐寫本論語鄭氏注及其研究』, 北京, 文物出版社, 1991년, 130~131쪽 참조.

18 蕭公權, 『中國政治思想史』(上), 臺北, 聯經出版事業公司, 1990년, 57쪽 참조.

부합되어야 하는 것이다. 즉 윤리대상이 진정한 대상으로서 성립 될 수 있는가에 대한 질문이 선결되어야 한다는 것이다.

> 제나라 경공이 공자에게 정치에 대하여 묻자, 공자가 "군주는 군주답고, 신하는 신하다우며, 아버지는 아버지답고, 자식은 자식다워야 합니다."라고 대답했다.[19]

공자의 대답에는 현실적인 고려가 담겨져 있는데, 특히 제齊 경공 당시의 군주와 신하 및 부모와 자식 간의 무도한 시해와 살해 사건들이 빈번하게 발생하여 천하가 혼란의 상황에 빠지게 된 점에 초점을 맞췄지만, 또한 보편적인 의미가 담겨져 있음을 부정할 수는 없다. 즉 인간이 반드시 그 윤리관계 위에서 각자 본분에 맞는 행동을 해야 할 것을 요구하고 있는 것이다. 명분과 실제를 바로잡는다고 하는 요구는 동시에 윤리관계의 강화를 방지하여, 현실사회의 요구와 다른 그러나 상응하는 윤리관계로부터 맹자가 언급한 정의롭지 못한 군주는 폐위시켜 죽일 수 있다는 실천의 판단원칙에까지 전개될 수 있다는 것이다.

정현의 해석에 대해서는 특별히 주의할 만한 점이 없는 것으로 볼 수 있는데, 이는 오히려 우리에게 재해석의 공간을 열어주는 역할을 한 것이라고 할 수 있는 것이다. 무슨 이유에서 "가르침이 실행되지 못하는" 때에 공자는 오히려 고대의 전적으로 돌

19 『論語』, 「顔淵」, "齊景公問政於孔子, 孔子對曰: 君君, 臣臣, 父父, 子子."

아가 “문자의 잘못된 점을 바로 잡는다”는 것을 통하여 전적의 본래적인 의미를 찾고자 했을까? 정현의 이러한 부분에 대한 해석은 「위정」의 “빼버리거나 더하여 알 수 있다”는 것과 관련한 이해와 부합한다고 할 수 있다.

> 자장이 “열 세대 후의 일을 알 수가 있습니까?”라고 묻자, 공자가 “은나라는 하나라의 예에 따랐으니 거기에서 빼버리거나 더한 것을 알 수 있었다. 주나라는 은나라의 예를 따랐으니 거기에서 빼버리거나 더한 것을 알 수 있었다. 그 누구든 주나라를 계승한다면 비록 백 세대 후의 일이라도 알 수 있을 것이다.”라고 말했다.[20]

위의 인용문에 대한 정현의 해석은 “빼버리거나 더한 것을 알 수 있다고 하는 것은, 시간의 차례에 근거하여 모든 정세를 추측해볼 수 있다는데 있는 것이다.”[21]와 같은데, 이러한 해석은 하안何晏과 주희朱熹가 한 “변화와 불변화의 도리는 이해할 수 있는 것이다.”는 해석과 의미상에 있어서 커다란 차이를 보인다. 이러한 차이는 사실 주석 작업을 하는 학자들 자신의 고적에 대한 이해정도와 관련이 있다고 보여 진다. 그렇다고 해서 우리가 자로子路처럼 공자의 생각이 현실과 괴리되었다고 조소한 것과 같은 노선을 걸어갈 수 있는 것은 아닐 것이다. 반대로 공자나

20 『論語』, 「爲政」, “子張問: 十世可知也? 子曰: 殷因於夏禮, 所損益可知也. 周因於殷禮, 所損益可知也. 其或繼周者, 雖百世可知也.”

21 黃侃, 『論語義疏』, “所損益可知者, 據時篇目, 皆在可校數也”

정현 및 역대의 경학자들이 정치제도를 설정했을 때에 있어서 모두가 부단히 고전 경전으로 돌아가 그것의 입론 근거를 재차 그 속에서 중복적으로 찾는다면 전통의 대체성은 불가능한 것임을 발견할 수 있게 된다.

'정명'에서의 '정'은 바로잡고 조정한다는 의미인데, 이것을 현실행위 속에 응용시킨다면 이러한 바로잡음과 조정 자체는 일종의 '다시 바로잡음'과 '재조정'이 되어버린다. 원래 존재하는 사물의 이름과 실체는 이미 존재하고 있는 것인데, 시대적인 요인이나 인위적인 요인에 의하여 본래부터 가지고 있었던 형태가 점진적으로 모호해지거나 본래의 형태에 상응하지 않는 관계가 발생할 수 있는 것이다. 그러므로 공자가 진행했던 '정명' 작업은 곧 그러한 것들이 자신의 표준에 맞게 회복될 수 있도록 하는 것이다.

'정명'의 작업 이전에 이미 존재하고 있는 사물들에 대한 강조는, 곧 '정명' 개념 위에 전통과 권위의 개념이 더해진 것을 의미한다고 할 수 있다. 그렇지만 본문에서 강조하고자 하는 것은 '정명'이라고 하는 개념에 대하여 재해석과 새로운 이해를 시도하는 과정 속에서 전통과 권위는 결코 부정적이거나 비이성적인 이면의 개념으로 사용된 것은 아니라는 사실이다. 가다머H.G.Gadamer는 권위는 결코 위압적인 권력이 아니면서 복종과 관계가 있는 것이 아니고, 인식과 관계가 있는 것이라고 생각했다. 그래서 그는 "우리들이 말하는 전통적인 것들은 증명되지 않았거나 유효성의 검증을 거치지 않은 것이다.……이성적 근거 이외에 전통 역시 권리를 보유하고 있으며 또한 상당히 큰 범위 내에서 우리들의 제도와 행위를 규정하고 있다."[22]라고 언급한 것이다. 이렇기 때문에 본문에서는 권위에 대한 승인을 이성에 대한 복종을 버린다는 의미로서가 아닌 전통 속에서 진행되어 온 재검증으로부터 오는 것이라고 판단하겠다. 그러므로 권위는 비이성적인 것이 아니고 시간의 경과를 거친 후에 나타나게 되는 진실 즉 우리들에게 대하여 이미 실효작용을 한 진실인 것이다.

한 걸음 더 나아가 본문에서 '정명' 개념에 있어서 드러내고자 하는 것은 그 이론이 의심의 여지없이 유가의 통치방법론의 근본적인 권위를 끌어들이기 때문에 차라리 전통이라고 말하는 편이 훨씬 적합하다고 생각한다. 즉 가장 도전적인 인상을 가진 맹자 자신 역시 기본적으로는 "선왕의 도를 생각하고 흠모한다"는 입장에 서서 권위의 재검증을 진행하기 때문에, 검증과 비판의 과정 속에서 이성의 작용이 표현되는 것이다. 그러나 이러한 이성의 작용은 '왕도王道'와 '패도霸道'의 논변 속에서만 존재하고 있는 것이 아니고 동시에 문화의 보존 속에도 존재한다고 할 수 있는 것이다.

> 공자가 말했다. "주나라의 문화와 제도는 하나라 은나라 두 왕조에 걸친 문화와 제도를 거울로 삼았으니, 찬란하게 꽃 피었구나 그 문화와 제도가! 나는 주나라의 문화와 제도를 따르겠다."[23]

22 Hans-Georg Gadamer, 洪漢鼎 譯, 『眞理與方法』, 上海, 上海譯文出版社, 2004년, 370쪽 참조.

위의 인용문 가운데 “주나라의 문화와 제도는 하나라 은나라 두 왕조에 걸친 문화와 제도를 거울로 삼았으니, 찬란하게 꽃피었구나 그 문화와 제도가!”라는 언급은 이성적인 판단의 기준을 여실하게 보여주고 있다고 할 수 있다. 또한 “주나라의 문화와 제도를 따르겠다”는 것의 여부는 찬란하게 꽃피운 문화에 대한 판단을 거친 후의 자유로운 선택인 것이라고 할 수 있는 것이다.

사실상 권위는 “주나라의 문화와 제도를 따르겠다.”라고 하는 의식 아래에서의 전통의 도리, 아니면 명분과 실제를 바로잡는다고 하는 의식 아래에서의 군주를 막론하고 모두 반드시 경험 속에서 재차 검증되어져야 하며 또한 윤리대상 그 자체 역시 결단코 재차 존재하는 것이 아닌 것이다. 이러한 측면이 비로소 앞서 언급했던 맹자의 폭군 방벌론의 사상과 그 맥락을 같이 한다고 할 수 있는 것이다.

이상과 같이 해석대상이 해석자의 의식과 시대적 상황에 종속한다는 입장 아래서 정현이 언급한 “문자의 잘못된 점을 바로잡는다”라고 한 해석을 이해해야만 할 것이다. 우리들이 이러한 각도에서 정현의 주장을 이해하게 된다면 동시에 공자의 주장 역시 정확하게 이해할 수 있게 될 것이라고 판단한다.

23 『論語』, 「爲政」, “子曰: 周監於二代, 郁郁乎文哉! 吾從周.”

5. 맺는 말

이상에서와 같이 공자의 예치사상에 대하여, 덕치와 법치의 대립 및 자기수양과 정치에의 참여에 대한 구분 그리고 예치의 실현이라는 테마를 중심으로 재해석을 해보았다.

먼저 덕치와 법치의 대립에서는 '예'와 '법'을 대립하는 두 개념으로 보아서 '예'와 '덕'의 개념을 연결한 후에 유가는 '민주 지향적, 내재적, 백성 지향적'으로 묘사되었으며, 법가는 '권위 지향적, 외재적, 통치자 지향적'으로 묘사되어 두 학파는 극단적으로 대립하는 모습으로 비춰진다고 보았으며, 또한 유가는 현대의 자유주의와 흡사한 모습을 띄우고 있다고 보았다. 또한 유가 역시 법치원칙을 가지고 있다고 볼 수 있는데, 이러한 법치원칙이 요구하는 '법률적 보편성의 요구'는 윤리원칙의 보편적 요구의 기초 위에 건립되어야 한다고 유가는 주장하고 있다. 그렇기 때문에 윤리적 관계를 기본으로 하는 정치상의 교화가 유가의 "정치를 하되 덕으로서 한다"는 '예치'의 근본적인 함의가 되는 것으로 보았던 것이다.

자기수양과 정치에의 참여에 대한 구분에서는 '자신을 수양함'과 '백성을 통치함'의 기준은 다르기 때문에, 전자는 자연적 생명존재로서의 인간이 필요에 의해서 만들어 둔 가치가 아니라는 것과 후자는 백성들의 자연 발생적인 요구를 가장 우선순위의 가치로 둔다는데 그 차이가 있다고 했다. 또한 『논어』 속에서의 인격수양에 대한 요구는 주로 위정자에게 요청되는 것으로, 이는 곧 위정자 자신에게 양호한 인품과 덕성을 요구하는 것을 의미하면서 한편으로는 위정자 자신이 도덕규범을 직접적으로 실행한다고 해서 이것을 백성들에게 똑같이 준수하도록 강요해서는 안 된다는 것이다. 그렇기 때문에 공자는 위정자 자신의 간접적인 영향력에 의해서 백성들을 교화시킬 것을 주장했다고 한 것이다.

끝으로 예의 실천에서는 '예치' 가운데 가장 중요한 방법론이 '정명'이라는 사실을 상기시키는 한편 '정명'의 의미에 대하여 공자의 주된 입장은 인간이 반드시 그 윤리관계 위에서 각자 본분에 맞는 행동을 해야 할 것을 요구하는 것에 있다고 보아 명분과 실제를 바로잡아야 한다는 것을 주장한데 있다고 보았다. 또한 '정명'에서의 '정'은 바로잡고 조정한다는 의미이며, 이러한 '정명'을 현실생활 속에 적용한다면 바로잡음과 조정 자체는 일종의 '다시 바로잡음'과 '재조정'이 된다고 할 수 있는 것이다. 다시 말하면 본래 존재하는 사물의 이름과 실체는 이미 존재하고 있는 것인데, 시대적인 요인이나 인위적인 요인에 의하여 원래부터 가지고 있었던 형태가 점진적으로 모호해지거나 본래의 형태에 상응하지 않는 관계가 발생할 수 있는 것이기 때문에 공자는 그러한 것들이 자신의 기준에 맞게 회복될 수 있도록 했는데 이러한 작업이 바로 '정명'이라는 것이다.

| 참고문헌 |

朱彬,『禮記訓纂』,『宜祿堂』 淸刻本.

朱熹,『大學章句』,『海淵閣』 明刻本.

朱熹,『論語集注』,『海淵閣』 明刻本.

黃侃,『論語義疏』,『皇淸經解』 本.

劉寶楠,『論語正義』,『續皇淸經解』 本.

司馬遷, 瀧川資言會注考證,『史記會注考證』, 太原, 北岳文藝出版社, 1999년.

成中英,『知識與價値』, 臺北, 聯經出版事業公司, 1986년.

黃維幸,『法律與社會理論的批判』, 臺北, 時報文化事業公司, 1991년.

瞿同祖,『中國法律與中國社會』, 臺北, 里仁, 1987년.

徐復觀,『中國思想史論集』, 臺北, 學生書局, 1983년.

徐復觀,『中國思想史論集續篇』, 臺北, 時報文化事業公司, 1985년.

蕭公權,『中國政治思想史』(上), 臺北, 聯經出版事業公司, 1990년.

Hans-Georg Gadamer, 洪漢鼎 譯,『眞理與方法』, 上海, 上海譯文出版社, 2004년.

金谷治,「鄭玄與『論語』」,『唐寫本論語鄭氏注及其硏究』, 北京, 文物出版社, 1991년.

顔厥安,「論法哲學的範圍及主要問題」,『哲學雜誌』 第四期, 1993년.

蕭高彦,「共同體的理念」,『臺灣政治學刊』 第一期, 1996년.

제4절

국가경제에 대한 방략

1. 시작하는 말

춘추전국시대는 흔히들 백가쟁명의 시기라고 말한다. 중국 역사에서 매우 중요하고 그 영향력이 지대했던 철학사상이 모두 이 시기에 출현하게 된다. 이러한 철학사상들이 출현하게 된 주요한 원인으로는 당시의 중국 사회가 매우 중대한 문제에 직면하고 있었기 때문이라고 판단된다. 당시의 여러 사상 유파는 중국 사회가 직면한 문제에 대하여 제 각기 다른 해결방안과 반응을 내놓는다. 이처럼 여러 학파가 당시의 사회문제 해결을 위해서 서로 다른 주장을 내놓게 된 데에는 각국 제후들의 정치적·군사적 요구에 적극 호응하기 위해서라고 할 수 있다. 당시의 각국 제후들에게는 동일한 이상이 있었는데, 그것은 바로 주나라 왕실을 계승하여 천하를 하나로 평정하는 것이었다. 그렇기 때문에 제자백가는 어떻게 하면 부국강병을 이룩하여 수많은 나라로 갈라져 분쟁을 일삼는 혼란한 천하를 하나로 통일할 것인가의 문제와 통일의 대업을 이룩한 후에 어떠한 방식으로 안정적인 시스템을 정착시킬 것인가의 문제에 대하여 각자의 주장과 방안을 내놓는다.

춘추시대는 국가와 국가 사이에 겸병전쟁이 매우 빈번하게 발생하던 시기로 당시의 통치자들은 겸병전쟁에 의해서 늘어난 백성들을 매우 유용한 자원으로 취급했는데, 그 주된 이유는 바로 천하를 통일하기 위한 전제로서 부국강병의 목표를 달성하기 위해서는 자국의 인구가 많을수록 유리했기 때문이다. 또한 중소국가의 통치자들은 대국으로 거듭나기 위하여 반드시 많은 수의 백성들이 필요했기 때문에 백성들은 아주 유용한 자원으로 취급되었던 것이다. 그러나 백성들과 기타의 자원들은 서로 다른 차이점을 가지고 있었는데, 기타의 자원은 만일 쓰임이 잘못 될 경우에 그것이 소진되거나 낭비될 뿐인 반면 백성들과 같은 경우는 만일 잘못 통치하게 된다면 혼란이 발생할 수 있게 된다는 점에서 이 둘 사이의 확연한 차이점이 있는 것이다.

당시의 중국 사회는 봉건체제의 소규모 성읍국가 시스템에서 영토국가 체제로 옮겨가는 격변의 시기로 인구는 갈수록 증가하는 추세를 보이고 있었다. 이와 같이 급격하게 증가하는 인구문제는 춘추시기에 중국 사회가 직면한 심각한 문제였으며, 대부분의 제자백가의 사상 역시 모두 이러한 문제의 해결방안 모색에 초점이 맞춰져 있었다. 또한 당시의 노나라는 주나라의 예악제도를 가장 잘 보존하고 있는 국가였을 뿐만 아니라 상공업 역시 매우 번성한 국가 가운데의 하나였다. 제나라의 관중에 의해서 실시된 정치·경제·사회 등 각 분야에 걸친 대대적인 개혁의 여파는 노나라에까지 미쳐서 노나라는 경제적인 이익과 상공업 분야의 발전으로 생산력이 증가하게 된다. 공자의 시대에 이르러 노나라는 군소 귀족들의 토지점유가 갈수록 증가하는 추세를 보이고, 농민과 소규모 자영업자들이 늘어나는 추세를 보이고 있었다. 이러한 시기에 공자는 '예禮'로써 경제 분야를 포함한 사회 전반의 질서를 더욱 공고히 하고자 했다.

이상과 같은 공자의 경제사상에 대하여 본문에서는 국가 재정관리 방침과 생산론 및 분배와 소비·상품 유통론을 중심으로 분석하여 보겠다.

2. 국가 재정관리 방침

공자는 군자라고 하는 존재는 의로움에 밝다고 하여 재화를 우선순위에서 다음으로 미루고, 소인은 이익에 밝아서 재화를 우선순위에서 제일 앞에 둔다고 하였다. 거시적인 측면에서 사회 전체를 분석해 본다면 군자라고 하는 사람들은 극소수이고 절대다수가 소인이라고 할 수 있다. 그렇기 때문에 공자의 주장을 거시적인 관점에서 볼 때는 역시 재화를 우선순위의 수위에 두었음을 알 수 있게 된다. 즉 공자는 전체 백성들을 부유하게 만든다고 하는 부민사상을 가지고 있었다는 사실을 알 수 있게 된다는 것이다.[1]

1 朱家楨, 『中國經濟思想史論』, 北京, 人民出版社, 1985년, 82쪽 참조.

> 공자께서 위나라에 가실 때, 염유가 수레를 몰고 있었다. 공자께서 말씀하셨다. "백성이 번성하구나!" 염유가 여쭈었다. "백성이 번성한 다음에는 또 무엇을 더하여야 되겠습니까?" "그들을 부유하게 해줘야지." "부유하게 된 다음에는 또 무엇을 더하여야 되겠습니까?" "그들을 가르쳐야지."[2]

위의 인용문에서 "백성이 번성하구나!"라는 말은 위나라의 인구가 매우 많음을 의미하는 것이다. 인구가 번성하게 된 뒤에 제일 급선무로 해야 하는 조처가 바로 백성들을 부유하게 만들어야 한다는 것이며, 부유하게 만든 뒤에야 비로소 그들을 교육시켜야 한다는 것이다. 비록 공자가 백성들을 부유하게 만드는 방법에 관해서는 구체적인 설명을 하지는 않았지만, 국가를 경영하는 데에 있어서 가장 먼저 고려해야할 문제가 백성들의 재화를 풍족하게 만들어주는 것이라는 점을 긍정한 것은 분명하다.[3] 당경증唐慶增과 같은 경우도 "백성을 부유하게 만든다고 하는 이론은 공자 경제학설의 기초가 될 뿐만 아니라 유가의 주장 가운데 가장 큰 특색이 된다."[4]라고 주장하고 있다.

공자가 언급한 재화는 서주시대 이래로 전통적으로 중시했던 백성들의 생존에 가장 절실한 곡식 특히 오곡五穀이었을 것으로

2 『論語』, 「子路」, "子適衛, 冉有僕. 子曰: 庶矣哉! 冉有曰: 既庶矣. 又何加焉? 曰: 富之. 曰: 既富矣, 又何加焉? 曰: 教之."

3 陳紹聞, 『中國古代經濟文選』, 上海, 上海人民出版社, 1983년, 64쪽 참조.

4 唐慶增, 『中國經濟思想史論』, 北京, 人民出版社, 1985년, 75쪽 참조.

판단된다.

> 자공이 정치에 대하여 묻자, 공가 말했다. "먹을 것을 풍족케 하고, 군비를 충분히 하고, 백성들이 믿도록 하는 것이다." 자공이 물었다. "부득이하게 꼭 한 가지를 버려야 한다면, 이 세 가지 중에서 어느 것을 먼저 버리시겠습니까?" "군비를 버려야지." 자공이 물었다. "부득이하게 꼭 한 가지를 버려야 한다면, 이 두 가지 중에서 어느 것을 먼저 버리시겠습니까?" "먹을 것을 버려야지. 옛날부터 누구에게나 죽음은 있었던 것이나, 백성들의 믿음이 없다면 나라는 설 수가 없는 것이다."[5]

정치의 목적은 백성들의 식량을 풍족케 하는 것에만 그치는 것이 아니라, 그러한 식량이 지속적으로 풍족하게 될 수 있는 근본 토대를 갖추는 것에 있는 것이다. 즉 농업을 장려하여 생산력을 증대시키게 되면 증산된 생산물을 통하여 군비를 충실하게 갖출 수 있게 되는 것이며, 이를 통하여 백성들로부터 신뢰를 받을 수 있게 되는 것이다. 그렇기 때문에 공자는 식량을 풍족하게 만드는 것 외에도 군비를 충실히 하라는 주장을 했던 것이다. 그러나 부득이하게 이러한 것들 가운데 하나를 포기해야 한다면 바로 군비를 가장 먼저 포기하라고 한 것이다. 백성들의 식량을 풍족하게 만드는 것을 우선으로 하고 난 뒤에야 백성들의 신뢰

5 『論語』, 「顔淵」, "子貢問政. 子曰: 足食, 足兵, 民信之矣. 子貢曰: 必不得已而去, 於斯三者何先? 曰: 去兵. 子貢曰: 必不得已而去, 於斯二者何先? 曰: 去食. 自古皆有死, 民無信不立."

를 받을 수 있다고 했는데, 그것은 바로 식량은 경제에 관련된 문제이고 군비는 국방에 관련된 문제로서 이들 가운데 공자는 경제를 우선시 했던 것이다. 경제와 국방은 백성들의 신뢰를 바탕으로 수립될 수 있는 것이기 때문에, 공자는 백성들의 신뢰는 식량이 풍부하고 군비가 충실해진 결과로 얻어진다고 했던 것이다.[6] 공자는 통치자가 백성들의 신뢰를 얻기 위해서는 반드시 백성들의 식량을 풍족하게 만들어줘야 한다고 했으며, 백성들이 풍부한 재화를 소유할 수 있게 정책을 시행해야 한다고 역설했다. 또한 그는 이러한 백성들의 재화는 범국가적 차원에서 본다면 매우 중요한 지위를 점하고는 있지만 적어도 윤리적 표준과 평행을 이뤄야 한다고 했다.

공자는 '불인不仁'한 부유함은 거부했으며 또한 궁색하고 의롭지 못한 군대에 대해서도 거부의 입장을 분명히 했다. 공자에게 있어서 군비를 충실하게 한다고 하는 목적은 국가의 치안질서를 유지하기 위함에 있었지, 대외적인 침략진쟁 혹은 정복진쟁을 위해서였던 것은 아니었다. 그래서 공자는 "먼 곳의 사람들이 복종하지 않으면, 곧 문화와 덕을 닦아서 그들이 따라오게 하고, 그들이 따라온 뒤에는 곧 그들을 편안케 해주는 것이다."[7]라고 말했던 것이다.

공자는 이익을 도모함에 서두르지 말 것과 작은 이익을 위해

6 林語堂, 『中國的智慧』, 臺北, 正中書局, 1994년, 422쪽 참조.

7 『論語』, 「季氏」, "遠人不服, 則修文德以來之. 既來之, 則安之."

서 큰 이익에 손해를 끼쳐서는 안 된다고 하며 "효과를 빨리 내려고 하면 일이 제대로 이루어지지 않고, 작은 이익을 추구하면 큰일을 이룩하지 못한다."[8]라고 주장했다. 물론 작은 이익이던 큰 이익이던 지간에 공자가 자하子夏의 정치에 관한 질문에 대하여 급하게 성과를 내려고 하지 말 것을 언급한 것 외에도 이익에 대해서도 언급을 하고 있다.[9] 공자는 "백성들에게 이로운 것을 근거로 하여 그들을 이롭게 해준다."[10]라고 했는데, 이는 곧 백성들이 가장 유리한 방식으로 그들이 최대의 이익을 얻을 수 있게 해주라는 의미이다. 이와 같이 백성들의 이익은 통치자들이 반드시 우선적으로 주목해야 할 문제였다는 것을 공자는 주장하고 있는 것이다.

공자의 국가경영에 있어서 재정에 관한 사항은 과도한 징세에 대한 반대와 절용의 제창 및 합리적인 조세의 부과에 그 기본사상이 담겨져 있다고 할 수 있다. 공자는 지출을 최대한 억제하고 절약할 것을 역설하고 있는데, 국가는 물론이거니와 개인도 마찬가지로 반드시 절약하는 생활을 해야 한다고 했다.

> 예는 사치스럽기보다는 차라리 검소해야 한다.[11]

> 사치스러우면 불손해지고, 검약하면 고루해지는데, 불손하기보다

8 『論語』, 「子路」, "欲速,則不達, 見小利則大事不成."

9 陳紹聞, 『中國古代經濟文選』, 上海, 上海人民出版社, 1983년, 41쪽 참조.

10 『論語』, 「堯日」, "因民之所利而利之."

11 『論語』, 「八佾」, "禮, 與其奢也, 寧儉."

는 차라리 고루한 것이 낫다.[12]

> 한 나라를 다스림에 있어서는, 매사를 경건히 하여 믿음이 가게하며, 쓰임을 절약 하고 백성을 사랑하여야 하며, 백성을 부리는 데는 반드시 때에 맞게 하여야 한다.[13]

이처럼 공자는 개인의 생활이나 국가의 재정에 관한 입장을 절약과 검소함에 기반을 두었는데, 어떤 때에는 곤궁한 지경에 처할 수도 있게 된다. 그래서 공자는 "군자도 본래 궁핍해질 수 있다. 소인은 궁핍해지면 곧 함부로 행동하지."[14]라고 했던 것이다. 공자의 절약이론은 재정적인 측면을 반영한 것으로 그 주요한 내용은 이미 언급한 앞의 인용문 "쓰임을 절약 하고 백성을 사랑하여야 하며, 백성을 부리는 데는 반드시 때에 맞게 하여야 한다."에 잘 나타나 있다. 그렇기 때문에 공자의 재정이론은 "정치는 재정을 절약하는데 있다."[15]로 요약할 수 있을 것이다. 공자는 절약과 검소함을 숭상했기 때문에 관자管子에 대하여 그의 정치적 업적은 인정하면서도 사치스러운 행태에 대해서는 날카로운 비판을 했던 것이다.

공자는 재정에 관한 사안에 대해서 각 항목의 재원을 절약해서 사용할 것을 주장하며 추호의 낭비적인 요소를 없애야 한다

12 『論語』, 「述而」, "奢則不孫, 儉則固. 與其不孫也, 寧固."

13 『論語』, 「學而」, "道千乘之國, 敬事而信, 節用而愛人, 使民以時."

14 『論語』, 「衛靈公」, "君子固窮, 小人窮斯濫矣."

15 詹智明, 『論語與經商藝術』, 香港, 漢湘文化出版社, 1997년, 279쪽 참조.

고 역설한다.

> 계씨는 주공보다도 부유했는데, 구는 그를 위하여 세금을 거두어 모아 그의 부를 더 보태주었다. 공자가 말했다. “그는 나의 제자가 아니다! 너희들이 북을 울리며 그를 공격한다 해도 괜찮다.”[16]

> 노나라 사람이 장부라는 창고를 다시 만들자, 민자건이 “옛날 있던 대로 두고 그냥 쓰면 어떻겠는가? 어찌하여 반드시 다시 지어야만 하는가?”라고 했다. 공자가 “이 사람은 말은 잘 안하지만, 말하면 꼭 이치에 들어맞는단 말이야!”라고 했다.[17]

염구가 계씨를 위해서 백성들을 수탈하자 공자는 그를 자신의 제자에서 제명시키는 한편 제자들이 그를 공격할 것을 주장한다.[18] 또한 어떤 노나라 사람이 장부라고 하는 창고를 개조하려고 한 것에 대하여 공자는 자신의 제자였던 민자건의 견해에 찬동하여 창고의 개조가 쓸데없는 낭비라고 생각했다. 이처럼 공자는 재정의 확충을 위해서 과도하게 백성들을 수탈하는 것에 대하여 분명하고 확실하게 반대의 입장을 표방한다. 특히 과도하게 부과되는 토지세는 신흥지주들에게는 매우 불리했는데, 그

16 『論語』, 「先進」, “季氏富於周公, 而求也為之聚斂而附益之. 子曰: 非吾徒也, 小子鳴鼓而攻之可也!”

17 『論語』, 「先進」, “魯人為長府. 閔子騫曰: 仍舊貫, 如之何? 何必改作? 子曰: 夫人不言, 言必有中.”

18 杜國庠, 『先秦諸子思想概要』, 北京, 三聯書店, 1955년, 13쪽 참조.

것은 그들이 귀족들에게 세금을 납부했기 때문이다. 비록 신흥 지주들이 자신들에게 부과된 세금을 일반 농민들에게 전가시킬 수는 있었지만 그래도 결국에는 자신들의 수익은 줄어들 수밖에 없는 처지였던 것이다. 그렇기 때문에 공자는 정부가 백성들에게 중과세를 부과하는 것에 대하여 결연히 반대를 하고 오히려 백성들의 세금을 경감시켜 줄 것을 주장한다.

공자가 주장한 세금경감 정책은 백성들의 삶에 대한 끊임없는 염려에서 나온 것으로, 그 구체적인 청사진은 십일조 세법 즉 세율을 수확량의 십분의 일로 한다는 것이다.

> 애공이 유약에게 "기근이 든 해에 비용이 모자라면, 어떻게 하면 좋겠소?"라고 묻자, 유약이 "어째서 십분의 일의 세법을 쓰지 않습니까?"라고 반문했다. 그러자 애공이 "십분의 이를 받아들여도 나는 부족하다고 생각하는데, 어떻게 십분의 일의 세법을 쓰겠소?"라고 하자, 유약이 "백성이 풍족하다면, 어떤 군주가 부족하겠습니까? 백성이 부족하다면, 어떤 군주가 풍족하겠습니까?"라고 했다.[19]

한 걸음 더 나아가 공자는 이상적인 조세수입은 경작지에서만 거둬들이는 토지세뿐이라고 생각했다. 즉 토지 수확량의 십분의

19 『論語』, 「顔淵」, "哀公問於有若曰: 年饑, 用不足, 如之何? 有若對曰: 盍徹乎? 曰: 二, 吾猶不足, 如之何其徹也? 對曰: 百姓足, 君孰與不足? 百姓不足, 君孰與足?"

일을 징수하는 것이 가장 이상적인 징세방법이라고 여겼던 것이다. 반대로 공자는 공납방식의 징세시스템에 대해서는 반대를 했다. 공자는 십일조 세법은 정당한 것이라고 여긴 반면 공납방식의 징세는 백성들을 더욱 심하게 수탈하는 것이라고 여겨 반대를 했던 것이다.

부역문제에 관하여 공자는 부역을 가볍게 하는 것이 소규모의 토지를 소유한 농민들의 이익을 고려하는 방책이라고 생각했다. 공자는 일반 백성들 사이에서 생활한 시간이 비교적 많았기 때문에 소작농과 일반 농민들의 고통을 직접적으로 체험할 수 있었다. 그렇기 때문에 공자는 백성들에게 도움이 되지 않는 사안에 대해서는 주장을 한 적이 없었던 것이다. 그러므로 공자의 부역을 경감시키자는 주장은 신흥지주들의 이익을 대표하는 주장임과 동시에 일반 백성들의 요구를 반영한 것이라고 할 수 있으며, 이는 그가 주장했던 "쓰임을 절약 하고 백성을 사랑하여야 하며, 백성을 부리는 데는 반드시 때에 맞게 하여야 한다."는 것 등등과 동일한 문제를 설명하는 것이라고 할 수 있는 것이다.[20] 또한 공자는 조세에 대하여 세수의 근원을 튼튼히 할 것을 강조하며, 연못을 말려서 물고기를 모두 잡는 것과 같은 우를 범하지 말 것을 주장한다. 공자는 세수의 근원을 유지 강화시키는 것이 매우 중요한 의미를 가지고 있는 것에 대하여 정확하게 인식하고 있었다. 이러한 공자의 조세관념에 대하여 호기창胡寄窗과 같

20 錢公博, 『經濟思想論集』, 臺北, 學生書局, 1975년, 27쪽 참조.

은 경우 "공자는 생산관점에서 조세문제를 이해해 나갔는데, 이는 재정사상에 있어서 일종의 탁견이라고 할 수 있다. 공자의 재정과 경제에 대한 인식은 매우 정확한 것이다."[21]라고 평가하고 있다.

이상과 같이 공자는 국가재정에 관하여 쓰임을 절약하는 것과 백성들을 사랑해야 한다는 기본적인 전제하에 세금부과를 가볍게 하고 부역을 경감시켜야 한다고 주장했던 것이다.

3. 생산론

공자는 백성들에게 대하여 유리한 일이라면 해야 한다고 생각하여 "백성들에게 이로운 것을 근거로 하여 그들을 이롭게 해준다."고 하는 주장을 했던 것이다. 여기에서의 '이로움'이란 전적으로 물질적 생산에 관련 된 것만을 지칭하는 것은 아니기 때문에 '백성들에게 이로운 것'은 당연히 생산 작업의 범위에 포함시킬 수 없는 것이다. 공자는 "하늘이 무슨 말씀 있으시더냐? 사철이 돌아가고 있고 만물이 자라고 있지만, 하늘이 무슨 말씀을 하시더냐?"[22]라고 언급한 바와 같이 재화의 생산은 자연의 작용에 의거해야 한다고 생각했다. 하늘은 일체의 자연적인 역량을 광범위하게 대표하는 것으로, 만물을 생산하는 근원이 되는 것이다. 자연의 힘은 그 작용이 이미 인간의 역량을 초월하는 것이

21 胡寄窗, 『中國經濟思想史』, 上海, 上海人民出版社, 1983년, 99쪽 참조.

22 『論語』, 「陽貨」, "天何言哉? 四時行焉, 百物生焉, 天何言哉?"

기 때문에 '백성들에게 이로운 것'은 이러한 자연의 추세에 순응하여 따른 다는 것이다.

> 번지가 농사짓는 법을 가르쳐 달라고 요청하자, 공자가 "나는 늙은 농부만 못하다."고 하였다. 다시 채소밭 가꾸는 법을 가르쳐 달라고 요청하자, "나는 늙은 채소 농사꾼만 못하다."고 하였다. 번지가 나가자, 공자가 "소인이로다, 번수는! 윗사람이 예를 좋아하면 백성들은 감히 경건하지 않을 수가 없게 되고, 윗사람이 의로움을 좋아하면 백성들은 감히 복종하지 않을 수가 없게 되며, 윗사람이 신의를 좋아하면 백성들은 성실히 행동하지 않을 수가 없게 된다. 이렇게만 되면 곧 사방의 백성들이 제 자식을 포대기에 싸 업고 모여들 것인데, 농사짓는 법을 어디에 쓰겠느냐?"[23]

공자는 유가의 문도나 선비가 직접적인 생산 작업에 참여하는 것에 관하여 결코 찬성하지 않았음을 그와 번지樊遲의 대화에서 분명하게 알 수 있다. 공자는 통치자가 '예禮'와 '의義' 및 '신뢰信'에 대해서만 신경을 써도 사방의 백성들을 불러 모아 생산 작업에 참여시킬 수 있다고 생각하여 통치자 자신이 직접 노동에 참여할 필요가 없을 뿐만 아니라 생산 작업에 관련 된 지식을 축적할 필요가 없다고 했다. 즉 그는 유가 문도의 직책은 통치자들의

23 『論語』, 「子路」, "樊遲請學稼, 子曰: 吾不如老農. 請學為圃, 曰: 吾不如老圃. 樊遲出, 子曰: 小人哉, 樊須也! 上好禮, 則民莫敢不敬; 上好義, 則民莫敢不服; 上好信, 則民莫敢不用情. 夫如是, 則四方之民, 襁負其子而至矣, 焉用稼?"

행정관리 업무에만 한정되는 것이라고 생각했던 것이다. 공자는 노나라의 대부인 장문중臧文仲이 세 가지 '불인不仁'한 일을 했다고 비판 했는데, 그 가운데의 하나가 바로 집안의 여자에게 자리를 짜게 하여 백성들과 이익을 다툰 것이다.[24] 이와 같이 볼 수 있듯이 공자는 유가의 문도가 공예 작업에 종사하는 것에 대하여 반대했을 뿐만 아니라 그의 집사람이 공예품 생산에 종사하는 것까지 못하게 했던 것이다.

사실 공자는 모든 생산 활동에 대하여 반대한 것은 아니고, 유가의 문도나 선비 계층이 생산 활동에 직접 참여하는 것을 반대했던 것이다. 유가의 문도나 선비 계층이 생산 활동에 참여하지 않고도 생계가 가능했던 것은 먼저 농민들이 더욱 효과적으로 생산 활동에 종사할 수 있는 여건을 만들어 줬기 때문이다. 군자는 다만 '예'를 좋아하고 '의'를 좋아하며 '신뢰'를 좋아하기만 하면 사방의 백성들이 제 자식을 포대기에 싸 업고 몰려들어 군자를 위하여 곡식과 채소를 생산하게 된다는 것이다.

> 군자는 도를 추구하지 먹을 것을 추구하지 않는다. 농사를 지어도 굶주림이 그 가운데 있지만, 공부를 하면 녹봉이 그 가운데 있게 된다. 군자는 도를 걱정하지 가난을 걱정하지 않는다.[25]

---

24 『春秋左傳』, 「文公二年」, "臧文仲其不仁者三, 不知者三. 下展禽, 廢六關, 妾織蒲, 三不仁也."

25 『論語』, 「衛靈公」, "君子謀道不謀食. 耕也, 餒在其中矣; 學也, 祿在其中矣. 君子憂道不憂貧."

공자는 비록 유가의 문도나 관직에 있는 사람이 직접적으로 생산 활동에 참가하는 것을 반대했지만, 적극적으로 그들이 생계를 도모할 수 있는 길은 열어 놓았다. 공자는 군자가 인륜의 도리를 추구하는 가운데 봉록을 취득할 수 있다고 했다. 즉 비록 경작을 통하여 식량을 얻을 수는 있지만, 이는 흉년이 들었을 때는 기근을 면하기 어려운 반면, 학문연마에 힘써서 덕성을 쌓게 되면 녹봉과 관직이 자연히 따라오게 된다고 하는 것이다. 또한 군자는 마땅히 '도道'에 가까워 지지 못함을 근심해야지 생활상의 빈곤을 걱정해서는 안 된다는 것이다. 아울러 학문연마에만 몰두하여 정치적인 입지를 확보하게 되면 현재의 궁핍함은 몇 십배 혹은 몇 백배의 봉록으로 보상 받게 될 수 있게 된다는 것이다. 이와 같이 '도'를 추구하는 것과 먹을 것을 추구하는 것을 비교하면 당연히 '도'를 추구하는 것이 직접적인 경작에 종사하는 것 보다 좀 더 낫다는 것이다. 이러한 주장은 이후 지식인들에게 광범위하게 유행되는 "책 속에 황금이 있다."라고 하는 관념의 경전적인 근거가 된다.[26]

여홍뇌黎紅雷와 같은 경우 이천여 년 전에 공자가 앞서 인용한 문장에서 언급한 내용 가운데에서 군자의 정신적 노동에 관한 관념이 있다는 사실을 제기한다. 이러한 정신노동과 육체노동은 사회적 분업의 초보적 단계로서, 이는 관리를 하는 계층과 관리를 받는 계층이 출현하기 시작했음을 의미한다고 했다. 공자는

26 胡寄窗, 『中國經濟思想史』, 上海, 上海人民出版社, 1983년, 90쪽 참조.

관리자가 반드시 마음을 쓰는 사람이라는 사실을 매우 강조하며, 관리자의 정신적 노동 및 그 성과가 사회의 발전에 지대한 작용을 한다는 점을 긍정했다. 이러한 사실은 공자가 관리를 사회적 분업의 각도에서 조망한 것으로 관리의 본질에 대한 정확한 이해를 수반한 것이라고 할 수 있는 것이다.[27]

공자의 생산론에 대하여 분석할 때, 그가 주장한 "백성을 부리는 데는 반드시 때에 맞게 하여야 한다."[28]와 "산림과 호수자원의 독점을 폐지한다."[29] 등이 있는데, 이러한 주장은 당시의 현실문제와 매우 밀접한 관련이 있었다고 할 수 있다. "백성을 부리는 데는 반드시 때에 맞게 하여야 한다."는 말은 통치자가 백성들을 노역에 동원할 때, 농사철을 피하여 노역에 동원시키라는 것으로 이러한 국가적 노역이 농업생산에 영향을 끼쳐서는 안 된다는 의미이다. 고대 사회에서 농업은 국가산업에 있어서 매우 중요한 요소로 자리매김 했는데, 이는 농업생산의 좋고 나쁨이 모든 백성들의 삶에 직접적으로 영향을 미쳤기 때문이며 아울러 통치자의 정치적 입지의 구축에도 결정적인 영향을 끼쳤기 때문이다.

중국은 매우 오래전부터 천문관측과 농업생산의 관계에 대하여 많은 관심과 함께 연구 작업을 병행해 왔다. 적정한 시기에

27 黎紅雷, 『現代管理與儒家智慧』, 臺北, 天地圖書有限公司, 1992년, 16쪽 참조.

28 『論語』, 「學而」, "使民以時."

29 『孔子家語』, 「五儀解」, "廢山澤之禁."

경작을 하기 위해서 통치자는 반드시 농사지을 시기에 대하여 정확하게 파악을 해야만 했다. 그래서 주나라 천자는 매년 가을과 겨울 사이에 반드시 다음해의 달력을 만들어서 그것을 여러 제후들에게 하사했는데, 이를 '반곡삭頒告朔'이라고 했다.[30] 이러한 제도는 통치자가 농사지을 시기에 대하여 극도로 중시했다는 사실을 반증하는 것이기도 하다. 공전公田제도의 폐지로 인하여 전체적인 농업생산 과정은 농민들 스스로에 의해서 진행되어 버리게 된다. 후대에 이르러 '곡삭'제도는 농사지을 시기를 파악한다고 하는 의미가 퇴색되어지는데, 심지어는 자공子貢도 '곡삭'의 '예禮' 가운데 희생을 올리는 의식을 폐지하려고 했던 것이 그 대표적인 예라고 하겠다.[31] 통치자가 농업생산 과정에서 멀어지면 멀어질수록 농사지을 시기에 대한 관념 역시 갈수록 옅어지게 되어 결국 통치자는 농사지을 시기를 침탈하여 백성들을 노역에 동원시키는 일이 점차 증가하게 된다.

생산력의 증가와 상품경제의 발전에 따라서 통치자의 물질적 향유에 대한 요구가 대대적으로 증가하게 되어, 그들은 끊임없이 사치스러운 생활을 추구하며 지속적으로 토목공사를 벌린다. 이로 인하여 대다수의 농민들이 토목공사에 노역을 하게 되는 신세로 전락한다. 동시에 빈번하게 발생하게 되는 전쟁으로 인하여 수많은 농민들이 징병되거나 축성공사나 보수공사 등에 동

30 朱家楨, 『中國經濟思想史論』, 北京, 人民出版社, 1985년, 215쪽 참조.

31 『論語』, 「八佾」, "子貢欲去告朔之餼羊."

원되는 지경에 처하게 된다. 이와 같이 농사지을 시기를 놓치게 되어 결국은 농업생산은 정상적인 수확을 못하게 되는 상황이 조성된다.

이상과 같이 볼 때 공자의 "백성을 부리는 데는 반드시 때에 맞게 하여야 한다."는 관념은 현실경제에 존재하는 문제를 해결하기 위한 것이었다고 할 수 있는 것이다.

> 우임금에 대해서는 내가 비난할 것이 없다. 먹는 음식은 형편없으면서도 귀신에게는 정성을 다하였고, 입는 옷은 허름하면서도 제사복은 아름답게 하였고, 궁실은 허술하게 하면서도 봇도랑은 힘을 다하여 잘 냈다. 우임금에 대해서는 내가 비난할 것이 없다.[32]

공자는 우禹임금의 정신을 높이 찬양했는데, 그것은 통치자가 검소하고 절약하는 자세를 몸소 실천한 것에 대한 찬양이었으며, 또한 이를 통하여 현실 속에서의 통치자들에 대한 계도적인 의미로서의 작용도 기대했던 것으로 보인다. 공자는 농민들의 농사지을 시기를 피해서 노역에 동원해야 한다고 했는데, 이는 통치자의 사치스러운 풍조를 개조시키기 위함에 그 주된 목적이 있다고 할 수 있다. 또한 공자는 "백성을 부릴 때에는 큰 제사를 받들 듯이 해야 한다."[33]고 했는데, 이는 그가 통치자들이 백성

32 『論語』, 「泰伯」, "禹, 吾無間然矣. 菲飮食, 而致孝乎鬼神; 惡衣服, 而致美乎黻冕; 卑宮室, 而盡力乎溝洫. 禹, 吾無間然矣."

33 『論語』, 「顏淵」, "使民如承大祭."

들을 노역에 동원시킬 때에는 매우 신중하게 해야 한다는 것을 강조한 것이라고 할 수 있는 것이다.

"산림과 호수자원의 독점을 폐지한다."는 말은 주의할만한 경제사상이라고 할 수 있는데, 이는 일종의 통치자의 경제적 이익의 독점에 대한 타파를 통하여 백성들에게 이로운 경제정책을 펴라는 의미라고 할 수 있다. 이와 같은 공자의 산림과 호수자원의 개방정책은 재화의 생산에 있어서 국가의 어떠한 간섭도 배제하여 백성들 스스로가 자신들에게 유리한 방향으로 경영할 수 있도록 만들어 그 가운데서 이익을 얻을 수 있도록 해야 한다는 의미와 한편으로는 통치자가 백성들과 이익을 다투는 것에 대하여 반대를 한다고 하는 입장을 담고 있는 것이라고 할 수 있는 것이다. 그렇기 때문에 공자는 노나라 대부인 장문중이 백성들과 이익을 다퉜다고 해서 불인한 사람이라고 비난했던 것이다. 이와 같이 공자는 통치자가 백성들과 이익을 다퉈서는 안 된다고 하였으며, 또한 통치자가 자신의 이익을 위해서 사업을 경영해서도 안 된다는 사실을 분명하게 천명했던 것이다.

4. 분배와 소비·상품유통론

공자는 모든 일에 대하여 그것을 처리할 때는 반드시 백성들의 이익을 우선적으로 전제해야 한다고 하였다. 공자는 모든 백성들이 재화를 추구하기 위하여 노력하게 된다면 재화를 얻거나 잃는 것에 의해서 원한이 발생할 수 있게 된다고 보았으나, 빈곤 역시 원한의 조성에서 자유스러울 수 없는 것이라고 하였다. 호기창胡寄窗과 같은 경우 공자가 군자는 가난함을 편안하게 여기고 '도道'를 즐길 수 있는 반면 소인은 재화의 이익만을 추구하는 사람이라고 여겼다고 보고 있다.[34] 이는 빈곤해도 원망하지 않는 것은 소인에 대하여 매우 어려운 과제임이 틀림없다는 사실을 반증하는 것이라고 할 수 있다.

> 내가 듣건대 국가를 다스리는 사람은 백성이 적음은 걱정하지 않고 고르지 않음을 걱정하며, 가난함은 걱정하지 않고 편안치 않음을 걱정한다 하였다. 고르게 되면 가난이 없어지고, 화락하면 백성이 적지 않게 되고, 편안하면 나라가 기울어지는 일이 없는 것이다.[35]

동중서董仲舒의 『춘추번로春秋繁露』에는 공자의 "백성이 적음을 걱정하지 않고 고르지 않음을 걱정한다."를 계승하여 발전시킨 "백성이 빈곤함을 걱정하지 않고 고르지 않음을 걱정한다."라는 언급이 보인다. 유월俞樾같은 경우 『군경평의群經評議』에서 공자의 "백성이 적음을 걱정하지 않고 고르지 않음을 걱정한다."고 하는 언급 가운데 "적음"을 "빈곤함"으로 봐야 한다고 주장했는데, 이는 "빈곤함"과 "고름"은 재화에 대한 언급이기 때문이라

34 胡寄窗, 『中國經濟思想史』, 上海, 上海人民出版社, 1983년, 91쪽 참조.

35 『論語』, 「季氏」, "丘也聞有國有家者, 不患寡而患不均, 不患貧而患不安. 蓋均無貧, 和無寡, 安無傾."

고 보았기 때문이다.[36]

호기창은 공자의 언급이 결코 부자들의 재화를 빼앗아 빈곤한 이들을 구제하자고 한 것은 아니라는 점을 분명하게 밝혔다.[37] 사실상 공자는 사회적으로 빈부의 격차가 나는 즉 빈부의 불균형 현상에 대하여 결코 찬성하지 않았었다. 공자와 염유冉有 등을 포함한 제자들이 위나라에 갔을 때, 많은 사람들이 거리에 왕래하는 모습을 보고 공자가 위나라의 인구가 많음을 감탄하면서 염유의 질문에 대답할 때, 공자는 인구가 많은 상황 속에서 진일보하여 모든 백성들을 부유하게 만들어야 한다고 했다. 이러한 생각은 백성들의 보편적인 소망으로 일부 특정한 사람들에 대해서만 한정되는 것이 아닌 모든 사람들에 대한 것이라고 할 수 있다. 바로 이러한 점에서 공자의 균등한 재화 분배의 관념을 찾아 볼 수 있는 것이다. 비록 공자가 부자들의 재화를 빈곤한 사람들의 구제에 사용하자는 주장을 하지는 않았지만, 실질적으로는 그가 주장한 재화의 균등한 분배는 모든 백성들을 다 같이 잘살게 하려는 소망으로 이는 곧 부자들의 재화를 빈곤한 사람들의 구제에 사용하자는 의미가 된다고 할 수 있는 것이다.

공자의 소비관은 두 가지 측면으로 개괄할 수 있는데, 총체적인 원칙은 충분함을 아는 것이며 구체적인 소비의 표준은 "검소함은 예에 위배되지 않고, 쓰임은 의를 상하지 않게 한다."는 것

36 侯家駒, 『先秦儒家自由經濟思想』, 臺北, 聯經出版事業公司, 1985년, 47쪽 참조.

37 胡寄窗, 『中國經濟思想史』, 上海, 上海人民出版社, 1983년, 92쪽 참조.

에 있다.[38] 충분함을 아는 것은 공자의 사상 가운데 매우 중요한 내용 중의 하나로, 행위의 각 방면에 모두 이러한 원칙이 규범이 되는 것이기 때문에 당연히 소비에도 반영 되는 것이다. 충분함을 아는 것과 "검소함은 '예禮'에 위배되지 않음" 및 "쓰임은 '의義'를 상하지 않게 함"은 모두 봉건제도 가운데의 특권계층의 소비행태에 대한 것을 지칭하는 것이라고 할 수 있다. 그러나 농민에 대해서도 충분함을 아는 것은 적용될 수 있는데, 공자와 같은 경우 충분함을 안다는 것으로 농민들에게 안빈낙도를 요구한 것이 그러한 예가 될 수 있다. "검소함은 '예禮'에 위배되지 않음"과 "쓰임은 '의義'를 상하지 않게 함"이라고 하는 언급은 수많은 농민들에 대해서 설득력을 가지기는 확실히 힘들다고 할 수 있다. 수많은 농민들에게 있어서, 그들이 안고 있는 심각한 문제는 검소하거나 검소하지 않은지의 문제나 혹은 검소함이 '예禮'에 위배되는지 여부의 문제가 아니고 또한 쓰임이 '의義'를 상하게 하는 지 여부의 문제가 아니고, 어떻게 생활을 유지 할 것인가의 문제 즉 생계유지의 문제가 그들이 안고 있는 진정한 문제였던 것이다.

> 공자가 위나라 공자 형에 대하여 평했다. 그는 "집안 살림을 잘했다. 부유해지기 시작하자, 정말 쓸 만큼 모였다라고 하였고, 약간 부유하게 되자, 정말 다 갖추었다라고 하였고, 아주 부유하게 되자, 정말 아름답게 되었다라고 하였다."[39]

---

38 杜國庠, 『先秦諸子思想概要』, 北京, 三聯書店, 1955년, 13쪽 참조.

공자는 위나라 공자公子 형荊이 충분함을 아는 미덕을 갖추고 있다고 칭찬했다. 위의 인용문에서 볼 수 있는 "정말 쓸 만큼 모임"·"정말 다 갖춤"·"정말 아름답게 됨"은 비록 다른 생활수준을 반영하고는 있으나, 이러한 다른 생활수준에 대하여 모두 만족할 수 있다는 느낌은 공통적인 것이라는 것이다. 공자는 통치자가 다른 등급을 근거로 각기 다른 생활수준에 만족을 줄 수 있다면, 이러한 정책은 사회의 안정과 정권의 유지에 도움이 될 것이라고 생각했다.[40] 또한 공자는 소비의 표준은 검소함을 숭상하는 것이라고 했는데, 이러한 검소함에는 일정한 한계가 있었다.

> 사치스러우면 불손해지고, 검약하면 고루해지는데, 불손하기보다는 차라리 고루한 것이 낫다.[41]

> 만약 주공과 같은 아름다운 재능을 지녔다 해도 교만하고 인색하다면, 그 나머지는 더 볼 것이 없다.[42]

공자는 한 개인이 지나치게 사치와 낭비를 하게 되면 오만 불손한 사람으로 변하게 된다고 하는 한편 지나치게 검소하고 절

39 『論語』, 「子路」, "子謂衛公子荊; 善居室. 始有, 曰: 苟合矣. 少有, 曰: 苟完矣. 富有, 曰: 苟美矣."

40 陳紹聞, 『中國經濟思想簡史』, 上海, 上海人民出版社, 1978년, 47쪽 참조.

41 『論語』, 「述而」, "奢則不孫, 儉則固. 與其不孫也, 寧固."

42 『論語』, 「泰伯」, "如有周公之才之美, 使驕且吝, 其餘不足觀也已."

약을 하게 되면 완고해진다고 했다. 그러나 검소함에는 일정한 한계가 있는데, 만일 검소함이 옹색한 정도에 이르면 이는 취할 만한 것이 못 된다고 공자는 주장했다. 공자는 비록 안영晏嬰의 치적을 높이 평가했지만 그의 과도한 검소함과 절약에 대해서는 비판을 했다. 안영은 제나라의 재상으로 있으면서도 조상에게 제사지낼 때 쓰는 고기를 극소량만을 사용했으며, 여우털 외투 한 벌을 삼십 년이나 입었었다. 또한 『논어』의 "자공이 곡삭 제사에 바치던 희생양 전통을 없애려 하자, 공자가 '사야! 너는 그 양을 아끼나, 나는 그 예를 아끼고자 한다.'라고 말했다."[43]에서와 같이 볼 수 있듯이, 공자의 검소함에 대한 진정한 의도는 검소할 때는 검소해야 하고, 검소해야 하지 않을 때는 검소하지 않는다고 하는 것에 있었다. 즉 중요한 제례의식에 사용되는 희생양을 절약하기 위해서 희생양을 바치는 전통을 없애려는 기도는 공자의 입장에서 보았을 때 경비절감을 위해서 '예'를 폐지하자는 의미로 비춰졌을 것이기에 공자는 결연히 반대를 했던 것이다.

공자의 소비관념은 통치자에 대해서는 충분함을 안다는 것이 꼭 가난함을 편하게 여긴다는 것은 아니고, 등급에 맞는 현실적인 생활수준을 허가해야 한다고 했던 것이라고 할 수 있다.[44] 호기창과 같은 경우 "가난함을 편안하게 여김"이나 "검소함은

43 『論語』, 「八佾」, "子貢欲去告朔之餼羊. 子曰: 賜也! 爾愛其羊, 我愛其禮."
44 舒大剛, 『孔子的智慧』, 延吉, 延邊大學出版社, 1995년, 89쪽 참조.

예에 위배되지 않음" 및 "쓰임은 의를 상하지 않게 함" 등등은 모두 소비측면의 계층 간의 차별을 나타내는 것으로 다른 계급의 사람들은 각기 서로 다른 소비정도가 있다는 것이라고 생각했다.[45]

이상과 같은 공자의 소비관념은 절약해서 쓴다고 하는 관념으로, 공자는 소비를 사회 계층의 등급에 따라 구분하여, 서로 다른 계층의 사람들 간에 각자가 소유한 재화의 상황이 다르기 때문에 그들의 소비생활수준 역시 당연하게 다를 수밖에 없다는 것을 인정한 것에 그 핵심이 담겨져 있는 것이라고 할 수 있다.

공자는 상품의 유통에 대하여 가격이 낮을 때 매입하였다가 가격이 높을 때 팔아야 하는 것이 상업의 도리라고 주장하였다. 공자는 제자인 자공을 칭찬하여 "사는 조정의 명령을 받아들이지 않았으나, 재산을 불리었고, 그의 예측은 여러 번 적중하였다."[46]라고 말했는데, 여기에서 말하는 자공은 비록 조정에서 임명하는 관직을 받아들이지는 않았으나, 재화를 불리는 것에는 탁월하였으며 매번 물가의 변동을 정확하게 예측하여 커다란 이윤을 남겼다. 이처럼 공자가 자신이 가장 아끼고 신뢰하는 제자였던 안회와 함께 자공을 언급한 것으로 볼 때 공자는 유가의 문도가 상업에 종사하는 것을 반대한 것 같지는 않다고 여겨

45 胡寄窗, 『中國經濟思想史』, 上海, 上海人民出版社, 1983년, 95쪽 참조.

46 『論語』, 「先進」, "賜不受命, 而貨殖焉, 億則屢中."

진다.[47]

공자는 장문중臧文仲이 세 가지 '불인不仁'한 일을 했다고 비난하는데, 그 가운데 두 번째 '불인'한 일이 '육관의 설치'였는데[48], 이것은 장문중이 노나라의 여섯 곳에 관문을 설치하여 상인들의 무역에 막대한 지장을 주었음으로 '불인'하다는 비난을 공자로부터 받은 것이다. 자공은 공자에게 자신이 소장한 품질이 뛰어난 옥이 있는데 그것의 가격이 이미 많이 상승하여 계속 보관해야 할지 팔아야 할지에 대하여 묻자, 공자는 "팔아야지! 팔아야지! 나는 좋은 값을 쳐줄 상인을 기다리는 사람이다."[49]라고 말했다. 이처럼 공자는 품질이 뛰어난 옥을 고가에 팔아서 이익을 도모하고자 했으며,[50] 자신 역시 좋은 상품을 알아봐주는 상인(현명한 군주)에게 자신을 팔려고 기다리고 있다는 것을 표시했던 것이다. 이와 같이 볼 수 있듯이 공자는 때때로 자신을 상품으로 비유하기도 했었는데, 이렇기 때문에 현대의 사람들 대부분은 공자가 자유무역에 대하여 찬성했거나 적어도 반대는 하지 않았다고 여기는 것이다. 이러한 공자의 상업에 관한 입장에 대하여 섭룡葉龍같은 경우도 공자가 결코 상업행위에 대하여 반대하지 않았으며, 또한 상업을 가볍게 취급하지도 않았다고 하는

---

47 胡寄窗, 『中國經濟思想史』, 上海, 上海人民出版社, 1983년, 90쪽 참조.

48 『春秋左傳』, 「文公二年」, "廢六關."이라고 기록되어져 있으나, 楊伯俊은 『孔子家語』에 "置六關"으로 나온 것을 근거로 하여 "置六關"이 공자의 원의에 부합한다고 했다.

49 『論語』, 「子罕」, "沽之哉! 沽之哉! 我待賈者也."

50 錢穆, 『論語要略』, 臺北, 臺灣商務印書館, 1987년, 47쪽 참조.

주장을 한다.[51] 또한 위나라 문공의 상품의 유통과 공인에 대한 우대정책에 대하여 공자는 찬성의 뜻을 보이고, 진일보하여 공자는 자유로운 통상을 보장하기 위해서 상품을 유통시켜야 한다고 하는 취지의 관문과 시장에서 통관세와 자릿세를 징수하지 말라는 주장을 했던 것이다.

서양과 동양의 구분 없이 수많은 고대의 사상가들은 모두가 상업에 대하여 천시하는 경향을 가지고 있었다고 할 수 있다. 『논어』 속에서 우리들은 공자가 유가의 문도들이 상업에 참여하는 것에 대하여 반대의 목소리를 낸 흔적을 찾아볼 수는 없을 것이다.[52] 이러한 현상은 춘추시대 후기에 이미 상업이 어느 정도 발전을 이룩하고 있으며, 재벌과 거상들이 직접적으로 생산활동에 참여하지 않았기 때문일 것이라고 추측되어진다. 또한 이러한 점은 유가의 문도 계층과 매우 유사한 경향을 띄고 있었을 것이라고 생각한다. 그리고 신흥상인들 가운데 많은 수의 상인들이 이미 지식인 계층에 편입되는 등의 이유들 때문에 공자가 상업을 천시하지 않은 것이라고 판단한다.

공자는 자공의 상업 활동에 대하여 폄하하지 않았으며, 공자 자신 역시 상업 활동에 대하여 어떠한 형태의 부정적인 언급을 하지 않았다고 할 수 있다. 이러한 공자의 상업관은 당시의 실제적인 상황에서 볼 때 제대로 파악될 수 있다고 판단되어지는데,

51 葉龍, 『歷代人物經濟故事』, 香港, 壹出版有限公司, 1996년, 18~19쪽 참조.

52 李劍農, 『先秦兩漢經濟史稿』, 北京, 中華書局, 1962년, 72쪽 참조.

즉 당시의 통치자들이 재벌이나 거상들에 대하여 예우를 했기 때문에 공자 역시 자공을 폄하시킬 이유가 없었다는 것이다. 또한 자공은 공자의 제자들 가운데 공자에게 재정적으로 많은 후원을 했었기 때문에 상업 활동에 대하여 경시하는 태도를 갖지 않았던 것이라고 생각된다.

이상과 같이 볼 때, 공자가 위나라 수도에 들어가면서 "백성이 번성하구나!"라고 한 탄성은 바로 공자의 상품유통을 통한 경제적 번영에 대한 부러움에 찬 탄성임과 동시에 상업 활동을 긍정적으로 바라본 그의 태도를 보여주는 일면이라고 할 수 있다.

5. 맺는 말

이상과 같이 공자의 경제사상에 대하여 국가 재정관리 방침과 생산론 및 분배와 소비·상품 유통론을 중심으로 살펴보았는데, 이를 정리하면 다음과 같다.

공자는 통치자가 백성들의 신뢰를 얻기 위해서는 반드시 백성들의 식량을 풍족하게 만들어줘야 한다고 했으며, 백성들이 풍부한 재화를 소유할 수 있게 정책을 시행해야 한다고 역설했다. 또한 그는 이러한 백성들의 재화는 범국가적 차원에서 본다면 매우 중요한 지위를 점하고는 있지만 적어도 윤리적 표준과 평행을 이뤄야 한다고 했다. 또한 공자의 국가경영에 있어서 재정에 관한 사항은 과도한 징세에 대한 반대와 절용의 제창과 합리적인 조세의 부과에 그 기본 사상이 담겨져 있다고 할 수 있다.

공자는 지출을 최대한 억제하고 절약할 것을 역설하고 있는데, 국가는 물론이거니와 개인도 마찬가지로 반드시 절약하는 생활을 해야 한다고 했다. 아울러서 공자는 정부가 백성들에게 중과세를 부과하는 것에 대하여 결연히 반대를 하고 오히려 백성들의 세금을 경감시켜 줄 것을 주장한다.

공자는 군자의 정신적 노동에 관한 관념을 제기하는데, 이러한 정신노동과 육체노동은 사회적 분업의 초보적 단계로서, 이는 관리를 하는 계층과 관리를 받는 계층이 출현하기 시작했음을 의미한다. 공자는 관리자가 반드시 마음을 쓰는 사람이라는 사실을 매우 강조하며, 관리자의 정신적 노동 및 그 성과가 사회의 발전에 지대한 작용을 한다는 점을 긍정했다. 이러한 사실은 공자가 관리를 사회적 분업의 각도에서 조망한 것으로 관리의 본질에 대한 정확한 이해를 수반한 것이라고 할 수 있는 것이다.

공자는 농민들의 농사지을 시기를 피해서 노역에 동원해야 한다고 했는데, 이는 통치자의 사치스러운 풍조를 개조시키기 위함에 그 주된 목적이 있다고 할 수 있다. 또한 공자는 통치자들이 백성들을 노역에 동원시킬 때에는 매우 신중하게 해야 한다고 강조했다. 아울러서 "산림과 호수자원의 독점을 폐지한다."는 말은 통치자의 경제적 이익의 독점에 대한 타파를 통하여 백성들에게 이로운 경제정책을 펴라는 의미라고 할 수 있다.

공자가 부자들의 재화를 빈곤한 사람들의 구제에 사용하자는 주장을 하지는 않았지만, 실질적으로는 그가 주장한 재화의 균등한 분배는 모든 백성들이 다 같이 잘살게 하려는 소망으로 이는 곧 부자들의 재화를 빈곤한 사람들의 구제에 사용하자는 의미가 된다고 할 수 있는 것이다.

공자는 한 개인이 지나치게 사치와 낭비를 하게 되면 오만 불손한 사람으로 변하게 된다고 하는 한편 지나치게 검소하고 절약을 하게 되면 완고해진다고 했다. 그러나 검소함에는 일정한 한계가 있는데, 만일 검소함이 옹색한 정도에 이르면 이는 취할 만한 것이 못 된다고 공자는 주장했다. 즉 공자의 검소함에 대한 진정한 의도는 검소할 때는 검소해야 하고, 검소해야 하지 않을 때는 검소해야 하지 않는다고 하는 것에 있었다. 공자의 소비관념은 절약해서 쓴다고 하는 관념으로, 공자는 소비를 사회 계층의 등급에 따라 구분하여, 서로 다른 계층의 사람들 간에 각자가 소유한 재화의 상황이 다르기 때문에 그들의 소비생활수준 역시 당연하게 다를 수밖에 없다는 것을 인정한 것에 그 핵심이 담겨져 있는 것이라고 할 수 있다. 공자는 자공의 상업 활동을 포함한 상인들의 상업 활동에 대하여 폄하하거나 부정적인 언급을 하지 않았는데, 이러한 공자의 상업관은 당시의 통치자들이 재벌이나 거상들에 대하여 예우를 했기 때문에 공자 역시 자공을 비롯한 상인들을 폄하시킬 이유가 없었던 것이다. 또한 자공은 공자의 제자들 가운데 공자에게 재정적으로 많은 후원을 했었기 때문에 더욱 더 상업 활동에 대해서는 경시하는 태도를 갖지 않았던 것이라고 생각된다.

| 참고문헌 |

黃侃,『論語義疏』,『皇淸經解』 本.

朱熹,『論語集注』,『海淵閣』 明刻本.

劉寶楠,『論語正義』,『續皇淸經解』 本.

趙汸,『春秋左氏傳補注』,『通志堂經解』 本.

楊伯峻,『春秋左傳注』, 北京, 中華書局, 1996년.

錢穆,『論語要略』, 臺北, 臺灣商務印書館, 1987년.

詹智明,『論語與經商藝術』, 香港, 漢湘文化出版社, 1997년.

舒大剛,『孔子的智慧』, 延吉, 延邊大學出版社, 1995년.

杜國庠,『先秦諸子思想概要』, 北京, 三聯書店, 1955년.

唐慶增,『中國經濟思想史論』, 北京, 人民出版社, 1985년.

李劍農,『先秦兩漢經濟史稿』, 北京, 中華書局, 1962년.

侯家駒,『先秦儒家自由經濟思想』, 臺北, 聯經出版事业公司, 1985년.

陳紹聞,『中國經濟思想簡史』, 上海, 上海人民出版社, 1978년.

陳紹聞,『中國古代經濟文選』, 上海, 上海人民出版社, 1983년.

胡寄窗,『中國經濟思想史』, 上海, 上海人民出版社, 1983년.

葉龍,『歷代人物經濟故事』, 香港, 壹出版有限公司, 1996년.

錢公博,『經濟思想論集』, 臺北, 學生書局, 1975년.

黎紅雷,『現代管理與儒家知慧』, 臺北, 天地圖書出版有限公司, 1992년.

林語堂,『中國的智慧』, 臺北, 正中書局, 1994년.

제3장

유가의 이상주의자 맹자

제1절

도덕의 근원인 하늘과 인간의 관계

1. 시작하는 말

천인관계의 문제는 선진유학에서 뿐만 아니라 중국의 철학사 전반에 걸쳐서 대부분의 학자들에게 의해 다루어진 중요한 문제의 하나로 인간과 우주의 관계에 대한 궁극적인 물음이라고 할 수 있다. 또한 천인관계의 탐구를 통하여 고대 중국인들은 자신들의 도덕행위의 근거를 하늘에서 찾았다. 이러한 도덕가치의 근원으로서의 하늘에 대한 인식은 도덕관념 상실의 시대를 살아가고 있는 현대인들에게도 시사하는 바가 결코 적지 않을 것이라는 생각이 든다.

고대 중국에 있어서의 천天의 모습은 처음에는 주재자적 인격신의 모습으로부터 시작하여 비인격적이고 형이상학적인 도덕의 모습으로 변화되어 갔다. 다시 말하면 종래에 '천'이 가지고 있던 주재자적 인격신의 절대적인 권위는 점차 퇴색되고 인간자신의 주체적 자각을 통한 새로운 가치 형태로서 즉 도덕가치의 근원으로 자리 매김을 하게 된다. 이러한 변화를 따라 '천'과 인간의 관계 역시 새롭게 정립되는데 특히 유가의 천인관계는 공자를 그 시발점으로 볼 수 있다.

공자는 '인仁'을 통하여 천인관계에 새로운 생명력을 부여한다. 그는 '인仁'으로 '천'을 해석하는데, 이것은 '천명'이 인간에게 내려와 인간의 본성이 되었다고 하는 전통사상의 변화 발전으로부터 비롯된 것으로 그가 언급한 "인을 실천함으로써 천을 안다."는 명제와 유기적인 관계를 이루고 있다고 할 수 있다.

공자의 "인을 실천함으로써 천을 안다."는 명제는 한편으로는 외재적인 객관성의 발현을 통하여 아래로부터의 수양공부를 거쳐 '천덕天德'에 도달한다는 것이며, 다른 한편으로는 내재적인 주관성의 발현을 통하여 '천도天道'와 '천명天命'을 인식한다는 것이다. 여기에서 전자는 맹자의 "자신의 마음을 보존하여 본성을 키우는 것은 하늘을 섬기는 도리이다."[1]와 상통하며, 후자의 경우 "자신의 마음을 극진히 하는 사람은 본성을 알 수 있으니, 자기의 본성을 알 수 있으면 천명을 알 수 있다."[2]와 상통한다고 할 수 있다. 그러므로 '성性'은 '천'에서 비롯된 것으로 맹자의 "마음을 보존하여 본성을 키우는 것"과 "마음을 극진히 하여 본성을 아는 것"을 통하여 결국에는 '천도'와 서로 소통되고 합치될 수 있는 것이다. 즉 위로부터 아래로, 아래로부터 위로 다시 말하면 초월해 있으면서 내재되어 있고, 내재되어 있으면서 초

1 『孟子』, 「盡心上」, "存其心, 養其性, 所以事天也."

2 『孟子』, 「盡心上」, "盡其心者, 知其性也. 知其性, 則知天矣."

월해 있는 맹자의 '천'관념은 그에게 있어서 궁극적인 목표인 천인합일天人合一의 경지에 연결되어 있다고 할 수 있다.

본문에서는 맹자의 도덕의 근원으로서의 하늘과 인간의 관계 문제에 관하여 다음과 같이 즉 내재되어 있으면서 초월해 있다는 관점과 '지천知天', '사천事天', '입명立命'의 관계를 중심으로 분석해 보도록 하겠다.

2. 내재되어 있으면서 초월해 있음

"천명을 성이라고 한다."[3]는 명제는 『중용中庸』에서 나온 것이 분명하지만, 천명이 인간에게 내려와 인간의 '성'(도덕가치의 근원)이 되었다고 하는 관념은 오랜 전통을 가지고 있다. '천명'은 공자 이전에 이미 형성되어 있었던 유구한 역사를 가진 관념이라고 할 수 있는데, 즉 공자 이전의 '천'은 주재자적인 인격신의 의미를 가지고 있었기 때문에 당시의 천명은 '하늘이 내린 명령'이라는 의미로 통용되었다. 이러한 '하늘이 내린 명령'은 인간의 도덕성에 의해 그것을 받는 주체가 결정되는 것이기 때문에 군주는 자신의 덕에 의해 천명을 받을 수 있는 여부가 결정되었다. 그러므로 군주는 항상 삼가 하여 덕을 닦아야만 했던 것이다. 이러한 과정 속에서 '천명'은 인간에게 내려와 인간의 주체성으로 자리 매김을 하게 되는 것이다. 군주가 천명을 받는 경로 또한 이와 같았다. 그래서 『상서尙書』에서는 "하늘도 사방 천하의

3 『中庸』, "天命之謂性."

백성들을 가엾게 여기셨으니, 왕께서는 천명을 보살피시고 힘써 일하도록 하며 삼가 덕행을 빨리 시행하도록 하십시오."[4]라고 말하고 있는 것이다.

군주가 덕이 있는지 여부는 백성들의 정서에 의해서 파악될 수 있었다. 『상서』에는 "하늘이 백성을 긍휼히 여기셔서 백성이 하고자 하는 것을 하늘이 반드시 따라서 행했다."[5], "하늘이 보실 때에는 우리 백성들을 통하여 보시고, 하늘이 들으실 때에 우리 백성들을 통하여 들으신다."[6]와 같은 기록들이 있는데, 이것은 민심이 곧 하늘의 뜻이기 때문에 백성들이 좋아하는 것을 군주가 따라야 하며, 백성들이 염원하는 것을 하늘이 반드시 따르는 것이라는 의미이다. 다시 말하면 이것은 백성을 섬기는 것이 곧 하늘을 섬기는 것과 같다는 것이다.

백성들은 천명이 덕이 있는 군주에게 내려와 있다고 믿었기 때문에 그들은 덕이 있는 군주를 존경했다. 이러한 논리로 본다면 덕을 공경하는 것은 곧 '천'을 공경하는 것이라는 공식이 성립된다. 또한 덕은 하늘이 내린 명령의 관건 요소가 되는 것이다. 그러므로 군주는 하늘과 인간을 매개하는 역할을 담당하는 중개자로서 자리 매김을 한다.

『시경詩經』에 있는 "천명이 아아! 아름답고 그지없다! 아아! 뚜렷하게 나타나지 않았을까 문왕의 덕이 깨끗함이여."[7]라는 언급

4 『尙書』, 「召誥」, "天亦哀於四方民, 其眷命用懋, 王其疾敬德."

5 『尙書』, 「泰誓」, "天矜于民, 民之所欲, 天必從之."

6 『尙書』, 「泰誓」, "天視自我民視, 天聽自我民聽."

에 대하여 주희朱熹는 '천명'을 '천도'라고 해석한다. 그러므로 "천명이 아아! 아름답고 그지없다!"가 의미하는 것은 바로 천도의 운행은 멈춤이 없다는 것을 말하는 것이다. 『중용』에서는 "이것이 바로 '천'이 '천' 되는 까닭이다."라고 하고 있는데, 이것은 곧 '천'이 '천' 되는 본질임과 동시에 하늘의 덕인 것으로 끊임없이 생성 변화하는 덕인 것이다. 또한 "아아! 밝기도 해라 문왕의 크신 덕이여."에서는 문왕의 덕과 하늘의 덕이 다 같이 순수하고 그침이 없음을 묘사하고 있다. 이것에 대하여 『중용』에서는 "이것은 문왕의 덕이 문아한 까닭을 말하는 것으로, 그의 덕이 순수하고 그침이 없다는 것이다."라고 말하고 있다. 이것은 인간의 덕을 하늘의 덕에 맞추는 것으로 결국은 문왕의 덕은 '천도'·'천명'의 구체적인 표현이라는 것이다. 다시 말하면 '천도'·'천명'이 내려와 문왕에게 있을 때 문왕은 자신의 덕을 통하여 천명을 유지 보존하는 것이며, 이러한 '천도'·'천명'을 통하여 문왕의 덕을 구체적으로 드러낸다는 것이다.

또한 인간의 덕을 하늘의 덕에 맞춘다고 하는 것은 하늘과 인간이 이것을 통해 서로 소통할 수 있음을 의미한다. '천도'·'천명'이 내려와 인간에게 있을 때 인간의 주체성은 비로소 발현되는 것이니 이것을 '초월해 있으면서 내재되어 있다'라고 하는 것이다. 삼가 하여 덕을 수양하고 덕을 공경敬德하고 덕을 밝히는 것明德 등은 모두 인간의 주체성의 표현이 된다. 이러한 주체성

7 『詩經』, 「周頌」, "維天之命, 於穆不已. 於乎不顯, 文王之德之純."

은 인간이 인간 되는 까닭으로 '성체性體'인 것이며, 이것을 통하여 인간은 비로소 진실한 존재로 거듭나게 되는 것이다.

『시경』에 "하늘이 여러 백성들을 낳으셨으니, 사물이 있으면 법칙이 있다. 백성들은 불변하는 마음을 가져, 이 아름다운 덕을 좋아한다."[8]라는 언급이 있는데, 여기에서의 '사물'은 모든 사건사항 사물 등을 지칭하는 것으로 보고 듣고 말하고 행동하는 모든 것, 즉 인간이 모든 사물을 대할 때 발생하는 모든 행위를 의미한다. 또한 '법칙'은 일을 행하는 도리 혹은 원칙을 의미하는 것이다. 그래서 "사물이 있으면 법칙이 있다"는 말은 모든 사물에는 모두 일종의 행위의 법칙이 존재한다는 것을 의미한다. 그리고 "백성들은 불변하는 마음을 갖는다."라는 말은 백성들이 하늘이 부여한 항상성을 지킨다는 것을 의미한다. 여기에서의 "불변하는 마음"은 사실상 性의 관념에 상당히 접근해 있다고 볼 수 있다. 그러므로 "이 아름다운 덕을 좋아한다."는 말은 백성들이 이러한 하늘이 부여한 항상성美德을 좋아한다는 것을 의미한다고 볼 수 있는 것이다.

다시 말하면 하늘이 낳은 인간이 모든 일을 처리하는 것에는 일정한 도리나 원칙이 있다는 것이다. 이러한 일을 처리하는 주체는 바로 인간 자신이며, 도리나 원칙은 이러한 주체로서의 인간 자신에게 내재되어 있어 인간의 항상성이 되는 것이며, 백성들은 그러한 항상성을 좋아한다는 것이다. 인간은 하늘로부터

8 『詩經』, 「大雅」, "天生蒸民, 有物有則, 民之秉彝, 好是懿德."

비롯된 존재이기 때문에 이러한 도리와 항상성을 하늘로부터 부여받아서 자신을 통하여 주체성을 드러낸다고 하는 것이다. 그러므로 여기에서는 "천명을 성이라고 한다."는 명제에서와 같이 '성'에 대한 직접적인 언급은 없지만, 그것의 내용은 충분히 담겨져 있다고 볼 수 있는 것이다. 그래서 공자는 일찍이 "이 시를 지은 사람은 도를 아는구나!"라고 말한 것이다.

또한 『춘추좌전春秋左傳』에는 "유강공이 말하기를 내가 듣기로는 백성들은 천지의 가운데를 받음으로써 살아가는데, 이것을 명이라고 한다."[9]라는 기록이 있는데, 여기에서의 "천지의 가운데"는 천지의 '도道'를 의미하는 것이며, "백성들이 천지의 가운데를 받음으로써 살아간다."라는 말은 백성들이 이러한 천지의 '도'를 받았기 때문에 존재할 수 있다는 의미이다. 또한 '명命'은 '천명'을 의미한다. 이러한 천지의 '도'는 인간이 그것을 받아들이는 것을 통하여 자신의 '성체'를 이룩한다. 또한 인간은 이런 것을 체득함으로써 생존을 하게 되는데 그것이 바로 '천명'이라는 것이다. 그러므로 여기에는 "천명을 성이라고 한다."는 관념이 함축되어 있다고 할 수 있는 것이다. 또한 후대의 『중용』에서 언급한 "천명을 성이라고 한다."는 명제는 실재로 이러한 관념의 발전된 형태라고 말할 수 있다. '천명'이 내려와 인간의 '성'이 되거나 인간의 본체가 된 뒤에 인간은 어떻게 이러한 '천명'을 지속적으로 자기 안에 유지시킬 수 있었을까? 그것은 바로 후천

9 『春秋左傳』, 「成公十三年」, "劉康公曰: 吾聞之, 民受天地之中以生, 所謂命也."

적인 자기 수양공부를 통해서 유지될 수 있었으며, 이러한 수양 공부를 통해서 백성들도 '천명'을 자기 안에 지속적으로 유지시킬 수 있었던 것이다.

공자는 일찍이 "군자는 두려워해야 할 일이 세 가지 있다. 천명을 두려워해야 하고, 위대한 사람을 두려워해야 하고, 성인의 말씀을 두려워해야 한다."[10]라고 했는데, 이것은 공자의 '천'에 대한 경외와 동경의 심리를 잘 표현하고 있는 부분이다. 공자는 위대한 인격을 갖춘 사람이 되기 위해서는 반드시 초월자에 대한 경외의 마음을 가져야만 한다고 했다. 그래서 공자의 생명 가운데에 있어서 '천'은 일종의 경외이자 소통의 대상이었던 것이다.

> 하늘을 원망하지도 않고, 사람들을 탓하지도 않는다. 낮은 것을 배워서 높은 것에까지 통달했으니, 나를 알아주는 이는 하늘일 것이다.[11]

> 하늘이 무슨 말씀 있으시더냐? 사계절이 돌아가고 있고 만물이 자라고 있지만, 하늘이 무슨 말씀을 하시더냐?[12]

> 하늘이 나에게 덕을 부여해 주셨거늘, 환퇴가 나를 어찌 하겠는가?[13]

10 『論語』, 「季氏」, "君子有三畏. 畏天命, 畏大人, 畏聖人之言."
11 『論語』, 「憲問」, "不怨天, 不尤人. 下學而上達, 知我者其天乎!"
12 『論語』, 「陽貨」, "天何言哉? 四時行焉, 百物生焉, 天何言哉?"

> 하늘이 이 문화를 없애려 하셨다면, 후세에 나온 내가 이 문화에 참여할 수가 없었을 것이다. 하늘이 이 문화를 없애려 하지 않고 계신데, 광 사람들이 나를 어찌할 수 있겠느냐?[14]

『논어』 속에서 공자가 언급한 '성'과 '천도'에 관한 부분은 매우 드물게 보이나, 위의 인용문들 분석해보면 공자의 '천'에 대한 염원을 파악할 수 있을 것이다. 공자의 시대는 사회 전반에 걸쳐 만연되어 있던 가치관의 혼란으로 인하여 공자는 당시의 지식인들과의 같은 공감대를 형성할 수 없었다. 그러나 이러한 상황들이 결코 공자가 추구했던 새로운 가치체계의 정립에 대한 염원과 자기 확신을 막을 수는 없었기 때문에 공자는 자신의 모든 열정을 '천'과의 상호소통과 합일의 경지에 쏟았을 것이다. "오십 세가 되어 천명을 알았다."로 대표되는 공자의 도덕생명 여정은 매 순간 순간 모두가 배움의 과정이요 '인仁'을 실천하는 과정의 연속이었으며, 이러한 과정들 속에서 공자는 도덕생명의 진실한 가치를 체득해 나갔다. 다시 말하면 공자가 자신의 생애 전반에 걸쳐 가장 심혈을 기울인 부분은 바로 '천'과의 상호 소통과 합일의 경지에 도달하는 것이었다.

공자에 있어서의 '인仁'은 '천도'이자 '천명' 그 자체였다. 모종삼牟宗三은 "인체仁體, 인리仁理, 인도仁道, 인심仁心은 모두 서로

---

13 『論語』, 「述而」, "天生德於予, 桓魋其如予何?"

14 『論語』, 「子罕」, "天之將喪斯文也, 後死者, 不得與於斯文也. 天之未喪斯文也, 匡人其如予何?"

통용될 수 있다."[15]라고 했다. 또한 그는 '인仁'의 실천을 통하여 '천명'을 인식할 수 있다고 했는데, 여기에서의 인식은 과학적이고 경험적인 인식이 아닌 도덕생명의 실천을 통해서 체득된 인식이라고 보았다. 이것은 곧 초월해 있으면서 내재되어 있는 것이며 또한 초월자에 대한 경외와 염원인 것이다. 이와 동시에 '인심仁心'의 감응과정을 거쳐 최종적으로는 천지와 덕을 합하여 만물과 일체가 되는 경지에 도달하게 된다는 것이다.

공자의 사상을 계승 발전한 맹자의 심성론心性論은 공자의 '인仁'사상의 체계적인 전개라고 할 수 있다. 맹자는 "자신의 마음을 극진히 하는 사람은 본성을 알 수 있으니, 자기의 본성을 알 수 있으면 천명을 알 수 있다."라고 하여 '인仁'의 실천을 통해서 '천도'를 인식한다는 것은 인간의 도덕생명을 통해서만이 체득 가능한 것이라고 하였다. 맹자는 그것은 인간의 언어를 통해서는 전달 될 수 없는 것이라고 보았다. 또한 그것의 체득 여부는 개인의 수양공부에 의해서 결정되는 것이라고 했다. 그러나 "진심, 지성, 지천"은 그것의 실천적인 측면에 있어서 선명하게 드러난다는 것 이외에 그것의 이론 체계에 있어서도 분명하게 인식할 수 있다는 것이다. 그러므로 바로 이러한 점에서 맹자의 창의성을 찾아볼 수도 있지만 그렇다고 이것이 공자의 '인도仁道'사상의 맥락에서 완전히 벗어났다는 것을 의미하는 것은 아니다. 한편으로는 바로 이러한 점 때문에 맹자의 사상

15 牟宗三, 『圓善論』, 臺北, 學生書局, 1985년, 256쪽 참조.

이 공자의 사상 보다 한 걸음 더 진보한 것이라고 볼 수 있는 것이다.

'인仁'의 실천을 통해서 '천도'를 인식한다고 할 때의 '인식'은 체험적인 직관으로서 초월해 있으면서 내재되어 있는 것이다. 그러므로 맹자의 "진심, 지성, 지천"의 '지知' 역시 체험적인 직관이며 초월해있으면서 내재되어 있는 것이다. 공자는 초월자로서의 '천'에 대하여 일종의 경외와 염원을 가지고 있었는데, 맹자 역시 그러했다. 이러한 사실에 관하여는 "하늘의 이치를 따르는 자는 생존하고, 하늘의 이치를 거스르는 자는 멸망한다."[16]와 "그렇다면 순임금이 소유한 천하는 누가 준 것입니까? 하늘이 준 것이다."[17]라는 맹자의 언급 속에서 잘 나타나 있다. 또한 공자는 '천'에 대해 경외와 염원 외에 절규와 교감의 심정을 드러냈는데, 맹자 역시 '천'에 대하여 호소와 교감의 심정을 "내가 노나라 제후를 만나지 못하는 것은 하늘의 뜻이지, 장씨 집안의 자식이 어떻게 내가 그를 만나지 못하게 할 수 있겠는가?"[18]와 "군자는 하늘을 원망하지 아니하며, 사람을 허물하지 아니한다는 말씀을 들은 적이 있습니다. …… 하늘이 천하를 태평하게 다스리려고 하지 않는 것이지, 만일 천하를 태평하게 하고자 한다면 지금 이 세상에서 나 말고 그 누구이랴?"[19]에서와 같이 드러

16 『孟子』, 「離婁上」, "順天者存, 逆天者亡."

17 『孟子』, 「萬章上」, "然則舜有天下也, 孰與之? 日: 天與之."

18 『孟子』, 「梁惠王下」, "吾之不遇魯侯, 天也. 臧氏之子焉能使予不遇哉? "

19 『孟子』, 「公孫丑下」, "君子不怨天, 不尤人. …… 夫天, 未欲平治天下也.

내고 있다.

맹자 역시 '천명'이 내려와 인간의 '성'이 된다고 생각했다. 맹자는 『시경』의 "하늘이 여러 백성들을 낳으셨으니, 사물이 있으면 법칙이 있다. 백성들은 불변하는 마음을 가져, 이 아름다운 덕을 좋아한다."라고 하는 문장을 통해서 자신의 성선설을 논증하고 있는데, 이것은 맹자에 있어서의 '성'이라는 관념이 유구한 전통을 계승하여 형성된 것임을 의미한다고 할 수 있을 것이다. 그러므로 맹자가 언급한 '성' 역시 하늘에서 내려온 것, 인간에게 내재된 것이기 때문에 역시 초월해 있으면서 내재되어 있다는 것이다. 그렇다면 공자와 마찬가지로 이러한 '천명'으로서의 '성'은 그 내용에 있어서 실질적인 규정성을 부여할 수는 없지만, '인仁'과 그것의 실천을 통해서만 이러한 '성'에 실질적인 도덕성을 부여할 수 있는 것이다. 그렇기 때문에 '인仁'의 실천은 맹자에게 있어서는 '진심, 지성, 지천'이 되는 것이다. '성'은 '천'에서 온 것이기 때문에 '성'은 곧 '천도'·'천명' 자체가 되는 것이다. 그렇기 때문에 '인仁'의 실천을 통해서 '천도'를 인식할 수 있다는 것이다. 그러므로 '천도'는 내재되어 있으면서 초월해 있다는 것이다.

이와 같이 볼 때 맹자에 있어서의 '성'은 '천'에서 온 것이기 때문에 '진심盡心'의 과정을 통하여 인식할 수 있으며 발현시킬 수 있다는 것이다. 만일 '성'을 인식할 수 있게 된다면 '천명'·'천

如欲平治天下, 當今之世, 舍我其誰也?"

도'는 이러한 '진심', '지성'의 과정 속에서 인식되어지고 체득되는 것이다. 그러므로 맹자에서 '천도'를 인식한다는 것은 초월해 있으면서 내재되어 있는 것을 인식하는 것이라고 할 수 있는 것이다.

초월적인 측면에서 말하자면 '존심存心'의 과정을 통하여 '천도'·'천명'과 상호 소통을 할 수 있다는 것이다. 그래서 맹자는 "자신의 마음을 보존하여 본성을 키우는 것은 하늘을 섬기는 도리이다."라고 말한 것이다. 또한 내재적인 측면에서 말하자면 '진심'의 과정을 통하여 인간에게 내재되어 있는 본성의 발현을 통해 천지와 합일되는 경지에 도달할 수 있다는 것이다. 이와 같이 '천도'·'천명'의 실질적인 내함은 '성체'를 통해서 드러나게 되는 것이다. 그렇기 때문에 맹자는 "진심, 지성, 지천"이라고 말하고 있는 것이다.

이상과 같이 볼 때 '성'은 '천명'이라고 할 수 있으며, 또한 인간의 '본심本心'을 통하여 '본성本性'을 말할 수 있기 때문에 곧 '심선心善'이라고 하는 사실을 통해서 '성'이란 선한 것이라고 하는 주장을 할 수 있는 것이다. 이처럼 '성'에 도덕의 실질적인 의미가 부여될 때 즉 '천'에서 내려와 인간에게 내재하는 것이 된다. 아울러 바로 이때에 초월해 있는 '심心'과 '성性'과 '천天'은 서로 상통하여 하나가 되는 것이다.

3. 지천知天, 사천事天, 입명立命

맹자에 있어서 '성'은 '천명'이라고 할 수 있으며, 또한 인간의 '본심'을 통하여 '본성'을 말할 수 있기 때문에 곧 '심선心善'이라고 하는 사실을 통해서 '성'이란 '선'한 것이라고 할 수 있는 것이다. 다시 말하면 '심'은 '리理'가 되며, '성' 역시 '리'가 되기 때문에 '심'과 '성' 그리고 '리'는 하나인 것이다. 존재론적 측면에서 말하자면 '리'라는 것은 그 자체에 내재되어 있는 원리이며, 이러한 원리는 '심'에 내재되어 있으며, '성'에도 내재되어 있기 때문에 '심'과 '성'은 하나라고 하는 것이다. 또한 활동적 측면에서 말하자면 '심'은 자신에 대한 깨달음을 통하여 자기실현과 자기전개를 하는데, 이것은 곧 '리'의 자기실현과 자기전개인 것이다. 또한 여기에서 '성'은 잠재적인 존재이고 '심'은 활동적 존재이기 때문에 '심성心性'은 하나라고 하는 것이다.

이상과 같은 분석을 통하여 '성'을 인식하는 과정은 '진심盡心'을 인식하는 과정 속에 있다는 사실을 파악할 수 있었으며 또한 '심'은 '성'의 활동이며 자기전개와 드러남인 것을 알 수 있게 되었다. 그러므로 '진심'의 과정은 '심'의 전반적인 내용이 자기전개의 과정을 거쳐 자기실현으로 향해 가는 것이라고 할 수 있다. '심'은 곧 '성'이기 때문에 만일 '심'이 완전한 자기실현과 전개를 한다면 '성'의 전반적인 내용 역시 구체적으로 드러난다는 것이다. 그러므로 '진심'은 자연히 '진성盡性' '지성'한다는 것이다. 또한 이러한 '성'은 "하늘이 나에게 부여한 것"으로 이것은 다른 말로 '천명'이 내려와 인간에게 내재된 것이라고 할 수 있으며 곧 인간의 주체성이 되는 것이다. 그러므로 마음을 극진하게 할 수 있다면 결국은 '성'의 전반적인 내용을 인식할 수 있게 되는 것이며, 천명의 내함 역시 '진심'과 '지성'의 과정 중에 드러나게 되는 것이다. 결국 '진심'의 과정을 거치는 가운데 '지성'을 하게 되고 '지천'을 하게 되는 것이니 '심', '성', '천'은 서로 관통하여 하나가 되는 것이다.

맹자는 "성실은 하늘의 도요, 성실해지기를 생각하는 것은 사람의 도이다. 지성至誠으로 하면 감동하지 않을 사람이 없다. 성실하지 못하면서 남을 감동하게 한 사람이 없다."[20]라고 했는데, 이 가운데 '성誠'은 공자가 언급한 '인仁'인 것이며, '사思'는 자각과 반성을 의미한다. 그러므로 "성실해지기를 생각하는 것"은 '인'의 자각, '인'하게 됨, '인'의 실천과 같은 것이며, 또한 '진심'인 것이다. 그러므로 '하늘의 도'는 '성체誠體', '인체仁體' 자체가 되는 것이며, '사람의 도'는 '인'하게 됨, '인'의 실천, '진심'이 되는 것이다. 만일 마음을 극진하게 한다면 스스로를 드러내고 밝아지게 하고 움직이고 변화시킬 수 있어 결국은 천지만물과 일체가 되는 경지에 도달할 수 있다는 것이다. 그래서 맹자는 "만물의 이치가 다 나에게 갖추어져 있다. 나 자신을 반성해보고, 성실하다고 생각될 것 같으면 즐거움이 더할 나위 없다."[21]라고

20 『孟子』, 「離婁上」, "誠者, 天之道也. 思誠者, 人之道也. 至誠而不動者, 未之有也. 不誠, 未有能動者也."

21 『孟子』, 「盡心上」, "萬物皆備於我矣. 反身而誠, 樂莫大焉."

하는 한편 "군자가 지나가면 백성은 교화되고, 그가 머물러 있는 곳은 마음에 간직하는 바가 신묘하게 이루어져, 위와 아래가 천지와 움직임을 같이 한다."[22]라고 한 것이다.

모종삼牟宗三은 "진심과 지성은 비록 천명·천도의 전반적인 오묘함을 파악할 수는 없지만, 적어도 그것의 도덕적 함의를 증명함과 동시에 정착시킬 수 있었다. 이러한 증명과 정착은 그러한 도덕 창조의 진정한 계기가 되는 것이다. 또한 그것의 최저한도는 천도로 통하는 길을 획득할 수 있는 것으로, 이러한 길을 통해서 최소한 천도와 더불어 서로 소통함을 얻을 수 있는 것이다. …… '지천'의 '지'는 과학적인 지식이 아닌 '진심'으로써 근거를 삼은 일종의 서로간의 소통인 것이다. …… 서로 소통함이 의미하는 것은 생명 전반에 걸쳐 침투해 있는 천도이며, 이것은 곧 그 오묘함을 다하는 것이지만 측정할 수 있는 지식이 아닌 것이다. 천도는 단지 마음으로만 통할 수 있는 것이지 측정할 수 있는 것이 아니다."[23]라고 말했다. 그러므로 '진심'을 통하여 '성'의 내함이 모두 드러나는 것이며, 이러한 '성'은 '천'으로부터 비롯된 것이기 때문에 '천도'·'천명'을 인식할 수 있다는 것이다. 바로 이때 '천도'·'천명'의 실질적인 내용이 펼쳐지게 된다는 것이다. 그래서 맹자는 "자신의 마음을 극진히 하는 사람은 본성을 알 수 있으니, 자기의 본성을 알 수 있으면 천명을 알 수 있다."[24]

22 『孟子』, 「盡心上」, "夫君子所過者化, 所存者神, 上下與天地同流."

23 牟宗三, 『中國哲學的特質』, 臺北, 學生書局, 1986년, 73쪽 참조.

24 『孟子』, 「盡心上」, "盡其心者, 知其性也. 知其性, 則知天矣."

라고 말하는 것이다.

그렇다면 "존심, 양성, 사천"의 문제는 어떻게 보아야 할까? 맹자의 '천도관天道觀'에 있어서 "진심, 지성, 지천"은 적극적인 측면에서 '천'을 언급한 것이며, "존심, 양성, 사천"은 소극적인 측면에서 '천'을 언급한 것이라고 말할 수 있다. 이러한 소극적인 측면으로서의 "존심, 양성, 사천"은 본심을 잘 보존하여 그것을 잃지 않고 선한 본성을 키워 해치지 않는다는 것을 의미한다.[25]

"진심, 지성, 지천"을 통하여 인간이 비록 유한적인 존재이지만 도덕적 측면에서는 무한적인 존재임을 알 수 있었다. 인간은 '진심'의 과정을 통하여 이러한 유한성의 속박을 벗어나 끊임없이 생성하는 천도와 서로 합치될 수 있을 것이다. 그러나 인간은 유한한 존재이기 때문에 현실 생활 속에서 '본심'을 잃고 '본성'을 해치는 행위 즉 악행을 범하게 되는데, 이러한 행위가 심화될 경우 인간은 짐승만도 못한 지경에까지 추락하게 되는 것이다. 그러므로 인간은 항상 자신의 본심을 잘 보존하고 선한 본성을 키워야만 한다는 것이다.

인간이 덕을 실천하면 할수록 '도道'를 수양하는 것이 쉽지 않다는 것을 느낄 수 있기 때문에 천도에 대한 존중과 경외감은 갈수록 커지는 것이다. 본심을 보존하고 선한 본성을 키우고 경계하고 삼가 하여 마치 얇은 얼음을 밟는 것처럼 조심하고 힘써

25 牟宗三, 『圓善論』, 臺北, 學生書局, 1985년, 135쪽 참조.

수양하는 과정 가운데 '심'과 '성'의 밝음은 펼쳐질 수 있는 것이니, 이것이 바로 진정으로 하늘을 섬기는 도리事天의 道인 것이다.

일반적으로 말하는 '명命'에는 하늘의 명령이라는 의미의 '천명'과 본성의 명령이라고 하는 '성명性命'의 의미가 있다고 할 수 있는데, 이러한 측면에서 말하는 '명'은 명령의 의미를 가진다. 이러한 명령의 의미로서의 '명'은 『시경』의 "천명이 아아! 아름답고 그지없다!"와 『중용』의 "천명을 성이라고 한다." 등에서 찾아볼 수 있다. 또한 이러한 '명'에 대해서는 경외와 복종의 입장을 견지해야 하는데 그 이유는 이러한 명령들이 모두 도덕의 명령이기 때문이다.

다른 하나는 운명이라는 의미로서의 '명'인데, 이것은 객관적인 한계를 나타낸다. 이러한 '명'에 대해서는 인식과 수용의 입장을 견지해야 하는데 그 이유는 이러한 객관적인 한계를 인식할 때 인간은 비로소 그러한 사실을 편안하게 받아들일 수 있기 때문에 자신의 분수에 맞지 않는 생각을 하지 않을 것이며 또한 자신의 분수에 맞지 않는 욕심을 부리지 않게 되어 결국은 "하늘을 원망하지 않고, 다른 사람을 탓하지 않는다."는 것이다.[26]

그렇다면 이러한 두 가지 서로 다른 의미로서의 '명' 사이에는 과연 어떠한 관련성이 있을까? 모종삼 같은 경우 이들 둘 사이

26 蔡仁厚, 『孔孟荀哲學』, 臺北, 學生書局, 1990년, 123~124쪽 참조.

에는 상호관련성이 존재한다고 보았다. 즉 '리理'의 측면에서 말한다면 '천명'이 되는 것이고, '기氣'의 측면에서 말한다면 '기명氣命'이 되는 것이다. 또한 '신神'과 '리理'에 총괄되는 측면에서 본다면 천명이고, 구체화해서 '세勢'와 '우遇'의 측면에서 본다면 '기명'이 되는 것이다. 그러므로 이러한 것을 합하여 말하면 '신리神理'에 총괄되고 '기氣'에 치우치는 '명命'이라고 하는 것이다.[27]

맹자는 "사람 수명의 길고 짧은 것에 의문을 두지 않고, 다만 자신을 수양함으로써 목숨이 다하는 날을 흔들림 없이 기다리는 것은, 하늘이 자기에게 부여한 명天命을 온전히 하는 도리이다"[28]라고 말했는데, 여기에서의 '명'은 도대체 어떤 의미를 가진 '명'일까? 이러한 의문에 대하여 원보신袁保新의 경우 "인성론에 대한 분석에 있어서 '심'에 대한 논의만 하고 '명'에 대해서는 다루지 않는 것은 확실히 주도면밀치 못한 처사라고 볼 수 있다. '심'은 도덕실천의 주체가 되어 각 생명존재의 제한적인 수용을 통하여 하나하나의 진실한 도덕행위를 구체화한다. 또한 '심'은 인간존재의 필연적인 한계와 객관적으로 정해진 운명으로 하나하나 전화되어 도덕자아의 실현 속에서 자신의 역량을 완전하게 장악할 수 있게 되는 것이다. 만일 그렇지 않으면 '심'의 자주성은 드러나지 않게 됨과 동시에 '진심盡心'에 대해서

27 牟宗三, 『心體與性體』 第一冊, 臺北, 正中書局, 1991년, 522쪽 참조.
28 『孟子』, 「盡心上」, "殀壽不貳, 修身以俟之, 所以立命也."

도 언급할 수 없게 되는 것이다. 그러므로 맹자는 '진심'의 가르침을 말할 때 반드시 '입명立命'을 함께 언급하는 것이다. 또한 '입명'에 대하여 언급할 때 종지는 반드시 '진심'에 근본을 둔다. 이와 같이 맹자의 인성론은 '심'의 자유와 자주성을 진정으로 펼쳐 보이는 한편 인간의 정해진 운명이 수시로 변화하는 세상 속에서 암흑의 심연으로 떨어지는 것을 막아준다."[29]라고 말하고 있다.

또한 채인후蔡仁厚 같은 경우는 "명은 일종의 추상적인 개념이 아닌 인생의 진실한 체득과 증험이다. 또한 이것은 생명의 유한성을 점진적으로 돌파해나가는 과정 속에서 체득되고 증험 되는 것이다. 이러한 진실 된 체득과 증험이 있은 후에야 진정으로 객관적인 한계의 범위를 알 수 있게 된다. 그렇기 때문에 경계해야 할 것을 인식할 수가 있게 되어 그러한 것의 조정이 내 삶의 영역에 있게 되는 것이다."[30]라고 했다.

이와 같이 볼 때 '지천知天'에서 '사천事天'을 거쳐 '입명立命'에 이르는 과정은 일관된 맥락으로 이어져 내려오는 것이라고 할 수 있다. '지천'은 적극적인 측면을 말하는 것이고, '사천'은 소극적인 측면을 말하는 것이며, '입명'은 적극적인 것과 소극적인 것을 합친 것을 말하는 것이다.

삶과 죽음, 장수와 요절, 길함과 흉함, 부유함과 빈천함, 복과

29 袁保新, 『孟子三辨之學的歷史省察與現代詮釋』, 臺北, 文津出版社, 1992년, 90쪽 참조.

30 蔡仁厚, 『孔孟荀哲學』, 臺北, 學生書局, 1990년, 128쪽 참조.

재앙 등은 모두 객관적인 한계로 이러한 것에 대하여 맹자는 "구하는 데는 도가 있고, 얻는 것에는 명이 있다. 여기서 구하는 것은 얻는데 무익한 것이니, 그것은 나의 밖에 있는 것을 구하기 때문이다."[31]라고 하는 입장을 견지했으며, 공자 역시 "죽고 사는 것은 운명에 있고, 부유하게 되는 것과 귀하게 되는 것은 하늘에 있다."라는 입장을 견지했다. 이러한 객관적인 한계는 내 자신이 그것을 조정할 수 있는 것이 아니지만, 그러한 객관적인 한계인 운명에 직면했을 때 군자는 마땅히 그것을 인식하고 수용하고 편안하게 여긴다. 그래서 공자는 "군자가 경건하게 행동하여 실수가 없고, 남에게 공손하고 예를 지킨다."[32]라고 말한 것이다.

그러므로 "사람 수명의 길고 짧은 것에 의문을 두지 않음"이라는 말은 객관적인 한계로서의 명命을 의미하는 것이기 때문에 우리는 마땅히 이것에 대하여 의심의 태도를 견지해서는 안 된다. 또한 맹자 역시 "아비와 아들 사이의 사랑仁, 임금과 신하 사이의 의로움義, 주인과 손님 사이의 예의禮, 현자賢者의 지혜智, 천도天道를 따르는 성인聖人 이것들도 명命이기는 하나 거기에는 사람의 본성本性이 있다. 군자는 이를 (사람이 마음대로 충족할 수 없는) 천명天命이라고 하지 않는다."[33]라고 하였는데, 이는 곧

31 『孟子』, 「盡心上」, "求之有道, 得之有命, 是求無益於得也, 求在外者也."

32 『論語』, 「顔淵」, "君子敬而無失, 與人恭而有禮."

33 『孟子』, 「盡心下」, "仁之於父子也, 義之於君臣也, 禮之於賓主也, 智之於賢者也, 聖人之於天道也, 命也, 有性焉, 君子不謂命也."

아버지와 아들 사이는 '인仁'의 표현이고, 임금과 신하 사이는 '의義'의 표현이고, 주인과 손님 사이는 '예禮'의 표현이며, 현자들 사이에는 '지智'의 표현이며, 성인聖人들 사이는 '천도天道'의 표현이라는 것이다. 그렇지만 설사 이러한 인륜의 일상적인 체현 위에 인간의 뜻이 극진하지 않은 부분이 있고, 또 객관적인 운명의 한계가 있을 지라도 성인의 마음속의 흔들림 없는 선한 본성善性은 제지하지 못할 것이다.

공자는 "하늘을 원망하지도 않고, 사람들을 탓하지도 않는다. 낮은 것을 배워서 높은 것에까지 통달했으니, 나를 알아주는 이는 하늘일 것이다."[34]라고 했으며, "군자는 밥 먹는 동안이라도 인仁을 어기지 말아야 하며, 다급한 순간이라 할지라도 꼭 인을 지키고, 넘어지는 순간이라 할지라도 꼭 인을 지켜야 한다."[35]라고 하며, 또 "한 그릇의 밥을 먹고 한 쪽박 물을 마시며 누추한 거리에 산다면, 남들은 그 괴로움을 감당치 못할 터인데, 안회는 그의 즐거움이 변하지 않는다."[36]라고 하였는데, 이것은 맹자가 언급한 "거기에는 사람의 본성이 있다. 군자는 이를 천명天命이라고 하지 않는다."는 것과 상호 호응을 이루고 있다고 할 수 있겠다. 그러므로 군자는 이러한 운명의 한계를 초월한 후에 "다만 자신을 수양함으로써 목숨이 다하는 날을 흔들림 없이 기다림"의 태도를 견지해야만 하는 것이다. 여기에서 "자신을 수양

34 『論語』, 「憲問」, "不怨天, 不尤人. 下學而上達, 知我者其天乎!"

35 『論語』, 「里仁」, "君子無終食之間違仁, 造次必於是, 顚沛必於是."

36 『論語』, 「雍也」, "一簞食, 一瓢飮, 在陋巷, 人不堪其憂, 回也不改其樂."

함"은 자신을 돌이켜 반성하여 성실하게 되는 것을 의미하며, "목숨이 다하는 날을 흔들림 없이 기다림"은 소극적으로 죽음을 기다린다는 뜻이 아니고 당면한 현실 속에서 적극적으로 그것을 인식하고 수용하고 편안하게 여긴다는 의미이다. 그렇기 때문에 자신을 돌이켜 반성하면 지극히 성실해지고 지극한 성실함은 하늘의 도라고 하는 것이다. 이것은 또한 의로움을 극진하게 하는 것이다.

맹자는 "의義는 사람이 다니는 길이다."[37]라고 하고 또 "의는 사람의 바른 길이다."[38]라고 하였는데, 이것에 대해 채인후는 "모든 일의 마땅히 그러해야하는 도리이요, 모든 인간사의 마땅히 해야 할 바이다."[39]라고 하였다. 그러므로 '의義'를 극진하게 한다는 것은 "모든 만물은 제각기 그것의 이치를 얻어 제각기 그러한 것을 완성한다."는 말이라고 할 수 있는 것이다. 이것은 곧 '심'과 '성'을 극진하게 하는 것이 된다. 또한 '진심'은 곧 '지성, 지천'이 되는 것이다. 그러므로 '의'를 극진히 함으로써 '명'을 인식하여 최종적으로는 '의'와 '명'의 합일을 이룩할 수 있게 되는 것이다. 또한 여기에서의 '명'은 객관적인 한계로서의 운명의 아닌 '천명' 혹은 '성명性命'으로서의 '명'인 것이다. 이와 같이 '천도'와 '성명'이 바로 여기에서 소통되어 하나가 되는 것이 진정한 '입명立命'의 도리인 것이다.

37 『孟子』, 「告子上」, "義, 人路也."

38 『孟子』, 「離婁上」, "義, 人之正路也."

39 蔡仁厚, 『孔孟荀哲學』, 臺北, 學生書局, 1990년, 121쪽 참조.

이상과 같이 볼 때 '지천'에서 '사천'을 거쳐 '입명'에 이르는 과정은 상순관계를 유지하며 발전해나가는 것이다. 다시 말하면 "자신의 마음을 극진히 하는 사람은 본성을 알 수 있으니, 자기의 본성을 알 수 있으면 천명을 알 수 있다."는 말은 적극적이고 주동적으로 '천'이 '천도'가 되는 이유를 인식하고 그것을 증명하는 것이며, "자신의 마음을 보존하여 본성을 키우는 것은 하늘을 섬기는 도리이다."는 말은 소극적이고 피동적으로 '천'이 '천도'가 되는 이유를 앙모하고 그것을 숭상하는 것이다. 또한 "사람 수명의 길고 짧은 것에 의문을 두지 않고, 다만 자신을 수양함으로써 목숨이 다하는 날을 흔들림 없이 기다리는 것은, 하늘이 자기에게 부여한 명命을 온전히 하는 도리이다"는 말은 적극적인 것과 소극적인 것을 합친 총체로서 "사람 수명의 길고 짧은 것에 의문을 두지 않음"은 소극적인 것을 의미하고, "다만 자신을 수양함으로써 목숨이 다하는 날을 흔들림 없이 기다림"은 적극적인 것을 의미하며, 최종적으로는 '천도'와 '성명'이 서로 관통되는 경지에 이르는 것 이것이 바로 '입명'인 것이다. 또한 바로 여기에 맹자의 '천인합일天人合一' 사상의 정수가 담겨져 있는 것이다.

4. 맺는 말

맹자는 "자신의 마음을 극진히 하는 사람은 본성을 알 수 있으니, 자기의 본성을 알 수 있으면 천명을 알 수 있다."라고 하여

'인仁'의 실천을 통해서 '천도'를 인식한다는 것은 인간의 도덕생명을 통해서만이 체득 가능한 것이라고 하였다. 또한 맹자에 있어서의 '성'은 '천'에서 온 것이기 때문에 '진심'의 과정을 통하여 인식할 수 있으며 발현시킬 수 있는 것이다. 만일 '성'을 인식할 수 있게 된다면 '천명'·'천도'는 이러한 '진심', '지성'의 과정 속에서 인식되어지고 체득되는 것이다. 그러므로 맹자에서 '천도'를 인식한다는 것은 초월해 있으면서 내재되어 있는 것을 인식하는 것이라고 할 수 있는 것이다.

다시 말하면 '성'은 '천명'이라고 할 수 있으며, 또한 인간의 '본심'을 통하여 '본성'을 말할 수 있기 때문에 곧 '심선'이라고 하는 사실을 통해서 '성'이란 '선'한 것이라고 하는 주장을 할 수 있는 것이다. 이처럼 '성'에 도덕의 실질적인 의미가 부여될 때 즉 '천'에서 내려와 인간에게로 혹은 내재하면서 초월해 있는 '심'과 '성'과 '천'은 바로 이때 서로 상통하여 하나가 되는 것이다.

또한 맹자의 '천도관'에 있어서 "진심, 지성, 지천"은 적극적인 측면에서 '천'을 언급한 것이며, "존심, 양성, 사천"은 소극적인 측면에서 '천'을 언급한 것이라고 말할 수 있다. 이러한 '천'의 소극적인 측면으로서의 "존심, 양성, 사천"은 본심을 잘 보존하여 그것을 잃지 않고 선한 본성을 키워 해치지 않는다는 것을 의미한다. 그리고 '천'의 적극적인 측면으로서의 "진심, 지성, 지천"의 과정을 통하여 인간이 비록 유한적인 존재이기는 하지만, 도덕적으로는 무한적인 존재임을 자각하는 여정 속에서 인간이

유한성의 속박을 벗어나 끊임없이 생성하는 '천도'와 서로 합치될 수 있다는 것이다.

다시 말하면 "진심, 지성, 지천"이라는 말은 적극적이고 주동적으로 '천'이 '천도'가 되는 이유를 인식하고 그것을 증명하는 것이며, "존심, 양성, 사천"이라는 말은 소극적이고 피동적으로 '천'이 '천도'가 되는 이유를 앙모하고 그것을 숭상하는 것이며, "요수, 수신, 입명"이라는 말은 적극적인 것과 소극적인 것을 합친 총체로서 최종적으로는 '천도'와 '성명'이 서로 관통되는 경지에 이르는 것 이것이 바로 '입명'인 것이다. 또한 바로 여기에 맹자의 천인관계론 즉 하늘과 인간은 합치될 수 있다고 하는 '천인합일론'의 대체가 담겨져 있는 것이라고 할 수 있다.

| 참고문헌 |

朱公遷, 『詩經義疏』, 『四庫全書』 本.

孫星衍, 『尙書今古文注疏』, 『平津館叢書』 本.

劉寶楠, 『論語正義』, 『續皇淸經解』 本.

朱熹, 『中庸章句集註』, 『海淵閣明刻』 本.

趙汸, 『春秋左氏傳補注』, 『通志堂經解』 本.

趙岐, 『孟子章句』, 『四部叢刊』 本.

朱熹, 『孟子章句集註』, 『海淵閣明刻』 本.

焦循, 『孟子正義』, 『焦氏遺書』 本.

牟宗三, 『圓善論』, 臺北, 學生書局, 1985년.

牟宗三, 『中國哲學的特質』, 臺北, 學生書局, 1986년.

何淑靜,『孟荀道德實踐理論之研究』, 臺北, 文津出版社, 1988년.

許宗興,『孟子的哲學』, 臺北, 臺灣商務印書館, 1989년.

蔡仁厚,『孔孟荀哲學』, 臺北, 學生書局, 1990년.

牟宗三,『心體與性體』 第一册, 臺北, 正中書局, 1991년.

袁保新,『孟子三辨之學的歷史省察與現代詮釋』, 臺北, 文津出版社, 1992년.

劉鄂培,『孟子大傳』, 北京, 清華大學出版社, 1998년.

제2절

인간에 대한 신뢰 성선설

1. 시작하는 말

중국의 전통 인성론人性論 사상을 대표할 수 있는 사상체계는 전국시기戰國時期에 출현한 맹자의 인성론이라고 할 수 있다. 중국의 전통 인성론 사상의 최고봉으로서의 맹자 인성론에 관해서는 고대로부터 현재에 이르기까지 수많은 학자들에 의해서 연구가 진행되어져 왔다. 본문에서는 이러한 맹자의 인성론에 대하여 도덕철학적 관점이라고 하는 새로운 방법론에 맞춰 중국의 전통 인성론 사상의 선구로서의 맹자의 인성론을 재조명 하였다.

맹자가 인성론에 대하여 성선설性善說의 입장을 수립한 것은 맹자 자신의 도덕실천의 열망을 담고 있는 것이라고 할 수 있다. 그렇기 때문에 맹자가 성선설을 주장한 것은 적극적으로는 "이미 그러한 사실을 설명하기 위함"[1]이며 즉 다시 말한다면 본성이 이미 드러난 바와 같이 선하다는 사실을 설명하기 위한 것이

1 周群振, 『儒學探源』, 臺北, 鵝湖出版社, 1986년, 154쪽 참조.

며, 소극적으로는 인성이 본래 선하다는 이론과 괴리된 모든 견해들에 대하여 설득력 있는 주장을 통하여 잘못된 이론들을 바로잡기 위해서라고 말할 수 있는 것이다.

맹자 성선설의 주요한 내용은 이러한 논쟁들을 통하여 시작되고 나타나는데, 그 가운데 특히 「고자告子」 편 속에서 맹자와 고자 사이의 논쟁 가운데 가장 극명하게 드러나 있다. 그러므로 본문에서는 인성론에 있어서의 양대 축으로 인식되어지고 있는 맹자와 고자의 인성론을 중심으로 중국 전통인성론 사상의 최고봉이라고 할 수 있는 맹자 성선설의 기본 형태를 재분석해 보았다.

2. 비유를 통해 본 인성론

> 고자가 인성은 버드나무와 같고 의는 나무로 만든 술잔과 같으니, 사람의 본성을 인의라고 하는 것은 버드나무로 술잔을 만드는 것과 같은 것이라고 말했다. 그러자 맹자가 자네는 버드나무의 성질에 따라서 나무 술잔을 만들 수 있는가? 장차 버드나무를 죽인 이후에야 술잔을 만들 것이니, 만일 버드나무를 죽여서 술잔을 만든다고 한다면 사람을 죽여서 인의를 만든다는 것인가? 온 세상 사람들이 이러한 것을 따라서 인의를 실천함에 해를 입히게 된다면, 그것은 반드시 그대의 말에서 비롯된 것일 것이다! 라고 말했다.[2]

2 『孟子』, 「告子上」, "告子曰: 性, 猶杞柳也; 義, 猶杯棬也. 以人性爲仁義, 猶以杞柳爲杯棬. 孟子曰: 子能順杞柳之性而以爲杯棬乎? 將戕賊杞柳而後

앞의 인용문에서 의미하는 맹자와 고자 사이에서 벌어진 논쟁의 초점은, 어떤 방식에 의해서 '인성人性'과 '인의仁義'가 연결되어 있는가?[3]라는 문제로 귀결될 수 있다. 즉 '인성'과 '인의'는 과연 선천적으로 내재적인 연관이 있는가? 아니면 후천적인 노력에 의해서 연결되는 것인가? 이러한 문제들에 대하여 고자는 바로 후자의 입장을 취하여 버드나무와 그것으로 만든 술잔의 비유를 들어서 자신의 논리를 펼치는 것이다. 그러나 맹자는 전자의 입장에서 고자가 설정한 비유들의 반박을 통하여 고자가 인식하고 있는 '인성'과 '인의'의 관계가 잘못되었다는 논리를 펼친다.

이러한 논쟁 가운데 고자는 먼저 비유방법을 통하여 직접적으로 자신의 '인성'에 대한 견해를 "인성이 인의가 되는 것은 버드나무로 술잔을 만드는 것과 같다."[4]와 같이 피력한다. "인성은

以爲杯棬也? 如將戕賊杞柳而以爲杯棬, 則亦將戕賊人以爲仁義與? 率天下之人而禍仁義者, 必子之言夫!"

3 혹자는 고자가 주장한 "인성은 선함도 없고 선하지 않음도 없다"것을 근거로 고자는 '인의'를 갖춘 사람이 존재하지 않는다고 단언하기도 하지만, 이러한 단언은 분명히 잘못된 것이다. 고자가 주장한 "인은 안에 있고 의는 밖에 있는 것이다"라는 언급에서 볼 수 있듯이 그는 이미 '인의'로 대표되는 도덕의 존재를 분명하게 표시했다. 그리고 고자의 인성론에 반대 입장을 표명하는 맹자 역시 이러한 논점을 근거로 고자의 '인의'가 인성에 외재한다고 하는 논리를 반박하는 것이다.

4 이러한 문제에 대하여 진대제陳大齊는 색다른 견해를 갖고 있는데, 그는 "'인성이 인의가 되는 것은 버드나무로 술잔을 만드는 것과 같다.'는 언급이 고자 본인의 주장을 대표한다고는 생각하지 않는다. 오히려 고자는 이러한 논거를 이용하여 맹자의 인성론을 비판한다."고 한다.

버드나무와 같고 의는 나무로 만든 술잔과 같다."와 같이 고자는 버드나무와 술잔 사이의 관계를 비유로 들어서 '인성'과 '인의' 사이의 관계를 설명하는데, 이것은 곧 버드나무와 술잔의 관련 방식으로 '인성'과 '인의'의 관계를 비교한 것으로, 즉 '인성'과 '인의'는 버드나무와 술잔의 관계와 같다는 것이다.

이상과 같이 볼 때 버드나무가 술잔에 대하여 전자는 후자의 재질이나 재료가 되고, 술잔이 버드나무에 대하여서는 술잔은 곧 버드나무를 재료로 하여 만들어진 완제품이 된다는 것을 알 수 있다. 그러나 재료는 재료이고 완제품은 완제품일 뿐으로, 재료가 되는 버드나무는 그 자체로서 완성된 형태의 술잔이 될 수 없으며 또한 그 자체능력에 의해 술잔이 될 수 없기 때문에 버드나무는 자연적으로 술잔이 될 수 없는 것이다. 이러한 재료로서의 버드나무가 완제품 형태의 술잔이 되기 위해서는 버드나무 자신의 능력으로는 절대로 불가능하며 반드시 외부적인 작용이 있어야만 가능한 것이다. 이것은 곧 버드나무 그 자체는 앞으로 어떤 형태의 그릇으로 만들어질 수 있는 결정을 내릴 수 없는,

---

진씨의 견해에 근해서 보면 버드나무는 재료이고 나무로 만든 술잔은 곧 재료를 이용하여 만든 완제품으로 이러한 "재료와 완제품은 동일한 사물로 볼 수 없는 서로 다른 두 개의 사물이다. 고자는 이러한 논리에 의해 버드나무와 술잔 사이의 관계를 설정을 하고, 그것으로써 인성과 인의 사이의 관계를 비유한 것이다. '인성이 인의가 되는 것은 버드나무로 술잔을 만드는 것과 같다.'는 말은 맹자가 이러한 고자의 논리를 무시하고 혼동에 빠졌기 때문에 주장한 것이다." 陳大齊, 『孟子的名理思想及其辯說實況』, 臺北, 臺灣商務印書館, 1983년, 138쪽 참조.

즉 스스로 자주적인 결정을 내릴 수 없는 존재임을 의미하는 것이며, 그것이 완성된 형태의 술잔이 되기 위해서는 반드시 후천적인 가공을 통해야만 가능하다는 것이다.

이렇게 본다면, 버드나무와 술잔 사이에는 어떠한 자연적인 생성관계도 존재하지 않음을 발견할 수 있으며, 또한 버드나무가 술잔이라는 완성품이 되기 위해서는 외부로부터 실질적인 인위작용이 더하여 질 때에만이 비로소 그것이 가능하다는 사실을 알 수 있는 것이다. 그런데 고자는 버드나무를 '인성'에 비유하고 술잔을 '인의'에 비유하는 것을 통하여 '인성'에 대한 '인의'의 관계를 버드나무에 대한 술잔의 관계로 비유하였다. 그래서 '인성' 가운데는 '인의'로 대표되는 선善의 요소가 없는 것으로 파악하여 '인성'이 '인의'의 덕을 펼치기 위해서는 '인성' 자체의 자연적인 능력으로는 불가능하고 반드시 후천적인 조치가 있어야만 가능하다고 하는 것이다. 이처럼 고자는 '인의'가 실재로는 '인성'의 외부에 존재하는 것으로 생각하여 '인성'과 '인의' 사이가 관련되는 것에 대해서는 반대하지는 않았지만, 선천적이며 내재적으로 연결된 것이라고는 생각하지는 않고 후천적인 노력을 통해서만 그것들을 연결할 수 있다고 하였다.

맹자는 고자의 이러한 견해에 반대를 한다. 즉 맹자는 '인성'과 '인의' 사이의 관계를 후천적이며 종합적인 관계로 보지를 않고 선천적이며 내재적으로 연결된 관계로 보았던 것이다. 이러한 관점에 대한 하숙정何淑靜의 견해는 눈여겨볼 만하다.

버드나무로 술잔을 만들기 위해서는 반드시 후천적인 인간에 의한 작업을 통하여야만 한다. 즉 버드나무와 술잔의 관계는 종합적인 것으로 이 둘의 관계는 후천적인 인위에 의해서 건립되는 것이다. 그러므로 버드나무와 술잔은 필연적인 연결 관계가 없는 것이기 때문에 이러한 것으로 인성과 인의를 비유하면 곧 이 둘의 관계는 종합적으로 되어 인성과 인의의 연결에는 필연성이 없게 되는 것이다. 이것은 곧 인성에는 필연적으로 인의가 될 만한 가능성이 없어 인의를 이루기 위해서는 후천적인 노력이 반드시 필요하다는 것을 의미하는 것이다. 인간이 버드나무처럼 재료가 되어 술잔과 같은 완성품을 만들 수 있다는 말은 역시 인간이 여타 다른 제품의 재료가 될 수 있다는 것을 의미하는 것이지 버드나무가 술잔을 만들 수 있는 것처럼 필연적인 것은 아니다. 즉 버드나무는 다만 인위적인 작업을 가해야할 재료에 불과하기 때문에 그 자체로는 자신이 장차 어떤 형태의 제품으로 변형될 것인지에 대해서는 어떠한 주체적인 작용을 할 수 없기 때문이다. 같은 맥락에서 보면 곧 버드나무로 인성을 비유하고 술잔으로 인의를 비유하게 되었을 때 인성과 인의의 관계는 이와 같이 된다는 것이다. 즉 인간의 인성을 재료로 삼아서 인의를 만들 수 있다는 것은 역시 인성으로 불인不仁하고 불의不義함의 재료를 삼을 수 있다는 말과 같게 되어 인성과 인의 사이에는 필연적인 연결 관계가 없게 되는 것이다. 다시 말하면 인성에는 필연적으로 인의를 이룰 수 있는 가능성이 없기 때문에 인의는 후천적인 인위의 결과물이라는 것이다.[5]

5 何淑靜, 『孟荀道德實踐理論之研究』, 臺北, 文津出版社, 1988년, 144쪽

하숙정이 지적한대로 고자는 인성을 본래 '인의仁義'로 대표되는 도덕성이 갖추어져 있지 않은 것으로, 즉 "인의는 후천적인 인위의 결과물"로 보았다. 그래서 고자는 '인의'가 '인성'에 대하여 단지 후천적으로 그 안에서 보좌하는 기능을 갖추었을 뿐이라고 생각했다. 이러한 점들을 기초로 유추해보면 "버드나무의 성질을 따라 나무 술잔을 만든다."라는 것은 불가능하게 되며 반드시 외부로부터의 인위적인 조작이 수반되어야만 비로소 술잔을 만들 수 있게 되는 것이다. 이러한 비유를 근거로 하여 '인성'과 '인의'의 관계를 보면 어떻게 "사람을 죽여서 인의를 만든다."는 것이 가능할 것이며, 인간이 '인의'로 대표되는 도덕행위를 실천하는 것을 버드나무를 반드시 도끼로 찍어 상하게 한 뒤에 술잔을 만드는 것에 비유할 수 있겠는가! 만일 이와 같다면 '인의'가 '인성'에 대하여서 반드시 '인성'이 '인성'으로 되는 '인성' 본래의 성분을 죽인다는 것이 된다. 바꿔 말한다면 고자에게 있어서의 '인의'는 '인성'을 파괴하고 만들이진 것이 된다. 그래서 맹자는 고자의 이와 같은 '인성'과 '인의'의 관계에 대한 견해를 준엄하게 비판하는 것이다.

위에서 언급한 내용들 가운데 비록 맹자의 인성론에 대한 구체적인 설명은 찾아보기 어렵지만, 그의 기본 입장은 이미 매우 분명하게 드러난다. 즉 맹자는 '인의'가 '인성'에 대하여 선천적이고 내재적으로 구비되어 있기 때문에 '인성'의 본래 모습은 선

참조.

하다는 것이다. 이러한 견해는 고자와 비교했을 때 상당한 차별성을 갖는다. 즉 고자는 '인성'과 '인의'의 관계를 후천적이며 종합적인 관계로 파악하여 그것들의 연결은 필연성이 없고, 또한 그것들 사이의 관련은 후천적인 노력에 의해 결정된다고 보았다. 고자의 이러한 견해에는 이미 "인성에는 선함도 없고 선하지 않음도 없다"는 의미가 내포되어 있다고 볼 수 있다.[6]

> 고자가 인성은 고여서 맴돌고 있는 물과 같아서 동쪽으로 터놓으면 동쪽으로 흐르고, 서쪽으로 터놓으면 서쪽으로 흐르는 것과 같은 것이기 때문에, 인성의 선과 선하지 않음의 구분이 없는 것 역시 물이 동서의 구분이 없는 것과 같다고 말했다. 그러자 맹자가 물은 과연 동서의 구분이 없지만 위아래의 구분이 없는 것인가? 인성이 선하다는 것은 물이 아래로 흐르는 것과 같으니, 사람들에게 선하지 않음이 없는 것이며 물은 아래로 흘러가지 않음이 없는 것이다. 지금 물을 손으로 쳐서 튀게 하면 이마보다 높이 올라가게 할 수 있으며, 막아서 역류하게 하면 산에 있게 할 수 있지만, 이것이 어떻게 물의 본성이겠는가? 그 외부의 힘이 그렇게 한 것이다. 사람이 선하지 않은 일을 할 수 있게 되는 것은 그 본성이 변해서 그렇게 한 것이라고 말했다.[7]

---

6 고자는 "버드나무의 비유"에서 "인성에는 선함도 없고 선하지 않음도 없다"라는 주장을 분명하게 하지는 않지만, 고자가 인성을 버드나무와 같은 것으로 비유한 점을 유추해 볼 때 인성을 중립적인 재료의 의미로 파악했음을 알 수 있다. 이러한 고자의 견해는 가치중립적인 인성론 관점을 내포하고 있는 것이라고 할 수 있는 것이다.

7 『孟子』, 「告子上」, "告子日: 性猶湍水也, 決諸東方則東流, 決諸西方則西

위의 인용문 역시 비유의 방식으로 논쟁을 진행한 것으로, 먼저 고자는 자신의 '인성'에 대한 견해를 "인성은 고여서 맴돌고 있는 물과 같다"라는 비유를 드는데, 그 의미는 "인성은 버드나무와 같다"는 비유가 함축하고 있는 의미와 같다. 즉 앞에서 언급한 바와 같이 고자가 '인성'이 도덕적 측면에 있어서 선하지도 않고 선하지 않음도 없다는 가치중립적인 입장을 견지한 경우와 일치 한다는 것이다. 그래서 고자는 물이 흐르는 성질에 있어서 동쪽과 서쪽의 구분이 없다는 비유를 들어 '인성' 가운데 선함과 선하지 않음의 구분이 없다는 것을 주장한다.

고자는 '인성'과 물의 본성을 같은 것으로 보아서 물의 본성 자체에는 일정한 흐름의 방향이 없다고 생각하는 한편 흐르는 물 자체에도 주체적으로 흐름의 방향을 결정할 능력이 없는 것이라고 주장했다. 구체적으로 말하자면, 물이 동쪽 방향으로 흘러가거나 혹은 서쪽 방향으로 흘러가거나 모두 물꼬를 트는 방향을 결정짓는 외재적인 조건 위에서만이 가능하다는 것이다. 즉 만일 하천에서 동쪽 방향으로 물꼬를 트면 물은 동쪽으로 흘러가고, 만일 서쪽 방향으로 물꼬를 튼다면 그것은 서쪽으로 흘러가게 되는 것처럼, 물 자체에는 동쪽으로 흐르는 성질이나 서쪽으로 흐르는 성질이 없다는 것이다. 그러므로 물이 동쪽으로

流. 人性之無分於善不善也, 猶水之無分於東西也. 孟子曰: 水信無分於東西; 無分於上下乎? 人性之善也, 猶水之就下也! 人無有不善, 水無有不下. 今夫水, 搏而躍之, 可使過顙; 激而行之, 可使在山, 是豈水之性哉? 其勢則然也. 人之可使爲不善, 其性亦猶是也."

흐르거나 서쪽으로 흐르는 것은 하천의 물꼬를 트는 실제적인 방향에 의해서, 즉 외재적인 요인(인위적 작용, 지형)에 따라서 결정되는 것이지 흐르는 물 자체의 주체적인 결정에 의해서 결정되는 것이 아니라는 것이다.

'인성'의 문제에 관하여 고자는 '인성' 가운데 선함과 선하지 않은 것에 대하여 '인성' 자체에는 절대적인 자주성이나 자결능력이 없기 때문에, 인간이 선한 행위를 하거나 그렇지 못한 행위를 하는 것은 모두 외재적인 요인이나 후천적인 요인에 의해서 결정된다고 생각했다. 이는 곧 인간은 후천적인 교육을 통해서 올바른 가치 판단을 내릴 때에만 비로소 도덕적으로 선하게 될 수 있으며 그렇지 않으면 도덕적으로 선하지 못하게 된다는 것이다. 즉 고자의 견해에 의하면 '인성'이 선하게 되는 것과 선하지 않게 되는 것은 '인성'의 본래 모습에 기초하지 않고 외재적인 요인과 후천적인 요인에 의해서 결정된다는 것이다.

맹자는 고자의 이러한 견해에 대하여 반대 입장을 취한다. 그러나 고자가 언급한 흐르는 물 자체는 그것이 앞으로 동쪽으로 흘러갈지 혹은 서쪽으로 흘러갈지를 결정할 수 없다고 하는 것은 명백한 객관적인 사실이다. 그래서 맹자는 이러한 부분에 대하여 인정할 수밖에 없어서 "물은 과연 동서의 구분이 없다"[8]라고 했으나, 고자의 주장처럼 평면적인 관념에 의해서는 물의 본성에 대하여 보편적이고 타당하게 관찰을 한다는 것은 불가능하

8 『孟子』, 「告子上」, "水信無分於東西."

다고 생각했다. 즉 맹자는 물이 동쪽으로 흐르거나 서쪽으로 흐른다고 하는 이유만으로는 물 본성의 본래 모습을 나타내기에는 부족하다고 생각했다. 그래서 맹자는 다른 측면에서 물의 본성을 관찰하는데, 그것은 바로 물이 높은 곳에서 낮은 곳으로 흐르는 성질을 착안한 방법으로 그는 고자의 주장에 대하여 "위아래의 구분이 없는가?"[9]라고 반박한다.

즉 맹자는 물이 아래로 흘러가는 것이 물 본성의 본래 모습이라고 생각하여 '인성'이 '인의'를 실천하는 것은 물이 낮은 곳으로 흘러가는 성질과 같은 것으로, 이것이 곧 '인성'의 본래 모습이라고 말한다. 또한 인간이 선하지 않은 행위를 하게 되는 것에 대해서 맹자는 이러한 행위들의 요인이 인성자체에 있는 것이 아니라 외재적인 방해요인에 의해서 본래 선한 본성이 왜곡된 결과에 의해서 그렇게 된다고 주장한다. 즉 흐르는 물이 비록 낮은 곳으로 흘러가는 본성을 가지고는 있지만, 그것이 만일 외부의 강력한 제지를 받는다면 높은 곳으로 역류할 수도 있다는 것이다. 그러나 이것은 이미 물 본성의 본래적인 모습을 상실한 것이라고 할 수 있는 것이다.

맹자와 고자는 동일하게 흐르는 물을 비유로 들지만, 이 두 사람은 서로 다른 측면에서 관찰을 진행한 것을 토대로 하여 제각기 다른 주장을 한다. 즉 고자는 "물은 동쪽과 서쪽의 구분이 없다."[10]고 하는 것이 물의 본성이라고 주장하고, 맹자는 "물은

9 『孟子』, 「告子上」, "無分於上下?"

낮은 곳으로 흐른다."고 하는 것이 물의 본성이라고 주장하여 이러한 것들을 '인성'에 비유한다. 즉 고자는 "인성에는 선함도 없고 선하지 않음도 없다."라는 주장을 전개하고, 맹자는 "사람에게는 선하지 않음이 없다"[11]라는 주장을 전개해 나간다.

맹자와 고자가 이렇게 서로 다른 견해를 가지게 된 이유는 사물을 근본적으로 다른 각도에서 관찰했기 때문이다. 즉 물의 본성과 '인성'에 대하여, 고자는 평면적인 관찰과 이해를 바탕으로 했기 때문에 흐르는 물 자체는 스스로 흐름의 방향을 결정할 수 있는 능력이 없는 것만을 파악하여 '인성'에 대하여서도 도덕적인 가치판단을 하지 않는 가치중립적인 입장을 견지하나, 맹자는 평면적인 각도에서만이 아닌 상하의 수직적인 각도로 관찰하여 흐르는 물이 실제로 낮은 곳으로 흐르는 성질을 파악하여 '인성'에 대해서도 물이 낮은 곳으로 흘러가는 것처럼 '인성'이 선한 방향으로 나가는 것이 본래의 모습이라고 하는 입장을 견지한다.

이상과 같이 볼 때 동일한 대상에 대해서도 사물을 보는 관점에 따라 상이한 관찰과 이해가 수반됨을 알 수 있다. 다시 말하면 관찰할 때 견지하는 관점과 각도가 다르면 어떤 의미에서는 맹자와 고자 두 사람의 '인성'에 대한 주장이 이미 서로 차이점을 내포하고 있다는 것을 알 수가 있다는 것이다.

10 『孟子』, 「告子上」, "水之無分於東西."

11 『孟子』, 「告子上」, "人無有不善."

그렇다면 맹자는 도대체 어떠한 각도에서 '인성'을 보았을까? 위에서 이미 언급한 두 개의 비유형식을 통하여 진행된 논쟁 속에서 우리는 맹자가 직접적으로 '인성'에 대해 어떤 형식으로든 분명한 규정을 언급하지 않은 사실을 발견할 수 있다. 그러나 좀 더 세밀하게 분석해 본다면, 맹자는 논쟁이 진행되는 가운데 주로 상대방의 논리를 깨트리는 소극적 입장에서부터 시작하여 상대방의 논리에 대한 반박의 과정 속에서 자신의 '인성'에 대한 논리를 적극적으로 전개하는 한편 '인성'에 대한 개념을 분명히 밝혀나간다.

맹자의 '인성'에 대한 기본적인 입장은 이미 두 차례의 논쟁을 통하여 분명하게 드러나 있다. 즉 맹자의 입장에서 본다면 '인성' 자체는 도덕가치를 가지고 있는 것이며, 가치중립적인 의미의 자연적인 재료 혹은 재질과는 다른 것이기 때문에 '인성'을 자연적인 재질이나 재료로 비유해서는 안 된다고 맹자는 주장하는 것이다. 만일 그렇지 않으면 '인성'의 본래 모습 즉 성선性善은 반드시 왜곡되어 선천적이고 내재적으로 연결되어 있는 '인의'와 '인성'이 후천적이고 종합적인 관계로 돌변하게 된다는 것이다.

사실 '인성'에 선한 성질이 본래 갖추어져 있다는 것은 객관적인 사실이라고 말할 수도 있다. 즉 인간이 '인성'의 본래 모습을 지속적으로 발전시켜 나간다면 인간의 행위 속에서 악한 행위는 찾아볼 수 없을 것이며, 다만 선한 행위만을 찾아볼 수 있을 것이다. 이러한 점이 바로 맹자의 '인성'에 대한 기본입장이라고 말할 수 있으며, 이러한 점을 통해서 고자가 말한 '인성'의 개념과 확연히 다른 맹자의 '인성' 개념을 발견할 수 있는 것이다.

3. 인성론 관점의 갈림길

고자의 "생리적 본능을 인성이라고 한다."[12]는 관념은 중국의 인성론 전통 속에서 가장 오래되었을 뿐만 아니라 지속적으로 이어져 내려온 견해라고 할 수 있다. 문자 자체의 본래 의미를 분석해보면, 본래 '성性'자는 '생生'자에서 음을 따온 것이며 또한 '생'자에서 파생되어 나온 것임을 알 수 있다. 고대의 문헌 속에서는 이 두 글자가 자주 통용되어 쓰였는데 고자가 이러한 관점으로 "생리적 본능을 인성이라고 한다."를 이해한 점은 과거의 의미에 들어맞는다고 할 수 있다.[13]

선진시대先秦時代 이래로 "생리적 본능을 인성이라고 한다."는 관점으로 '인성'을 파악한 사상가는 고자 이외에도 많이 보이는데 순자荀子의 경우 "생리적인 본능이 그렇게 된 까닭을 인성이라 한다."[14]라고 하고, 장자莊子의 경우 "인성이란 것은 생리적인 본능의 본질이다."[15]라고 하고, 동중서董仲舒의 경우 "인성이 생리적인 본능이 아니라고 말할 수 있는 것인가? 만약 생리적인

12 『孟子』, 「告子上」, "生之謂性."

13 唐君毅, 『中國哲學原論』, 原性篇, 臺北, 學生書局, 1984년, 9쪽 참조.

14 『荀子』, 「正名」, "生之所以然者謂性."

15 『莊子』, 「庚桑楚」, "性者, 生之質也."

본능의 자연적인 자질을 인성이라고 한다면 인성이란 것은 본질이다."[16]라고 주장 하는 것 등이 있으며, 그 외의 견해들은 생략하기로 하겠다. 맹자는 고자의 "생리적인 본능을 인성이라고 한다."는 관점에 반대하는데, 그 이유는 고자의 관점으로는 사람이 사람 되는 까닭을 근본적으로 나타낼 수 없다고 생각했기 때문이다.

고자가 언급한 "생리적 본능을 인성이라고 한다."라는 말속에는 고자 자신의 '인성'에 대한 원칙이 분명하게 표시되어 있으나, 고자의 "생리적 본능을 인성이라고 한다."는 말 가운데 "~을 ~라고 한다."라는 의미는 "같다" 혹은 "바로~이다"로 해석할 수는 없다. 그렇지 않으면 "생리적 본능을 인성이라고 한다."라는 고자의 말이 "인성은 생리적 본능이다." 혹은 "인성은 생리적 본능과 같다."로 이해될 수 있기 때문이다.

만일 이와 같이 되면 주어 술어 식의 분석판단이 된다. 즉 '인성'이라고 하는 주어의 개념이 "생리적 본능"이라고 하는 술어의 개념으로 상징되기 때문에, 술어가 상징하는 것은 이미 주어의 속에 포함되어 버리게 되는 것이다. 그러므로 '생리적 본능'이라는 개념이 의미하는 것은 이미 '인성'이라고 하는 주어의 개념 속에 포함되게 된다. 그래서 '인성' 원칙의 진위眞僞판단에 있어서 이 두 개념에 대하여 외적인 경험적 증명이나 관찰에 의지할 필요가 없이 다만 '생리적 본능'과 '인성'이라는 두 개념 사이

16 『春秋繁露』, 「深察名號」, "性之名非生與? 如其生之自然之資謂之性. 性者, 質也."

에 논리적인 모순만 나타나지 않으면 “생리적 본능을 인성이라고 한다.”는 개념의 진위판단이 성립된다는 것이다.[17]

그러나 고자의 견해를 잘 살펴보면, 그는 “생리적 본능을 인성이라 한다.”는 개념을 분석판단으로 보지 않았다는 점을 발견할 수 있을 것이다. 만일 그렇지 않았다면, 맹자의 “그렇다면 개의 본성은 소의 본성과 같고 소의 본성은 사람의 본성 같은 것인가?”[18]와 같은 논박에 대해서 고자는 “그렇다, 본성은 생리적인 본능과 같은 것이어서, 개의 본성은 개의 생리적 본능과 같고, 소의 본성은 소의 생리적 본능과 같은 것이며, 인간의 본성은 인간의 생리적 본능과 같은 것이다. 그것들이 개나 소나 사람에 관계없이 생리적인 본능을 갖고 있으면 역시 본성을 갖고 있는 것으로 그것들 사이에 즉 개나 소나 인간이라고 하는 개체들의 본성적인 측면에 관련해서는 어떠한 차별도 없는 것이다.”라고 대답했을 것이다. 그러나 아쉽게도 고자는 이러한 답변을 내놓지 않았다. 이러한 사실은 곧 고자가 “생리적 본능을 인성이라고 한다.”는 개념을 분석판단으로 보지 않고, 다만 맹자의 논박에 대하여 일시적으로 말이 막혔기 때문이며 또한 고자 역시 모종의 의미에서 인간의 본성과 소의 본성이 다르다는 것을 자각했음을 표시한다고 할 수 있는 것이다.

---

17 분석판단에 대한 설명은 칸트의 『순수이성비판』, 「분석판단과 종합판단 사이의 구별」에 잘 나타나 있다. 칸트 著, 藍公武 譯, 『純粹理性批判』, 北京, 商務印書館, 1997년, 35~38쪽 참조.

18 『孟子』, 「告子上」, “然則犬之性, 猶牛之性, 牛之性, 猶人之性與?”

이와 같은 "생리적 본능을 인성이라고 한다."는 개념이 분석판단이 아니라면, 그것은 결국 종합판단이 되는 것이라고 할 수 있다. 즉 '인성' 개념은 '생리적 본능' 개념과는 다른 것으로 이러한 두 개념이 가지고 있는 함의 역시 다를 수밖에 없는 것이다. 이러한 점에 대하여 중국 고대의 문헌자료를 근거해서 본다면, 본래는 '생生'이라는 글자 밖에 없었으나 그 이후에 '성性'자가 '생'자에서 파생되어 나온다. '생'자에서 파생되어 나온 '성'자는 '생'자와는 다른 새로운 의미를 내포하고 있기 때문에 '생'자와 '성'자는 같은 의미가 아니라는 것이다.

> 대체적으로 '생'자가 먼저 만들어졌고 뒤에 점진적으로 '성'자가 만들어졌다. 성의 관념을 말하면 처음에는 생의 관념이 포함된 성의 관념이 언급되었다. 즉 실제로 그러한 의미의 성이란 것은 생의 관념이 포함된 의미의 성을 말하는 것이다. 생의 관념이 포함된 의미의 성은 생이라고 할 수 없는 것이다. 상고 시대의 사람들이 사용한 문자는 그 수가 많지 않았기 때문에 글자 간에 통용이 이루어졌다. 그러나 글자 간에 서로 통용이 되었지만 글자가 지닌 관념은 글자 이전에 이미 존재했으므로 의미는 사실상 구별이 있는 것이다. 그러므로 생이라는 글자와 성이라는 글자는 각기 다른 의미를 가지고 있는 것이다.[19]

위의 인용문에서 언급된 것을 바탕으로 해서 볼 때 고자가 말

19 牟宗三, 『心體與性體』 第一册, 臺北, 正中書局, 1989년, 207쪽 참조.

하는 '인성'은 바로 "생리적인 본능을 인성이라고 한다."라는 말로 요약될 수 있는데, 이것은 곧 한 개체의 존재와 그것이 가지고 있는 여러 가지 특성에 대한 언급을 의미하는 것이다. 즉 존재와 특성은 서로 별개의 것이지만 이 둘 사이에는 어떠한 분리도 없으며 서로 혼합되어 있는 것이다. 이와 같이 "생리적 본능을 인성이라고 한다."는 명제 속에서 '인성'의 원칙은 하나의 개체가 존재할 때 본래 가지고 있는 여러 가지의 특성들을 '인성'이라고 한다는 말로 이해될 수 있을 것이다.[20]

다시 말하면, 어떠한 사물이라도 그것이 개체로 존재할 때에 있어서 처음부터 '성性'이라고 말할 수 있으면 곧 그것을 사물의 개체 존재에 있는 '성'이라고 하는 것이다. 그러나 이러한 것은 형식적인 측면에서 언급 되어진 것으로 고자가 말한 '성'의 원칙을 조명할 수는 있겠지만 아무래도 두루 뭉실한 측면이 없지 않다고 할 수 있다. 이러한 "생리적 본능을 인성이라고 한다."는 원칙 속에는 다음과 같은 두 종류의 이론 유형이 담겨져 있다.

> '생지위성生之謂性'속에 담겨져 있는 두 종류의 이론 유형을 말하면, 하나는 우주본체론의 직관을 따라서 이루어진 유형의 '생지위성'이고, 다른 하나는 경험론적 혹은 자연주의적으로 묘사된 유형의 '생지위성'이다.……'생지위성'의 생이나 존재는 하나의 개체로 될 수 있으며 그 것이 근거한 이론 유형과 다른 의미에 의하여 다른 의미가 수반되는 것이다. 우주본체론적 직관을 따라서 이루

20 牟宗三, 『圓善論』, 臺北, 學生書局, 1985년, 5쪽 참조.

어진 유형에 근거해서 말하면, '성'자가 의미하는 '개체존재'는 우주론적으로 말한 존재이며 그것이 의미하는 것은 '한 개체의 구성'으로 우주론적으로 말한 '구성'인 것이다. 경험론적으로 묘사된 유형에 근거해서 말하면, '생'자가 의미하는 '개체존재'는 현상학적으로 말한 존재이며 그것이 의미하는 것은 '하나의 개체 구성'으로 현상학적으로 말한 '구성' 혹은 논리적으로 말한 '구성'인 것으로, 그 우주본체론의 근원을 묻지 않은 것이다.[21]

위의 인용문 가운데 "그 우주본체론의 근원을 묻지 않은 것이다"라는 말은, 개체존재가 개체존재로 되는 '존재의 원리' 혹은 '실현의 원리'에 대하여 추궁하지 않고, 개체가 존재를 취득한 후에 그것이 드러내는 자연적인 모습으로써 그것의 여러 가지 특성을 말한다는 것이다. 이것이 바로 경험론적으로 묘사된 유형 속에서 말하는 '생지위성生之謂性'의 이해 방식이다.

그렇다면 고자는 과연 어떠한 이론유형으로서 '생지위성'을 근거로 하는 '성'개념에 응용을 시킨 것일까? 앞서 분석한 바와 같이 고자는 '인성'을 '버드나무'와 '고여서 맴돌고 있는 물'과 같은 것으로 보았는데, 이것은 고자가 그것들을 자연존재의 현상학적 혹은 논리적인 '구성'이 지니고 있는 여러 종류의 실제로 그러한 성질로 여기고, '인성'에 대하여서는 직접적으로 한 개체의 자연생명 혹은 자연존재가 드러내는 여러 종류의 실제로 그러한 상징으로 여겨서, 그것들 가운데 생명체 존재의 가장 잘

21 牟宗三,『心體與性體』第二册, 臺北, 正中書局, 1989년, 148쪽 참조.

드러나는 자연적 상징을 의미하는 것이다. 이러한 것은 곧 식욕과 성욕으로 대표되는 생리적 본능을 의미하는 것이다. 그렇기 때문에 고자는 분명히 "식욕과 성욕은 본성이다"[22]라고 주장한 것이다. 즉 고자는 생명체의 자연적 본능을 성이라고 생각하여 '생지위성'이라고 하는 경험론적으로 혹은 자연주의적으로 묘사된 유형 가운데서 '인성'을 말하는 것이다.

생명체가 존재할 때 드러나는 여러 종류의 자연적 상징은 현상학적으로 '성'이라고 하는데, 이것 역시 일종의 '성'에 대하여 언급한 원칙이라 할 수 있으며 또한 객관적으로 실제의 내용을 갖고 있다고 할 수 있다. 즉 어떠한 사물이 있으면 그 사물에는 특성이나 특질이 있기 때문에 우리는 인간의 자연생명을 부인할 수 없는 것이다. 이것은 자연생명에서 나타나게 되는 여러 종류의 자연적 표상들(생리기관의 자연적인 반응이나 생리적 욕구와 같은 자연적인 욕구 및 생물체의 자연적인 본능 등의 여러 현상)에 대하여서 실제로 관찰이나 연구의 진행을 통하여 그것의 원인이 되는 '형상의 원리'를 밝혀내지 않을 이유가 없기 때문이다.[23]

이러한 점 역시 객관적인 이론이라고 말할 수 있는데, 그것은 곧 개체 존재의 가치로부터 그것이 자연생명의 특징을 나타낼 수 있기 때문에 그렇다. 그러나 맹자가 말한 '성'은 이러한 원칙을 근거로 해서 언급한 '성'이 아닌 다른 원칙을 근거로 하여 언

22 『孟子』, 「告子上」, "食色, 性也."

23 '형상의 원리'에 대한 상세한 설명은, 牟宗三, 『心體與性體』 第一冊, 臺北, 正中書局, 1989년, 87~100쪽 참조.

급한 '성'이다.

고자의 "생리적인 본능을 인성이라고 한다."는 명제는 개체존재의 자연생명에서 파생되 나온 여러 종류의 상징들을 현상학적으로 '성'이라 하는데, 이것 역시 일종의 '성'에 대하여 언급한 원칙이라고 할 수 있는 것이다. 또한 인간이 인간으로 될 수 있는 원인에 대한 해석의 하나로서의 '형상의 원리'에 대해서도 그러한 이론의 존재론적 지위를 인정해야지 무조건적으로 배척을 해서는 안 되는 것이다. 그렇지 않으면 우리들은 인간의 자연생명 위에서 언급해야만 하는 '형상의 원리'에 대한 가능성에 대해서도 배척을 해야만 하기 때문인 것이다.

일체의 사물 모두는 그 '형상의 원리'를 찾을 수 있는데, 다시 말하면 "사물이 있으면 곧 사물의 본질이 있다"[24]는 것으로 이러한 본질은 곧 그것이 '형상의 원리'가 되는 것이다. 만일 이러한 본질 혹은 '형상의 원리'가 없다면, 사물 역시 존재할 수 없기 때문에 사물에 대하여 어떠한 개념도 형성시킬 수가 없게 된다는 것이다. 그러므로 고자의 '생지위성'의 개념은 성립될 수 있는 것이며, 맹자도 역시 고자의 이러한 개념의 존재를 부정할 수는 없다는 것이다.

그렇지만 맹자는 고자의 이러한 '인성'의 원칙에 분명히 반대의 입장을 표방하면서 '생지위성'의 원칙과는 다른 '인성' 본래의 모습에 관한 새로운 원칙을 내놓는다. 즉 맹자는 다음과 같이

24 牟宗三, 『王陽明致良知教』, 臺北, 中央文物供應社, 1980년, 1쪽 참조.

말했다.

> 입이 좋은 맛에 대하여 좋아하는 것, 눈이 아름다운 색에 대하여 좋아하는 것, 귀가 듣기 좋은 소리에 대하여 좋아하는 것, 코가 향기로운 냄새에 대하여 좋아하는 것, 몸이 편안함에 대하여 좋아하는 것은 본질적인 것이지만 한계가 있기 때문에 군자는 본질적인 것이라고 하지 않는다. 인이 부자관계에 대하여 추구되는 것, 의가 군신관계에 대하여 추구되는 것, 예가 주객관계에 대하여 추구되는 것, 지가 현자에 대하여 추구되는 것, 성인이 천도에 대하여 추구되는 것은 한계가 있는 것이지만 본질적인 것이 있음으로 군자는 한계가 있는 것이라고 하지 아니한다.[25]

입이 감미로운 맛을 좋아하고 눈이 아름다운 색을 좋아하고 귀가 좋은 음악소리를 좋아하고 코가 향기로운 냄새를 좋아하고 몸이 편안함을 좋아하는 것은 모든 인간의 자연생명의 생리적인 본능과 욕망이 드러난 자연적인 본성으로, 이것은 고자가 '생지위성'으로 이해한 자연적인 본성과 같은 것이다. 위와 같은 언급은 맹자 역시 인간의 자연적인 본성 혹은 욕망을 완전히 부정하지는 않았음을 의미하는 것이다. 다시 말하면 맹자 자신 역시 고자의 '생지위성'으로 대표되는 '인성'에 대한 원칙을 완전히 반

25 『孟子』, 「盡心下」, "口之於味也, 目之於色也, 耳之於聲也, 鼻之於臭也, 四肢之於安佚也, 性也. 有命焉, 君子不謂性也. 仁之於父子也, 義之於君臣也, 禮之於賓主也, 智之於賢者也, 聖人之於天道也, 命也. 有性焉, 君子不謂命也."

대한 것은 아니라는 것을 의미한다.

그러나 맹자의 이와 같은 태도는 단지 고자의 견해도 하나의 이론으로서의 존재가치를 인정하는 것에 그칠 뿐인 것이지, 결코 고자의 견해가 '인성'의 본래 모습을 조명하는데 타당한 인식 방법은 아니라는 것이다.

맹자 자신이 언급한 '인성'에 대한 기본원칙은 앞의 인용문에 언급된 바와 같이 '인성'에 투영되어 나타난 인仁·의義·예禮·지智 및 성인聖人이 체득한 '천도天道' 등으로 '인성'의 본래 모습을 규정한다. 그러나 이러한 것만으로는 고자의 '인성'에 대한 기본원칙과 다른 형태로서의 맹자의 '인성'에 대한 기본원칙을 규정하기에는 좀 무리가 따른다. 왜냐하면 고자 역시 "인은 안에 있는 것이고 의는 밖에 있는 것이다"[26]라는 언급을 했는데, 이것은 곧 고자도 '인의仁義' 등으로 대표되는 덕목들이 인간의 자연적인 본성의 어떤 표현이라고 생각했기 때문이다. 그러므로 맹자와 고자 두 사람이 언급한 '인성'에 대한 원칙의 차이점을 규명하는 방편의 일환으로 맹자의 '인성'에 대한 원칙을 더욱 분명하게 규정해야만 하는 것이 가장 타당하다고 생각한다.

> 사람들은 모두가 타인의 불행을 보고는 참지 못하는 마음이 있다.……사람들에게 타인의 불행을 보고는 참지 못하는 마음이 있다고 말하는 것의 근거로는, 지금 갑자기 어린아이가 막 우물 속으로 들어가려는 모습을 사람들이 보고는 모두가 깜짝 놀라서 불

26 『孟子』, 「告子上」, "仁內也, 非外也; 義外也, 非內也."

쌍하게 여기는 마음을 가질 것이라는 것이다. 이것은 어린아이의 부모와 교분을 맺으려고 하는 이유 때문이 아니고, 주변사람들과 친구들에게 명예를 구하고자 하는 이유 때문도 아니며, 그 (비난하는)소리를 (듣기)싫어서 그렇게 한 것이 아니다. 이와 같이 볼 때 불쌍하게 여기는 마음이 없으면 사람이라고 할 수 없으며, 잘못을 부끄러워할 줄 알고 그러한 행위를 미워할 줄 아는 마음이 없으면 사람이라고 할 수 없으며, 사양할 줄 아는 마음이 없으면 사람이라고 할 수 없으며, 시비판단을 할 줄 아는 마음이 없으면 사람이라고 할 수 없는 것이다. 불쌍하게 여기는 마음은 인의 단서가 되고, 잘못을 부끄러워할 줄 알고 그러한 행위를 미워할 줄 아는 마음은 의의 단서가 되고, 사양할 줄 아는 마음은 예의 단서가 되고, 시비판단을 할 줄 아는 마음은 지의 단서가 된다. 사람이 이러한 사단을 가지고 있는 것은 그가 사지를 가지고 있는 것과 같은 것이다.[27]

인仁·의義·예禮·지智는 '덕'이며 측은惻隱·수오羞惡·사양辭讓·시비是非는 '정서'인 것이다. 즉 마음을 근거로 해서 드러나는 '정서'로 이러한 '정서'는 마음의 작용이며 또한 마음은 '정서'의 본체가 되는 것이다. 다시 말하면 작용을 통해서 본체를 인식하

27 『孟子』, 「公孫丑上」, "人皆有不忍人之心.……所以謂人皆有不忍人之心者, 今人乍見孺子將入於井, 皆有怵惕惻隱之心, 非所以內交於孺子之父母也, 非所以要譽於鄉黨朋友也, 非惡其聲而然也. 由是觀之, 無惻隱之心, 非人也; 無羞惡之心, 非人也; 無辭讓之心, 非人也; 無是非之心, 非人也. 惻隱之心, 仁之端也; 羞惡之心, 義之端也; 辭讓之心, 禮之端也; 是非之心, 智之端也. 人之有是四端也, 猶其四體也."

는 것으로, 곧 본체와 작용은 곧 하나가 된다는 것이다. 그러므로 그것들을 서로 연관 지어서 "측은지심惻隱之心·수오지심羞惡之心·사양지심辭讓之心·시비지심是非之心"[28]이라고 부르는 것이다. 그러나 여기에서 주목해야 할 부분은 맹자가 직접적으로 '성性'자체에 대해서는 언급하지 않은 사실이다. 다만 맹자는 측은惻隱·수오羞惡·사양辭讓·시비是非의 마음을 통해서 '성'을 말하고 있는데 이것은 "그 마음을 다하면 곧 그것을 통해서 성을 알게 되는 것이다"[29]라는 말과 같은 의미를 내포하는 것이다. 그러므로 맹자는 마음의 투영을 통해서 본성을 본 것이라고 말할 수 있는 것이며, 이것은 곧 마음속에 '인성'이 있다고 하는 말과 같은 맥락을 형성한다.

그렇다면 맹자는 왜 직접적으로 '인성'에 대하여 언급을 하지 않고 마음의 투영을 통해서 '인성'을 말한 것일까? 이러한 의문에 대하여 모종삼牟宗三은 다음과 같은 분석을 내놓는다.

> "마음이 본성을 다 발휘할 수 있다는 것은 사람이 도를 넓힐 수 있다는 것이다. 본성이 그러한 마음을 살필 줄 모른다는 것은 도

28 혹자는 체용의 관계로 마음과 정서의 관계를 규정하는 것이 적당하지 않다고 생각할 수 있다. 그러나 본문에서 말하는 "정서"는 감각세계나 현상세계 속에서 존재하는 사물의 궁극적인 이유에 해당되지 않는 것이다. 그래서 필자는 이러한 "정서"에 초월적인 의미가 내포되어 있다고 생각하여 체용의 관계를 초월적 세계와 현상세계의 양쪽 모두에서 언급할 수도 있으며 초월적 세계의 차원에서도 언급 될 수 있다고 생각한다.

29 『孟子』, 「盡心上」, "盡其心者, 知其性也."

가 사람을 넓힐 수 있는 것이 아니라는 것이다." 이와 같은 두 구문은 주관성의 원칙과 객관성의 원칙을 가장 분명하게 표시하는 것인데, 그 가운데 "마음이 본성을 다 발휘할 수 있다"는 말은 도덕행위의 실천에 대한 언급인데, 이것은 도덕행위의 실천을 통하여 객관적이며 우주론적으로 언급된 심성에 대한 하나의 모델을 증명하는 것이다. 구체적으로 말해서 도덕심(예를 들어 측은, 수오, 사양, 시비 등등)의 주관성적 존재론적 실제적인 표출 혹은 사유작용을 통해 충분히 실현되고 형성된 인성을 객관적으로 말한 것이다. 그러므로 도덕행위의 실천이라는 측면에서 언급된 도덕심은 주관성의 원칙이며 구체화된 원칙인 것이다. "본성이 그러한 마음을 살필 줄 모른다."라는 말속에서의 본성은 객관적으로 또 우주 본체론적으로 언급한 성인 것으로 즉 성체性體, 성능性能, 성리性理, 성분性分, 성각性覺 등의 다섯 가지 의미가 구비된 성이다. 이러한 성체가 만일 주관성이 없이 존재론적으로 도덕본심의 실제적인 사유작용이나 진실 되게 표출된 형태일 경우 그것은 단지 스스로 존재하거나 잠재적으로 존재할 뿐으로 어떠한 작용도 일어나지 않는 다는 것이다. 이것이 바로 "본성이 그러한 마음을 살필 줄 모른다"라고 하는 말의 의미이며 공자 역시 "도가 사람을 넓힐 수 있는 것이 아니다"라고 말한 것이다. 검檢이라는 것은 정함 혹은 살핌의 의미를 가지고 있으며, 마음이 본성을 다 발휘할 수 있다는 말은 곧 본성이 스스로 그 마음을 살필 수 있다는 의미이다. 마음이 그러한 본성을 다 발휘하지 못하게 되면 곧 본성은 비록 스스로 존재한다고는 하더라도 어떠한 작용도 하지 못하게 된다는 것이다. 그러므로 도덕행위의 실천은 마음이 결정적인 요인이라고 말하는 것이다. 사람이 도를 넓힐 수 있으면 도 스스로

도 사람을 넓힐 수 있는 것이다. 그러나 사람이 도를 넓힐 수 없다면 도는 비록 요임금을 위해서 존재하지도 않고 걸과 같은 폭군 때문에 사라지지는 않는다고 해도 드러날 수 없는 것이다. 드러날 수 없다면 작용을 할 수가 없기 때문에 도덕행위의 실천적인 측면에서 사람이 도를 넓힌다고 하는 것으로써 주를 삼는다고 말하는 것이다.[30]

위의 인용문 가운데 "사람이 도를 넓힌다고 하는 것으로써 주를 삼는다."는 말속에는 마음이 '인·의·예·지'로 대표되는 덕목들의 '성'을 뚜렷하게 드러낼 수 있다는 의미가 담겨져 있다. '성'은 일종의 객관적인 '자성自性의 원칙' 혹은 '자존自存의 원칙'인데, 이러한 '자성의 원칙'이란 '성' 그 자체는 순수지선純粹至善이기 때문에, 마음의 발휘라고 하는 실천의 방법을 거치지 않는다면 나타날 수가 없게 되는 것이다. 즉 '성'은 단지 그 자체에만 존재(즉자적으로 존재)하는 잠재적인 존재일 뿐이기 때문에 그 실질적인 작용을 발생시킬 수 없다는 것이다. 그렇다면 과연 어떻게 그 자체에만 존재하는(즉자적인 존재) 것으로서의 '성'을, 그 자체에 대한 존재로 전환시켜서, 그 자체가 진실한 본체가 되는 자각을 할 수 있을까? 이러한 작업은 반드시 마음이라고 하는 주관성의 원칙이 수반 되어야만 한다는 것이다. 즉 '성체性體'가 그 자체에 대한 자각 즉 '성체' 스스로의 사유작용을 통하여 자각하게 되는 것인데 이러한 사유작용을 바로 마음이 하는 것

30 牟宗三, 『心體與性體』 第二册, 臺北, 正中書局, 1989년, 532~533쪽 참조.

이다.[31]

그러므로 측은惻隱·수오羞惡·사양辭讓·시비是非 등의 '정서'들은 바로 이러한 마음의 사유작용을 통하여 나타난 것이라고 할 수 있다. 다시 말하면 이것은 곧 마음의 주관적인 실천 활동을 통해서 객관적인 성리性理를 증명한 것이라고 할 수가 있는 것이다. 이러한 것이 바로 맹자가 견지하고 있는 '인성'에 대한 원칙으로 '마음속에 본성이 있다.'고 하는 주장인 것이다.

그렇다면 '마음속에 본성이 있다.'고 하는 언급 속에서의 마음은 도대체 어떠한 성질을 가지고 있을까? 그러한 마음은 도대체 어떠한 의미로서의 마음인가? 만일 그러한 의미를 확정할 수 없다면 '마음속에 본성이 있다.'는 원칙으로서의 맹자의 '인성'에 대한 원칙은 매우 부실한 이론체계라는 비난을 면할 수가 없을 것이다. 그러므로 우리는 우선적으로 맹자가 언급한 '마음'의 의미를 분석하는 과정을 통하여 명확하게 규정해야 할 필요가 있다고 생각한다.

> 사람들은 모두가 타인의 불행을 보고는 참지 못하는 마음이 있다.……사람들에게 타인의 불행을 보고는 참지 못하는 마음이 있다고 말하는 것의 근거로는, 지금 갑자기 어린아이가 막 우물 속으로 들어가려는 모습을 사람들이 보고는 모두가 깜짝 놀라서 불쌍하게 여기는 마음을 가질 것이라는 것이다. 이것은 어린아이의 부모와 교분을 맺으려고 하는 이유 때문이 아니고, 주변사람들과

31 牟宗三, 『心體與性體』 第二册, 臺北, 正中書局, 1989년, 533쪽 참조.

친구들에게 명예를 구하고자 하는 이유 때문도 아니며, 그 (비난하는)소리를 (듣기)싫어서 그렇게 한 것이 아니다.[32]

주희朱熹의 주석에는 "출척怵惕은 놀라 움직이는 모습이다. 측惻은 간절하게 서글퍼하는 것이다. 은隱은 깊이 아파하는 것이다."[33]라고 기록되어 있듯이 깜짝 놀라서 불쌍하게 여기는 마음은 곧 타인의 불행을 보고는 참지 못하는 마음인 것이다. 맹자는 이러한 마음과 정서가 모든 사람에게 있다는 것을 "어린아이가 우물 속으로 들어가려는"사례로서 증명했다. 다시 말하면, 갑자기 전혀 알지 못하는 어린이가 우물 속에 빠지려는 모습을 목격했을 때, 그 찰나의 순간에 우리들의 마음은 이미 그 아이가 곧 죽게 되리라는 절박하고 안타까운 심정이 생겨나서 그 아이를 구하려는 생각이 든다는 것이다. 여기에서 주의할 부분은 맹자가 이러한 사례를 빌려서 우리들을 성찰시키고자 하는 점은, 그 어린아이를 어떻게 구할 것이냐 혹은 구하지 말 것인가의 문제가 아니며, 또한 구하려는 사람 개인의 이해관계에 대한 어떠한 고려도 아니라는 점에 있다.[34]

32 『孟子』, 「公孫丑上」, "人皆有不忍人之心.……所以謂人皆有不忍人之心者, 今人乍見孺子將入於井, 皆有怵惕惻隱之心, 非所以內交於孺子之父母也, 非所以要譽於鄉黨朋友也, 非惡其聲而然也."

33 朱熹, 『孟子章句集注』, 「公孫丑上」, "怵惕, 驚動貌. 惻, 傷之切也. 隱, 痛之深也."

34 "어린아이의 부모와 교분을 맺으려고 하는 이유 때문이 아니고, 주변 사람들과 친구들에게 명예를 구하고자 하는 이유 때문도 아니며, 그

다시 말하자면, 맹자가 진정으로 우리들을 성찰시키고자 한 점은, 바로 어린아이가 우물 속에 빠지려는 시점에서 어떠한 이해관계를 계산할 시간적인 여유도 없는 찰나의 순간에 진정으로 절박하고 안타까운 심정이 생겨나는데, 이것을 바탕으로 모든 일에 대하여 우리들 자신에게 어떠한 사적인 이해득실을 따질 것을 용납하지 않는 태도에 있는 것이다.

> "지금 갑자기 어린아이가 막 우물 속으로 들어가려는 모습을 사람들이 보다"는 예증에서 "갑자기 보다"는 단어가 의미하는 것은 바로 이러한 상황 속에서 마음은 생리적 욕망에 지배받지 않고 마음 자체가 직접적으로 드러낸 것이다.…… "이것은 어린아이의 부모와 교분을 맺으려고 하는 이유 때문이 아니다"라는 구문 등에서 의미하는 것은 바로 이러한 마음 자체가 드러남에 의해서 구조의 행위를 취하게 되는 것이지 생리적인 욕망에 의해서 결정되는 것이 아니라는 것이다.[35]

깜짝 놀라서 불쌍하게 여기는 마음은 "바로 마음 자체가 직접적으로 드러낸 것이다."라는 서복관徐復觀의 언급을 근거로 할 때 맹자가 언급한 마음心은 본심本心이 된다. 그래서 웅십력熊十力은 "본심이라는 것은 본래 있는 것이지 후천적으로 생긴

(비난하는)소리를 (듣기)싫어서 그렇게 한 것이 아니다."라는 맹자의 언급에 그 의미가 잘 나타나 있다.

35 徐復觀, 『中國人性論史』, 臺北, 臺灣商務印書館, 1990년, 172쪽 참조.

것이 아니기 때문에 본래라고 하는 것이다."[36]라고 말하는데, 이것은 곧 맹자의 마음속에 '인성'이 있다는 언급이 본심 속에 '인성'이 있다는 말로 표현될 수 있다는 것을 의미하며, 이러한 본심은 생리적 욕망에 지배받지 않음과 동시에 육체의 지배를 받는 동물적 본능의 마음이 아닌 것이다. 이러한 의미는 본심이 현상계에 근원을 둔 것이 아니라는 것을 의미하며, 또한 후천적으로 생긴 것이 아니기 때문에 이러한 본심은 선천적인 초월경계에 속한다는 것이다. 맹자가 언급한 성선性善은 바로 이러한 초월적 본심 속에 '인성'이 있다는 것을 의미하는데, 이것이 바로 맹자가 견지하는 '인성'에 대한 원칙인 것이다.

4. 맺는 말

맹자는 '인의仁義'가 '인성'에 대하여 선천적이고 내재적으로 갖추어져 있기 때문에 '인성'의 본래 모습은 선하다고 한 것이다. 이러한 견해는 고자와 비교했을 때 상당한 차별성을 갖는다. 즉 고자는 '인성'과 '인의'의 관계를 후천적이며 종합적인 관계로 파악하여 그것들의 연결은 필연성이 없고, 그것들 사이의 관련은 후천적인 노력에 의해 결정된다고 보았다. 고자의 이러한 견해에는 이미 "인성에는 선함도 없고 선하지 않음도 없다."는 의미가 담겨져 있다고 볼 수 있다.

맹자와 고자가 이렇게 서로 다른 견해를 가지게 된 이유는 동

36 熊十力, 『明心篇』, 臺北, 學生書局, 1979년, 1쪽 참조.

일한 사물을 근본적으로 다른 측면에서 관찰했기 때문이다. 즉 물의 본성과 '인성'에 대하여, 고자는 평면적인 관찰과 이해를 바탕으로 했기 때문에 흐르는 물 자체는 스스로 흐름의 방향을 결정할 수 있는 능력이 없는 것만을 파악하여 '인성'에 대하여서도 도덕적인 가치판단을 하지 않는 가치중립적인 입장을 견지하나, 맹자는 평면적인 측면에서 만이 아닌 상·하의 수직적인 각도로 관찰하여 흐르는 물이 실제로 낮은 곳으로 흐르는 성질을 파악하여 '인성'에 대해서도 물이 낮은 곳으로 흘러가는 것처럼 '인성'이 선한 방향으로 나가는 것이 본래의 모습이라고 하는 입장을 견지한다.

이상과 같은 논의들을 근거로 해서 볼 때, 우리는 동일한 대상에 대해서도 사물을 보는 관점에 따라 다른 관찰과 이해가 수반된다는 사실을 발견할 수 있을 것이다. 다시 말하자면, 관찰할 때 견지하는 관점과 각도가 다르면 어떤 의미에서는 맹자와 고자 두 사람의 '인성'에 대한 주장이 이미 서로 차이점을 내포하고 있다는 사실을 발견할 수 있게 된다는 것이다.

고자가 말하는 '인성'은 바로 "생리적인 본능을 인성이라고 한다."라는 말로 요약될 수 있는데, 이것은 곧 한 개체의 존재와 그것이 가지고 있는 여러 가지 특성에 대한 언급을 의미하는 것이다. 즉 존재와 특성은 서로 별개의 것이지만 이 둘 사이에는 어떠한 분리도 없는 것으로 혼합되어 있는 것이다. 이와 같이 "생리적 본능을 인성이라고 한다."는 명제 속에서 '인성'의 원칙은 하나의 개체가 존재할 때 본래 가지고 있는 여러 가지의 특성들을 '인성'이라고 한다는 말로 이해될 수 있을 것이다.

그러나 맹자는 '측은·수오·사양·시비'의 마음을 통해서 '성'을 말하고 있는데 이것은 "그 마음을 다하면 곧 그것을 통해서 성을 알게 되는 것이다."라는 말과 같은 의미를 내포하는 것이다. 그러므로 맹자는 마음의 투영을 통해서 본성을 본 것이라고 말할 수 있는 것이며, 이것은 곧 마음속에 '인성'이 있다고 하는 말과 같은 맥락을 형성한다.

| 참고문헌 |

朱熹,『四書章句集注』, 海淵閣明刻本.

徐復觀,『中國人性論史』, 臺北, 臺灣商務印書館, 1990년.

陳大齊,『孟子的名理思想及其辯說實況』, 臺北, 臺灣商務印書館, 1983년.

何淑靜,『孟荀道德實踐理論之研究』, 臺北, 文津出版社, 1988년.

唐君毅,『中國哲學原論』, 原性篇, 臺北, 學生書局, 1984년.

칸트著, 藍公武 譯,『純粹理性批判』, 北京, 商務印書館, 1997년.

牟宗三,『心體與性體』第一冊, 臺北, 正中書局, 1989년.

牟宗三,『心體與性體』第二冊, 臺北, 正中書局, 1989년.

牟宗三,『圓善論』, 臺北, 學生書局, 1985년.

牟宗三,『王陽明致良知教』, 臺北, 中央文物供應社, 1980年.

熊十力,『明心篇』, 臺北, 學生書局, 1979년.

周群振,『儒學探源』, 臺北, 鵝湖出版社, 1986년.

제3절

이상적인 정치에 대한 견해

1. 시작하는 말

유가에서 추구하는 가장 이상적인 정치의 모습은 군주가 인의仁義에 기초하여 백성들에게 인정仁政을 베푼다고 하는 형태의 정치 즉 왕도정치인 것이다. 이러한 인정사상은 공자로부터 그 연원을 찾을 수 있으나 보다 완성된 형태는 맹자에 이르러 출현하게 된다. 이러한 맹자의 왕도정치사상은 역대로 유가의 정치사상에 있어서 가장 이상적인 전범으로 자리 잡아 왔다.

물론 유가의 정치이상은 공자의 정치사상이 그 근원이 된다고 할 수 있지만 공자의 정치사상은 완성된 형태의 정치사상이라고 언급하기에는 많은 부분에 있어서 보완해야할 요소들이 산재해 있다. 특히 구체적인 민생民生정책에 대한 방안 및 혼란한 당시의 상황을 종식시킬 수 있는 정책 대안 등이 미비한 점이라고 말할 수 있는 것이다. 맹자는 이러한 공자 정치사상의 미비점들을 보완하여 좀 더 구체적인 정치사상을 전개해 나간다. 이와 같은 맹자의 왕도정치사상은 중국역사에 있어서 지난 이천여 년의 시간들 속에서 유가를 대표하는 정치사상으로 굳건하게 자리매김을 해왔던 것이다.

맹자가 기획한 왕도정치사상의 이상은 천하를 안정시키는 것인데, 천하를 안정시키고자하는 군주는 먼저 백성들의 생명을 소중히 여기고 그들의 생활기반을 보장한 후에 도덕교육을 실시해야만 한다는 것이 주된 방법이라고 할 수 있겠다. 맹자는 이러한 정책을 시행한 군주를 왕자王者의 자격을 갖춘 것으로 보았지만, 하나의 국가 내에서만 인정을 실행해서는 왕도정치의 이상을 실현할 수는 없는 것이라고 보았는데, 그 까닭으로는 왕자의 사명은 학정虐政 속에서 고통 받고 있는 천하의 백성들을 해방시키는 것에 있는 것으로 보았기 때문이다. 그러므로 맹자는 백성들을 학정에서 해방시키는 것이 진정한 왕도정치의 실현이라고 보았던 것이다.

2. 정치사상의 핵심개념

유가 정치사상의 핵심이라 할 수 있는 맹자 왕도정치사상의 핵심개념에 대하여 살펴보면 다음과 같다고 할 수 있다. 즉 왕도정치의 핵심개념은 '왕도王道'인데, 이 개념은 '패도霸道'와 대칭되는 개념으로의 '왕도' 그리고 '천자'와 대칭(혹은 동일)되는 개념으로의 '왕자王者'로 나눌 수 있다. 구체적으로 말해서 맹자에 있어서의 왕王은 어떤 의미를 함유하고 있는 것인가? 또한 맹자가 생각한 '왕'은 어떤 자격을 갖추어야 하는 것인가?

'왕'자는 맹자 이전의 문헌 속에서는 과연 어떠한 형태로 나타났을까? 『상서』 속에 "비뚤어지거나 그릇됨이 없이 왕王이 정한 법을 따를 것이며, 사사로이 좋아하는 바가 없이 왕이 정한 도리를 따를 것이며 사사로이 싫어하는 바가 없이 왕이 정한 길을 따를 지어다. …… 왕의 길은 평탄할 수 있으며, …… 왕의 길은 평온한 것."[1]이라는 것과 『논어』 속에 "공자가 말하기를, 만일 왕자가 있다하더라도 반드시 한 세대가 지난 뒤에야 백성들이 인仁해질 것이다."[2]는 사례가 있다. 이러한 용례에 근거해서 '왕'의 개념이 맹자 이전에 이미 존재했음을 알 수 있다. 그렇지만 맹자에게 있어서의 '왕'개념은 기본적으로 춘추시대 이래의 '왕'개념을 계승하여 통치자에게 있어서의 도덕과 행동상의 최고경계였다.[3] 이러한 각도에서 본다면 맹자의 '왕'은 곧 일종의 맹자 사유의 결과라고 할 수 있다. 쿠라다 노부야스倉田信靖의 분류에 의하면 『맹자』 속에 언급된 '왕'의 용법은 여덟 종류로 나누어 질 수 있다.

① 왕자王者의 조건은 인仁이다.

② 왕자는 순수巡守와 술직述職을 실행한다.

③ 왕자는 다른 제후諸侯를 죽일 수 있다.

---

1 『尙書』, 「洪範」, "無偏無陂, 遵王之義, 無有作好, 遵王之道, 無有作惡, 遵王之路. …… 王道 蕩蕩, …… 王道平平."

2 『論語』, 「子路」, "子曰: 如有王者, 必世而後仁."

3 唐迪風, 『孟子大義』, 北京, 北平直隸書局, 1931년, 2쪽 참조.

④ 왕자는 오백 년에 한번 나타난다.

⑤ 왕자는 선善을 행한다.

⑥ 왕자는 덕德을 기원한다.

⑦ 왕자는 인륜人倫을 존중한다.

⑧ 맹자는 자신이 살던 시대에 왕자가 존재하지 않는다고 생각했다.[4]

또한 맹자는 이러한 왕자王者가 갖추어야할 세 가지의 특질이 있다고 생각하였는데, 그것은 첫째 혼란한 시대에 태어나야 하고, 둘째 인정仁政을 실시하여 백성들로부터 압도적인 지지를 받아야 하며, 셋째 무도한 군주를 죽임으로써 천하를 평정해야 한다는 것이다.[5]

> 왕자가 나타나지 않은 것이 이때 보다 더 드물었던 적이 없었으며, 백성들이 학정에 시달려 초췌해진 것이 이때 보다 더 심한 적이 없었다. …… 지금과 같은 때에 만승萬乘의 나라가 인정仁政을 시행한다면 백성들이 거꾸로 매달린 것에서 벗어난 것과 같이 기뻐할 것이다. 그러므로 노력은 옛 사람 보다 적게 하고 결과가 배가되는 것은 오직 이때가 그러할 것이다.[6]

4 倉田信靖, 「『孟子』の"春秋天子之事也"に就いて」, 『日本中國學會報』 8, 日本中國學會, 1986년, 20～22쪽 참조.

5 倉田信靖, 「『孟子』の"春秋天子之事也"に就いて」, 『日本中國學會報』38, 日本中國學會, 1986년 18～20쪽 참조.

6 『孟子』, 「公孫丑上」, "王者之不作, 未有疎於此時也; 民之憔悴於虐政, 未有甚於此時者也. …… 當今之時, 萬乘之國行仁政, 民之悅之猶解倒懸也. 故事半古之人, 功必倍之, 惟此時爲然."

여기에서 우리는 맹자가 주周나라 왕실을 존중하지 않은 문제에 대해서 결코 언급을 회피 할 수는 없을 것이다. 사실 중국에서 전제정권이 성립된 이래 맹자가 주나라 왕실을 존중하지 않은 문제는 자주 큰 논란을 불러 일으켰다.[7] 맹자에게 있어서 주나라 왕실은 과연 마땅히 제거해야할 대상이었는가?

비록 『맹자』 속에서 맹자가 주나라 천자를 죽일 것을 권하는 기록은 보이지 않지만, 『맹자』 전체의 내용으로 보면 맹자는 주나라 천자가 자신의 이상 속에 있는 '왕'의 특질과 조건을 갖추었다고는 생각하지 않았음을 어렵지 않게 짐작할 수 있다. 특히 주의해야할 점은, 맹자의 생각 속에 있는 '왕'의 자격은 매우 실제적이라는 것이다.

첫째 맹자가 "만승萬乘의 나라가 인정仁政을 시행한다면 백성들이 거꾸로 매달린 것에서 벗어난 것과 같이 기뻐할 것이다."라고 한 말은 강대국이 왕자가 되는 것은 비교적 쉬운 일 이라는 것을 뜻한다. 그래서 맹자는 "제나라로써 왕도정치를 한다는 것은 손을 뒤집는 것과 같다."라고 언급했던 것이다. 그러나 약소국이 인정을 힘써 시행해도 '왕자'의 목표를 달성 한다는 것은 강대국에 비해 성공확률이 상당히 희박한 것이 당시의 현실이었다고 할 수 있다.

7 近藤正則은 이러한 문제에 대해 매우 상세한 연구를 했다. 近藤正則, 「『讀余隱之尊孟辨』に見える朱子の孟子不尊周への對應」, 『日本中國學會報』 33, 日本中國學會, 1981년, 101~115쪽 참조.

진실로 선한 일을 하면 후세의 자손 중에 반드시 왕자가 있을 것이니, 군자가 왕업을 창시하여 전통을 드리우는 까닭은 이어받을 수 있도록 하기 때문입니다. 공들인 것을 이루는 것과 같은 것은 하늘에 달려있는 것이니, 군주가 저들을 어떻게 하겠습니까? 힘써서 선을 해야 할 따름입니다.[8]

둘째 그렇다면 만승의 군주는 이미 '왕자'가 될 자격을 갖추었다는 말인가? 맹자와 제나라 선왕齊宣王의 대화에서 보면 맹자는 제선왕이 충분히 '왕자'의 자격을 갖추었다고 인정한다. 특히 맹자가 제선왕에게 명당을 헐지 말 것을 건의하며 제선왕을 '왕'이라 불렀다.

이와 같이 볼 때 맹자는 주나라 천자를 제거할 것을 건의하지는 않았으나, 그의 생각 속에는 당시 '만승'의 주나라 군주가 '왕자'의 자격을 갖추지 못했음을 알 수 있다. 그러나 이와 같다고 하더라도 우리는 역대 '왕권지상주의자'들의 지적처럼 맹자가 주나라 왕실을 존중하지 않았다고 보아서는 안 되며,[9] 당시의 시대적 추세의 관점에서 보아야 하는데 당시의 주 왕조는 실제적인 힘뿐만 아니라 정신적인 역량에서도 제후들에 대한 통제력을 상실한 상태였다. 가장 중요한 점은 맹자가 말한 제거해야 할 대상은 곧 백성들을 학정에 빠지게 하는 모든 제후들을 의미

8 『孟子』, 「梁惠王下」, "苟爲善, 後世子孫必有王者矣. 君子創垂統, 爲可繼也. 若夫成功, 則天也. 君如彼何哉? 强爲善而已矣."

9 黃俊傑 主編, 『孟子思想的歷史發展』, 臺北, 中央研究院 中國文哲研究所籌備處, 1995년, 56~57쪽 참조.

한다는 데 있는 것이다.

'왕자'와 '패자'사이에는 어떤 차이가 존재하는가? 맹자의 '왕패지변王霸之辨'문제에 관한 저작은 매우 많아서 일일이 다 열거할 수는 없지만, 굳이 이 문제에 대해 언급하자면 맹자는 난세에는 반드시 '왕자'가 나타날 것이라고 생각하였으나 제환공齊桓公·진문공晉文公등 '패자'의 출현에 대하여는 문제를 삼을 만한 것이 못되는 역사사실 일뿐이라고 생각했다. 바꿔 말하면 맹자는 "힘으로써 남을 복종시키는 자에게는 마음으로 복종하지 않는다."[10]는 사실을 믿었기 때문에 "힘으로써 인仁을 표방하는"[11] '패자'는 천하를 통일할 수 없다고 하였다. 그래서 맹자의 '일치일난一治一亂'의 순환적인 역사관에[12] 비춰보면 천하가 태평한 시기에서 난세로 전환되는 추세 속에서는 '힘으로써 인仁을 표방하는' 패도정치가 흥성하게 되어 시대는 더욱 혼란하게 되는 것이다. 그러므로 맹자는 '패자'를 '삼왕의 죄인三王之罪人'으로 폄하하는 것이다. 결국 맹자의 논리에 비춰보면 '패자'는 비록 "그러므로 노력은 옛사람에 비해 절반만 들이고도 효과는 반드시 배를 얻는" 시대에 출현하지만 맹자가 말한 '왕도정치'의 위업을 달성할 수 없었기에 '죄인'이라고 한 것이다.

10 『孟子』, 「公孫丑上」, "以力服人者, 非心服也."

11 『孟子』, 「公孫丑上」, "以力假仁."

12 譚宇權, 『孟子學術思想評論』, 臺北, 文津出版社, 1995년, 20쪽 참조.

3. 현실문제에 대한 분석

여기에서 분석할 문제는 바로 맹자가 목격한 당시의 사회에는 어떠한 문제들이 발생한 것인가? 이러한 문제들의 원인은 무엇에 기인하는가? 또한 해결방법은 어떠한 것들이 있나? 등에 관한 것들이다.

먼저 맹자의 시야를 통해서 전국시대 중기 일반적인 백성들의 생활 상태를 분석해보겠다.

> 개와 돼지가 사람이 먹을 양식을 먹어도 단속 할 줄 모르며, 길에 굶어죽은 시체가 있어도 창고를 열 줄 모른다.[13]

> 백성들은 굶주린 기색이 있고, 들에는 굶어죽은 시체가 있다.[14]

> 저들이 백성들의 농사철을 빼앗아 백성들로 하여금 밭 갈고 김매어 그 부모를 봉양하지 못하게 하면 부모가 얼고 굶주리며, 형제와 처자가 헤어져 흩어질 것입니다. 저들이 그 백성을 도탄에 빠뜨린다.[15]

> 어찌 우리들로 하여금 이렇게 곤궁한 지경에 이르게 하는가? 부자간에 서로 보지 못하며 형제처자가 헤어져 흩어지게 되는구나.[16]

13 『孟子』, 「梁惠王上」, “狗彘食人食而不知檢, 塗有餓莩而不知發.”

14 『孟子』, 「梁惠王上」, “民有飢色, 野有餓莩.”

15 『孟子』, 「梁惠王上」, “彼奪其民時, 使不得耕耨以養其父母, 父母凍餓, 兄弟妻子離散. 彼陷溺其民.”

> 사슴을 죽인 자의 죄가 사람을 죽인 죄와 같다고 하니 이는 사방 40 리로 나라 한 가운데에 함정을 만든 것이니, 백성들이 크다고 여기는 것이 또한 마땅치 않습니까?[17]

> 흉년이 들거나 굶주린 해에 군주의 백성들이 노약자들은 사체가 도랑과 골짜기에 뒹굴고 장성한자들은 흩어져서 사방으로 간자가 몇 천 명이나 된다.[18]

> 백성들이 학정에 시달려 초췌해진 것이 이때보다 더 심한 적이 있지 않았다.[19]

이상의 인용문을 통해서 우리는 전국시대의 기층촌락이 붕괴의 위기에 처한 상황 속에서, 특히 흉년이 들었을 때에 백성들의 생활이 부자지간에 서로 보지도 못하고 형제처자가 헤어져 흩어지고 노약자의 시체가 구덩이에 뒹굴고 장성한자들이 흩어지고 백성들을 해치는 풍조가 만연했음을 발견할 수 있다.

그렇다면 이러한 공동체붕괴를 발생시키는 까닭은 무엇인가? 맹자는 백성들에 대한 과중한 세금과 노역·전쟁에의 동원 그리고 제후들의 산림과 호수의 자연자원의 독점 때문이라고 하였

---

16 『孟子』, 「梁惠王下」, "夫何使我至於此極也. 父子不相見, 兄弟妻子離散."

17 『孟子』, 「梁惠王下」, "殺其麋鹿者如殺人之罪. 則是方四十里, 爲阱於國中. 民以爲大, 不亦宜乎."

18 『孟子』, 「梁惠王下」, "凶年饑歲, 君之民老弱轉乎溝壑, 壯者散而之四方者, 幾千人矣."

19 『孟子』, 「公孫丑上」, "民之憔悴於虐政, 未有甚於此時者也."

다. 각 제후들의 이러한 학정은 제후들이 자신의 사리사욕을 추구한 결과로서,[20] 만일 "토지를 개척하여 진나라와 초나라에 조회를 받고 중원에 군림하여 사방의 오랑캐를 어루만지는"[21]등의 큰 야망을 가진 제후일 경우 백성들에 대한 착취의 정도는 "집의 높이가 몇 길이나 되고 서까래 머리가 몇 자되고……음식이 사방한길 정도로 진열되며 시중드는 사람이 수백 명"[22]인 경지에 이르렀다.

맹자는 각 나라의 제후들이 자행한 '학정'이 다음과 같은 결과를 초래한다고 생각했다. 즉 맹자는 학정을 자행하는 제후들이 자신의 백성들을 희생시켜 만든 국가의 번영은 매우 취약한 것이라고 지적했다. 맹자는 추나라 목공鄒穆公에게 다음과 같이 경고한다.

> 흉년이 들거나 기근이 든 해에 임금의 백성들이 노약자들은 도랑과 골짜기에 뒹굴고 장성한자들은 흩어져서 사방으로 간자가 몇 천 명이나 되는데도 임금님의 창고는 차있으며 재화를 넣어두는 창고는 가득하나 관리 가운데 그 사실을 보고한 자가 없었으니, 이는 윗사람들이 태만해서 아랫사람들을 해친 것입니다. 증자는 "경계하고 경계하라! 너에게서 나온 것은 너에게로 돌아간다." 하였으니 대저 백성들은 지금 이후에야 갚을 수 있었습니다.[23]

20 葉經柱, 『孟子之民本主義』, 臺北, 正中書局, 1990년, 38쪽 참조.

21 『孟子』, 「梁惠王上」, "欲辟土地, 朝秦楚, 蒞中國而撫四夷."

22 『孟子』, 「盡心下」, "堂高數仞, 榱題數尺, …… 食前方丈, 侍妾數百人."

23 『孟子』, 「梁惠王下」, "凶年飢歲, 君之民, 老弱轉乎溝壑, 壯者散而之四方

또한 맹자는 백성들을 잔인하게 학대하는 제후의 국가는 반드시 멸망의 길을 걸어갈 수밖에 없다고 하는 사실을 역설했다.

> 자신의 백성에게 난폭하게 하는 것이 심하면 자신이 시해 당하고 나라가 망하며, 심하지 아니하면 자신이 위태롭게 되고 나라가 축소된다. 이름 붙이기를 유幽나 여厲라고 하게 되면 비록 효자와 자손이라도 영원히 고칠 수 없다. 『시경』에 "은나라가 거울삼아야할 것은 멀리 있지 않다. 하나라 시대에 있는 것이다."하였으니, 이것을 말한 것이다.[24]

맹자는 이렇게 백성들이 안심하고 살 수 없는 세태 속에서 '왕자'가 곧 출현하게 될 것이라고 확신을 한다.

맹자의 역사관은 왕자王者 → 천자天子 → 폭군暴君으로, 그리고 다시 폭군에서 왕자로 돌아가는 순환적인 구조를 가지고 있다. 맹자는 이러한 순환 속에서 왕자王者의 역할을 발휘하는 사람은 오백 년 만에 한번 출현한다고 생각했는데, 이를테면 요堯·순舜·탕湯·문文·무武를 들었다.

> 요순堯舜으로부터 탕왕湯王에 이르기까지가 오백여 년이니, 우禹와 고요皐陶는 직접 보고서 그 도道를 알았고, 탕은 들어서 알았다.

者, 幾千人矣. 而君之倉廩實, 府庫充, 有司莫以告, 是上慢而殘下也. 曾子曰: '戒之! 戒之! 出乎爾者, 反乎爾者也.' 夫民今而後得反之也."

24 『孟子』, 「離婁上」, "暴其民甚, 則身弑國亡. 不甚, 則身危國削. 名之曰: '幽厲'. 雖孝子慈孫, 百世不能改也. 詩云: '殷鑑不遠, 在夏后之世.' 此之謂也."

탕으로부터 문왕에 이르기까지가 오백여 년이니, 이윤伊尹과 내주萊朱는 직접 보고서 알았고, 문왕은 들어서 알았다, 문왕으로부터 공자에 이르기까지가 오백여 년이니, 태공망太公望과 산의생散宜生은 직접 보고서 알았고, 공자는 들어서 알았다. 공자로부터 그 이래로 오늘에 이르기까지가 백여 년이니, 성인聖人의 세대와의 거리가 이와 같이 멀지 않으며, 성인이 거주한 곳과 가까운 것이 이와 같이 심하되, 그런데도 아무것도 없으니, 그렇다면 또한 아무것도 없을 것인가![25]

요순이 이미 별세하시니, 성인의 도가 쇠하여 폭군이 대대로 나와서 백성들의 집을 헐어서 웅덩이와 연못을 만들었으므로 백성들이 편안히 쉴 곳이 없었고, 밭을 버려 동산을 만들어 백성들로 하여금 입고 먹을 수 없게 만들었으며, 비뚤어진 학설과 포악한 행동이 또 일어나고, 동산·웅덩이·못·늪 등이 많아져서 짐승이 이르게 되어, 주紂의 시대에 이르러서는 천하가 또 크게 어지러워졌다.[26]

맹자가 여기에서 묘사한 은殷나라 말기의 시대상황과 맹자가

25 『孟子』, 「盡心下」, "由堯舜至於湯, 五百有餘歲. 若禹皐陶則見而知之, 湯則聞而知之. 由湯至於文王, 五百有餘歲. 若伊尹萊朱, 則見而知之, 若文王則聞而知之. 由文王至於孔子, 五百有餘歲. 若太公望散宜生, 則見而知之, 若孔子則聞而知之. 由孔子而來至於今, 百有餘歲, 去聖人之世若此其未遠也, 近聖人之居若此其甚也. 然而無有乎爾! 則亦無有乎爾!"

26 『孟子』, 「滕文公下」, "堯舜既沒, 聖人之道衰. 暴君代作, 壞宮室以爲汙池, 民無所安息; 棄田以爲園囿, 使民不得衣食. 邪說暴行又作, 園囿汙池, 沛澤多而禽獸至. 及紂之身, 天下又大亂."

직접 목격한 당시의 상황은 거의 비슷하며, 정도가 더 심한 경우에 대해 맹자는 다음과 같이 말했다.

> 주공周公이 무왕을 도와 주紂를 죽이고 엄奄나라를 정벌한지 3년 만에 그 군주를 죽이고 비렴飛廉을 바다 모퉁이로 몰아내어 죽이니, 멸망시킨 나라가 50개였고, 범·표범·코뿔소·코끼리를 몰아내어 멀리 쫓으니, 천하가 크게 기뻐하였다.[27]

맹자가 언급한 바에 의하면 주공과 무왕이 멸망시킨 나라는 상나라 뿐만 아니라 50개국이 더 있었다. 그러므로 맹자의 입장에서 보면 백성들을 학대하는 정치를 하고 천하를 큰 혼란 속으로 빠뜨리는 제후·대부大夫들은 모두 반드시 '왕자'에 의해서 소멸될 대상들이었다.

그렇다면 과연 누가 '왕자'가 될 자격이 있는 것인가? 바꿔 말하면 어떠한 정치를 실행해야만 비로소 '왕자'가 될 수 있는 것인가. 이러한 물음에 대해 맹자의 대답은 매우 간단하다. 즉 왕도정치를 실행하는 자이다. 왕도정치는 '인정仁政'이라고 말할 수 있다. 그럼 도대체 맹자가 제창하는 '인정'이란 과연 어떠한 정치형태를 의미하는 것인가?

---

27 『孟子』, 「滕文公下」, "周公相武王, 誅紂伐奄, 三年討其君, 驅飛廉於海隅而戮之, 滅國者五十; 驅虎豹犀象而遠之, 天下大悅."

4. 구체적인 개혁방안

맹자의 정책 시행에 관한 청사진은 「양혜왕」·「공손추」 등 여러 곳에서 찾아볼 수 있는데, 맹자와 양혜왕·제선왕의 대화 속에서 다음의 세 가지 방향으로 귀납할 수 있다.

> 제선왕이 맹자에게"제환공과 진문공의 일을 들을 수 있겠습니까?"라고 묻자, 맹자가 "중니의 제자들은 제환공과 진문공의 일을 언급하지 않습니다. 이 때문에 후세에 전해지는 것이 없으니, 소신이 아직 듣지 못했습니다. 그만두지 말라고 하신다면 왕도를 말하겠습니다."라고 대답했다. 다시 제선왕이 "덕이 어떠하면 왕도를 실행할 수 있습니까?"라고 묻자, 맹자가 "백성을 보호하고 왕도를 실행한다면 이를 막을 수 있는 사람이 없습니다."라고 대답했다.[28]

농사철을 어기지 않게 하면 곡식을 이루 다 먹을 수 없으며, 촘촘한 그물을 웅덩이와 연못에 넣지 않으면 물고기와 자라를 모두 다 먹을 수 없으며, 도끼를 알맞은 때에 산림山林에 들여놓으면 재목을 모두 다 쓸 수 없을 것입니다. 곡식과 물고기와 자라를 모두 다 먹을 수 없으며, 재목을 모두 다 쓸 수 없으면 이는 백성으로 하여금 산사람을 봉양하고 죽은 사람을 장사 지내는데

28 『孟子』, 「梁惠王上」, "齊宣王問曰: 齊桓晉文之事, 可得聞乎? 孟子對曰: 仲尼之徒, 無道桓文之事者, 是以後世無傳焉, 臣未之聞也. 無以, 則王乎. 曰: 德何如, 則可以王矣? 曰: 保民而王, 莫之能禦也."

유감이 없게 하는 것이니, 산사람을 봉양하고 죽은 사람을 장사 지내는데 유감이 없도록 하는 것이 왕도의 시작입니다.[29]

> 집 주변 다섯 무의 토지에 뽕나무를 심으면 50세 된 자가 비단옷을 입을 수 있으며, 닭·돼지·개·큰 돼지를 기르는데 번식시기를 놓치지 않으면 70세 된 자가 고기를 먹을 수 있으며, 백무의 밭에 농사지을 시기를 빼앗지 아니하면 몇 식구의 집안이 굶주림을 피할 수 있으며, 상서庠序의 가르침을 신중히 하고, 거듭하기를 효제孝悌의 도리로써 한다면, 머리가 반백이 된 자가 도로에서 지거나 이지 않을 것입니다. 70세 된 자가 비단옷을 입고 고기를 먹으며, 일반백성들이 굶주리지 않고 춥지 않게 되고서도 왕도정치를 하지 못하는 자는 있지 않습니다.[30]

위에 서술된 내용의 핵심은 다음과 같다.

① 전쟁의 재해로부터 백성들을 보호함. (保民)[31]

② 백성들의 삶을 보장하여 촌락공동체를 재생시킴. (養民)[32]

---

29 『孟子』, 「梁惠王上」, "不違農時, 穀不可勝食也; 數罟不入洿池, 魚鼈不可勝食也; 斧斤以時入山林, 材木不可勝用也. 穀與魚鼈不可勝食, 材木不可勝用, 是使民養生喪死無憾也. 養生喪死無憾, 王道之始也."

30 『孟子』, 「梁惠王上」, "五畝之宅, 樹之以桑; 五十者可以衣帛矣; 雞豚狗彘之畜, 無失其時, 七十者可以食肉矣; 百畝之田, 勿奪其時, 數口之家, 可以無飢矣. 謹庠序之敎, 申之以孝悌之義, 頒白者不負戴於道路矣. 老者衣帛食肉, 黎民不飢不寒, 然而不王者, 未之有也."

31 劉鄂培, 『孟子大傳』, 北京, 淸華大學出版社, 1998년, 202쪽 참조.

32 蔡仁厚, 『孔孟荀哲學』, 臺北, 學生書局, 1990년, 313~314쪽 참조.

③ 백성들을 교화시켜 이상적인 공동체를 창조함. (敎民)[33]

맹자의 보민保民 이상에 대한 구체적인 내용은 다음과 같다. 즉 맹자는 당시의 제후들이 일으킨 전쟁에 의해 죽은 백성들에 대해 매우 동정적인 태도를 갖는다. 그래서 그는 제후들에게 경고를 할 뿐만 아니라 학정 속에서 신음하고 있는 백성들에게 제후들에 대하여 반항할 수 있는 가능성을 언급함과 동시에 "타인의 불행을 보고 참지 못하는 마음不忍人之心"을 새롭게 정의하는 것으로부터 즉 인仁의 관점으로부터 제후들에게 생명의 소중함을 일깨운다.

양혜왕이 "과인은 마음을 편안히 해서 가르침을 받들기를 원합니다."라고 하자, 맹자가 "사람을 죽임에 몽둥이와 칼날을 사용하는 것이 차이가 있습니까?"라고 물었다. 양혜왕이 "차이가 없습니다."라고 대답했다. 다시 맹자가 "사람 죽이기를 칼과 정치를 가지고 하는 것에 차이가 있습니까?"라고 묻자, 양혜왕이 "차이가 없습니다."라고 대답했다. 그러자 맹자가 "(왕의)푸줏간에는 살진 고기가 있고, 마구간에는 살찐 말이 있으면서, 백성들은 굶주린 기색이 있고 들에는 굶어 죽은 시체가 있다면, 이것은 짐승을 몰아서 사람을 잡아먹게 한 것입니다. 짐승끼리 서로 잡아먹는 것도 사람들은 미워하는데, 백성들의 부모가 되어 정치를 행하되 짐승을 몰아서 사람을 잡아먹게 하는 것에서 벗어나지 못한다면 백성

33 許宗興, 『孟子的哲學』, 臺北, 臺灣商務印書館, 1989년, 268쪽 참조.

들의 부모라고 할 수 있겠습니까? 중니仲尼께서 말씀하시기를 처음으로 토용을 만든 자는 후손이 없을 것이다. 하셨으니, 사람을 본떠서 사용하였기 때문입니다. 그런데 도대체 무엇 때문에 백성들을 굶어 죽게 만듭니까?"라고 했다.[34]

맹자는 제선왕이 희생에 쓰일 소를 동정하는 것을 찬양하며 "소신은 본래 왕이 차마 그렇게 하지 못한 것을 알고 있습니다." 라고 언급한 후에, 다시 제선왕을 일깨워 "지금 은혜가 금수에게까지 미치지만 그 효과가 백성에게 이르지 아니하는 것은 도대체 무슨 이유 때문입니까?"[35]라고 했다. 또한 양혜왕의 불인不仁에 대해서 맹자는 매서운 비판을 한다.

불인하다 양혜왕이여! 인자仁者는 그 사랑하는 것으로써 그 사랑하지 아니하는 것에까지 파급시키고, 불인한 사람은 그 사랑하지 아니하는 것으로써 그 사랑하는 것에까지 파급시킨다. 공손추가 "무슨 말씀이십니까?"라고 묻자, 맹자가 "양혜왕이 토지 때문에 그 백성을 썩어문드러지게 하면서 싸우게 하였다가 크게 패하고는, 곧 복수하려고 하되, 이기지 못할까 두려워하였기 때문에 그 사랑하는 자제를 전쟁터로 내몰아서 죽게 했으니, 이것을 그 사랑

34 『孟子』, 「梁惠王上」, "梁惠王曰: 寡人願安承敎. 孟子對曰: 殺人以梃與刃, 有以異乎? 曰: 無以異也. 以刃與政, 有以異乎? 曰: 無以異也. 曰: 庖有肥肉, 廏有肥馬; 民有飢色, 野有餓莩; 此率獸而食人也! 獸相食, 且人惡之; 爲民父母行政, 不免於率獸而食人, 惡在其爲民父母也? 仲尼曰: '始作俑者, 其無後乎!' 爲其象人而用之也. 如之何其使斯民飢而死也?"

35 『孟子』, 「梁惠王上」, "今恩足以及禽獸, 而功不至於百姓者, 獨何與?"

하지 아니하는 것으로써 그 사랑하는 것에까지 파급시킨다고 하는 것이다."라고 대답했다.[36]

맹자는 진일보하여 제후들에게 임의로 전쟁을 일으키지 말 것을 호소하는데, 그는 양혜왕의 "천하가 어떠한 상태에서 안정되겠습니까?"라는 질문에 대해 "사람 죽이기를 좋아하지 아니하는 자가 하나로 통일할 수 있을 것입니다."라고 대답하며, 또한 「고자하」 편과 「이루상」 편의 두 곳에서 말하기를 "백성을 가르치지 아니 하고서 (전쟁에)쓰는 것을 백성에게 재앙을 입히는 것이라고 한다.", "땅을 다투어 싸워서 사람들을 들에 가득하게 죽이며, 성을 다투어 싸워서 사람을 성에 가득하게 죽이는 것에 있어 서랴! 이는 이른바 토지를 거느려 사람의 고기를 먹게 하는 것이다." 즉 맹자는 양나라와 제나라를 전국칠웅戰國七雄중의 강대국으로 여기고 양혜왕 및 제선왕에게 주동적으로 전쟁을 일으키지 말 것을 권고하여 천하에 평화가 회복되는 가운데 보민保民의 목적을 이룰 수 있다고 보았다.[37]

그렇다면 약소국의 상황은 어떠한가? 그들이 주동적으로 전쟁을 일으키지 않는다고 하여도 늘 임전태세를 갖추어야 하는데 그것은 강대국이 수시로 약소국을 침략할 가능성이 있기 때문이

36 『孟子』, 「盡心下」, "不仁哉, 梁惠王也! 仁者以其所愛, 及其所不愛; 不仁者以其所不愛, 及所愛. 公孫丑曰: 何謂也? 梁惠王以土地之故, 糜爛其民而戰之, 大敗, 將復之, 恐不能勝, 故驅其所愛子弟以殉之. 是之謂以其所不愛, 及其所愛也."

37 郎擎霄, 『孟子學案』, 上海, 商務印書館, 1928년, 98쪽 참조.

니, 송나라·등나라 등의 약소국의 우려는 바로 이점에 있었다. 이러한 약소국 제후들의 우려에 대해 맹자는 세 가지의 처방을 내놓는다. 이때 우리는 이러한 처방들 사이에 첨예한 긴장관계가 존재함을 발견할 수 있다.

첫째는 왕도정치를 지속적으로 펴나가는 것이다. 우리는 잠시 맹자와 만장萬章의 대화를 살펴보지 않을 수 없다. 만장이 "송나라는 약소국입니다. 이제 장차 왕도정치를 행하려하니, 제나라와 초나라가 그것을 싫어하여 공격하면 어떻게 합니까?"[38]라고 한 질문은 매우 당연한 문제 제기였다. 이에 대하여 맹자는 우선 탕왕이 갈백葛伯을 정벌한 이야기를 인용한 후에 충만한 자신감으로 다음과 같이 말한다.

> 왕도정치를 하지 않는 다고 하면 그 뿐이거니와, 진실로 왕도정치를 행한다면 사해四海 안의 모든 사람들이 머리를 들고 우러러 볼 것이며 군주를 삼고자 할 것이니, 제나라와 초나라가 비록 크지만 무엇을 두려워하겠는가![39]

위의 인용문을 통해서 알 수 있듯이 맹자는 만장의 질문에 정면으로 대답하지 않는다. 만장이 한 질문의 핵심은 "만약 제나라와 초나라가 송나라를 공격한다면 어떻게 합니까?"에 있었으며,

38 『孟子』, 「滕文公下」, "宋, 小國也. 今將行王政, 齊楚惡而伐之, 則如之何?"

39 『孟子』, 「滕文公下」, "不行王政云爾. 苟行王政, 四海之內, 皆擧首而望之, 欲以爲君; 齊楚雖大, 何畏也!"

맹자의 대답은 “왕도정치를 실행하기만 한다면 제나라와 초나라의 공격을 두려워 할 필요가 없다”는 것이었다. 이러한 맹자의 대답은 양혜왕과 제선왕에게 말한 것과 같은 맥락으로 매우 낙관적인 가설에 기초한 것으로 약소국이 처한 곤경을 직시한 것이 아니라고 할 수 있는 것이다.

둘째는 왕도정치를 시행하면서 한편으로는 강대국에 순종하는 것이다.

> 천하에 도道가 있을 때는 덕이 작은 사람이 덕이 큰 사람에게 부림을 받고 조금 현명한 사람이 크게 현명한 사람에게 부림을 받는다. 천하에 도가 없을 때는 작은 사람이 큰 사람에게 부림을 받고 힘이 약한 사람이 센 사람에게 부림을 받는다. 이 두 가지는 하늘天이니, 하늘을 따르는 자는 살고 하늘을 거스르는 자는 죽는다. 제경공이 말하기를 “이미 명령할 수 없으니, 또한 명령을 받지 아니하면 이는 남과의 관계를 끊는 것이다.”하고는 눈물을 흘리면서 오나라에 딸을 시집보냈다. 지금 약소국이 강대국의 소행을 본받으면서 명령받는 것을 부끄러워 하니, 이는 제자이면서 스승에게 명령받는 것을 부끄러워하는 것과 같다. 만일 그것을 부끄러워한다면 문왕을 본받는 것만 못하니, 큰 나라는 5년, 작은 나라는 7년이면 반드시 천하에서 다스리게 될 것이다.[40]

40 『孟子』, 「梁惠王下」, “天下有道, 小德役大德, 小賢役大賢; 天下無道, 小役大, 弱役强, 斯二者, 天也. 順天者存, 逆天者亡. 齊景公曰: ‘旣不能令, 又不受命, 是絕物也.’ 涕出而女於吳. 今也, 小國師大國, 而恥受命焉, 是猶弟子而恥受命於先師也. 如恥之, 莫若師文王. 師文王, 大國五年, 小國七年,

위의 인용문에서 맹자가 언급한 "문왕의 정치文王之政"를 "약소국이 강대국에게 순종하는 한편, 다른 한편으로는 왕도정치를 실행하면 7년 후에는 천하에서 호령할 수 있다."로 해석할 수 있는데, 이는 왕도정치를 시행하고 다시 강대국에게 복종한다는 것이기 때문에, 이러한 정책의 청사진은 첫 번째 청사진과 비교할 때 약간은 실제적인 요소가 있다고 할 수 있다. 그러나 "왕도정치를 시행하는 한편 강대국에게 복종한다."면 과연 강대국의 침략을 피할 수 있는 것인가? 등문공은 왕도정치를 시행해야 하는 한편 강대국에게 복종해야만 하는 어려움 속에서 어쩔 수 없음을 통감하면서, 맹자에게 "등나라는 약소국입니다. 힘써 강대국을 섬기지만 침략을 면할 수 없으니, 어떻게 해야 합니까?"[41] 라고 묻자, 맹자는 즉시 영토를 버리고 도주하라고 대답했다.

> 적인狄人들이 원하는 것은 우리의 토지다. 내가 들으니 군자는 사람을 기르기 위한 것을 가지고 사람을 해치지는 아니한다고 하였다. 여러분들은 임금이 없다고 무슨 걱정이겠는가? 나는 장차 떠나리라.[42]

셋째로 맹자는 등문공에게 무력으로서 강대국의 침략에 대항

必爲政於天下矣."

41 『孟子』, 「梁惠王下」, "滕, 小國也. 竭力以事大國, 則不得免焉. 如之何則可?"

42 『孟子』, 「梁惠王下」, "狄人之所欲者, 吾土地也. 吾聞之也, 君子不以其所以養人者害人, 二三子何患無君, 我將去之."

할 것을 건의한다. 위의 인용문에 이어서 맹자는 다음과 같이 말했다.

> 어떤 이는 말하기를, "대대로 지켜오는 것이므로 자신이 마음대로 할 수 있는 것이 아니니, 죽음을 바치더라도 떠나지 말라." 하니, 임금께서는 이 두 가지 중에서 선택하소서.[43]

위의 인용문에서 "죽음을 바치더라도 떠나지 말라"에 관해서 맹자는 그 구체적인 내용을 설명한다.

> 등문공이 물었다. "등나라는 작은 나라로 제나라와 초나라 사이에 끼여 있으니, 제나라를 섬길까요? 초나라를 섬길까요?" 맹자께서 대답했다. "이러한 계책은 내가 미칠 수 있는 바가 아닙니다. 그만두지 말라고 한다면 하나의 방법이 있으니, 성벽 주위에 해자를 파고 성벽을 높게 쌓아 백성과 함께 지켜서 죽음을 바치더라도 백성들이 떠나가지 않는다면 이는 해볼 만합니다.[44]

결국 강대국의 침략을 방어하기 위해서 약소국의 제후는 반드시 백성을 동원하여 국가를 방위해야만 하는 까닭에 백성들은

---

43 『孟子』, 「梁惠王上」, "或曰: '世守也, 非身之所能爲也, 效死勿去.' 君請擇於斯二者."

44 『孟子』, 「梁惠王下」, "滕文公問曰: 滕, 小國也, 閒於齊楚. 事齊乎? 事楚乎? 孟子對曰: 是謀非吾所能及也. 無已, 則有一焉: 鑿斯池也, 築斯城也, 與民守之, 效死而民弗去, 則是可爲也."

역시 전쟁터로 내몰려 죽게 된다. 비록 이러한 것이 맹자가 지적한 '침략전쟁'은 아닐 지라도, 우리가 보민保民의 관점을 고려한다면 맹자 왕도정치사상 중에 있어서 '보민'이상은 곧 중대한 딜레마에 빠지게 된다. 맹자의 '보민'정책에 대한 이상의 딜레마는 단지 이곳에만 있는 것은 아니다. 우리는 맹자가 철저한 '반전주의자'가 아니라는 사실을 주의해야만 한다. 즉 맹자는 상나라 탕왕·주나라 무왕의 정복전쟁을 적극적으로 긍정했다는 것이다. 다시 말하면 맹자가 주공周公이 50개국을 멸망시킨 정복전쟁을 "천하가 크게 기뻐했다"고 찬양한 사실이 그것이다. 그러나 물론 전쟁을 일으킨 대의大義가 어떠하던 지간에 이러한 큰 전쟁이 발생한다면, 결국은 맹자가 제창한 '보민'은 하나의 공허한 구호에 불과한 것으로 변하게 된다.

맹자의 양민養民이상의 구체적인 내용은 다음과 같이 세 가지로 나누어볼 수 있다. 즉 토지제도의 확립과 산림·호수자원에 대한 개방 및 상업의 진작과 교통의 활성화이다.

일반적으로 맹자의 토지정책은 맹자의 양민이상의 핵심부분일 뿐만 아니라 전체 유가정치사상의 정화로 이해되어진다. 특히 그 정책의 청사진을 '정전제도井田制度'라고 부르는데 이후의 역대왕조의 정책 가운데 자주 언급되었던 토지제도로 되었다.

춘추시대이전의 맹자가 언급한 정전제도의 존재여부 문제에 관해서는 일찍이 많은 학자들이 언급 하였으나 현재에 이르기까지 아직 정론이 없는 상황이다. 이러한 문제에 대한 학자들의 견해는 대략 세 가지로 귀납될 수 있는데, 하나는 맹자가 언급한 정전제도가 맹자 이전에 확실히 존재했었다는 견해(전목錢穆·양관楊寬)이고, 다른 하나는 일정한 조건 속에서 정전제도는 이미 존재할 수 있었다고 하는 견해(후가구侯家駒)이고, 또 다른 하나는 정전제도의 대부분은 맹자 자신이 구상한 것이라는 견해(제사화齊思和)이다.[45] 여기에서는 맹자 이전에 정전제도가 존재했었는지의 문제에 대해서는 서주시대 전체의 토지제도를 어떻게 평가해야 하는 것에 관련된 큰 문제이기 때문에 언급을 피하겠으며, 다만 정전제도의 주요한 내용인 '양민'이상이 어떻게 당시의 사회문제에 반영되는지, 그리고 맹자가 내놓은 이러한 이상의 목적이 어떤 것인가의 문제에 관해서만 논급하겠다.

정전제도는 맹자가 등문공이 한 위국爲國의 질문에 대한 대답으로 내놓은 정책의 청사진이다. 당시 맹자가 이러한 정책의 청사진을 내놓은 목적은 첫째 "일정한 재산을 가지지 아니한 자는 일정한 마음을 갖지 못하는 것이니, 진실로 일정한 마음을 갖지 못하면, 방자함·편벽됨·사악함·호화스러움을 하지 아니하는 것이 없다."[46]와 둘째 "폭군과 더러운 관리들은 반드시 그 경계를 다스리는 일을 게을리 한다."[47] 등의 문제를 해결하기 위해서와 농민들이 "죽거나 이사를 하더라도 고향을 벗어남이 없게 되면

45 錢穆, 『國史大綱』 卷上, 臺北, 臺灣商務印書館, 1991년, 58~65쪽; 楊寬, 『古史新探』, 北京, 中華書局, 1965년, 111~134쪽; 侯家駒, 「井田叢考」, 『大陸雜誌』 卷67, 第3期, 臺北, 1972년 11~30쪽; 齊思和, 『中國史探研』, 臺北, 弘文館, 1985년 169~183쪽 참조.

46 『孟子』, 「滕文公上」, "無恒産者, 無恒心, 苟無恒心, 放辟邪侈無不爲已."

47 『孟子』, 「滕文公上」, "暴君汙吏, 必慢其經界."

고향 땅의 정지를 함께 하는 자들이 출입할 때 서로 벗하며, 지키고 망볼 때 서로 도우며 질병이 있을 때 서로 돌볼 것이다."[48] 와 같은 생활을 실현하여 "백성들이 친목하게 되는" 이상을 달성하기 위해서 이다. 이러한 정전제도의 내용에 대하여 맹자가 내놓은 정책의 청사진은 다음과 같이 매우 분명하다.

> 사방 1리가 되면 정지가 되는 것이니, 구백 무를 정자로 나누어 그 가운데가 공전이 된다. 여덟 집에서 모두 백 무씩을 사전으로 받는데, 함께 공전을 가꾸어 공전의 일이 끝난 뒤에 감히 사전의 일을 다스리게 되는 것이니 야인을 구별하기 위한 것이다.[49]

위에서 서술한 맹자 정전제도의 목적과 내용을 분석하면 다음과 같은 사실을 발견할 수 있다. 즉 정전제도가 의도하는 바는 여덟 가구를 기층 단위로 한 촌락공동체를 회복하여 농민의 기본생활을 확보한다는 것이다. 그리고 "여덟 식구의 집", "여덟 가구 모두 백무의 땅을 소유함", "남는 이십오 무"의 문구에서 맹자의 정전제도는 한 부부의 소가족을 전제로 하여 설계되었다는 사실이다.

이와 같이 보면 우리는 맹자 정전제도의 최종목표가 소가족위

---

48 『孟子』, 「縢文公上」, "死徙無出鄕, 鄕田同井, 出入相友, 守望相助, 疾病相扶持."

49 『孟子』, 「縢文公上」, "方里而井, 井九百畝, 其中爲公田; 八家皆私百畝, 同養公田. 公事畢, 然後敢治私事. 所以別野人也."

주의 촌락공동체를 회복하는데 있다고 생각할 수 있다. 만일 정전제도의 "사방 1리가 되면 정지가 되는", "구백 무를 정자로 나누어"등의 형식적인 문제를 피해 언급하지 않는다면, 우리는 정전제도가 맹자의 허황된 말이 아니고 그가 당시의 소가족제도가 점차 형성되어 가는 역사적인 추세와 긴밀하게 배합하여 내놓은 개혁의 청사진이라고 말할 수 있을 것이다.

맹자의 '양민'이상의 두 번째 내용에 관해서는 그가 양나라와 제나라 등 강대국의 군주들에게 내놓은 이상적인 정책 속에 나타나 있다.

> 제선왕이 물었다. "문왕의 동산이 사방 70리라 하니 그러한 사실이 있습니까?" 맹자께서 대답했다. "전적에 그러한 것이 있습니다." 말하기를 "이와 같이 큽니까?" 말하기를 "백성들이 오히려 작다고 여겼습니다." 말하기를 "과인의 동산은 사방 40리 임에도 불구하고 백성들이 오히려 크다고 여기는 것은 어째서 입니까?" 말하기를 "문왕의 동산은 사방 70리 인데 꼴 베고 나무하는 자들이 거기에 가며 꿩을 잡고 토끼를 잡는 자들이 거기에 가게 되어, 백성과 함께 소유 하였으니 백성들이 작다고 생각하게 된 것도 또한 마땅하지 않습니까? 제가 처음 국경에 이르러 나라에서 크게 금지시키는 것을 물은 연후에 감히 들어왔습니다. 내가 듣기에 교외의 관문 안에 동산 사방 40리가 있는데 그 동산의 사슴을 죽인 죄가 사람을 죽인 죄와 같다고 하니 이는 나라 가운데에 사방 40리의 함정을 만든 것이니, 백성들이 크다고 여기는 것이 당연하지 않습니까?[50]

위의 인용문에서 우리는 제나라의 "크게 금지시키는 것"이 모든 산림자원을 의미하는 것인지를 판단할 수 는 없으나, 당시 제나라가 산림자원의 관리에 대해서 매우 엄격했음을 알 수 있다.[51] 이러한 상황 속에서 백성들의 생활공간과 생계수단은 점차 새롭게 국가의 독점에 의해서 침해되어 가는 지경에 이르러 결과적으로 백성들은 납세와 부역의 고통을 감내 해야 할 뿐만 아니라 산림자원을 이용할 수 있는 권리마저도 박탈당하게 된다. 그러므로 농사에 의지하는 농민들은 흉년이 들게 되면 당연히 노약자들이 굶어죽어 구덩이에 뒹구는 상황이 발생하게 되는 것이다. 맹자는 군주들이 산림자원을 독점하여 백성들이 동산에 들어가는 것을 제한하는 것은 함정과 다르지 않다고 생각한 것이다.

'양민'이상의 세 번째 내용은 곧 상업정책에 관련된 것이다. 맹자가 상업정책에 관하여 언급한 부분은 많지는 않지만 상업사상에 관계되는 것으로 보여 지는 부분은 다음과 같다.

---

50 『孟子』, 「梁惠王下」, "齊宣王問曰: 文王之囿, 方七十里, 有諸? 孟子對曰: 於傳有之. 曰: 若是其大乎? 曰: 民猶以爲小也. 曰: 寡人之囿, 方四十里, 民猶以爲大, 何也? 曰: 文王之囿, 七十里, 芻蕘者往焉, 雉兎者往焉, 與民同之; 民以爲小, 不亦宜乎? 臣始至於境, 問國之大禁, 然後敢入. 臣聞郊關之內, 有囿方四十里, 殺其麋鹿者, 如殺人之罪. 則是方四十里, 爲阱於國中; 民以爲大, 不亦宜乎?"

51 「梁惠王下」에서 맹자가 "못이나 통발로 물고기 잡는 도랑에 대해 금지시키는 것이 없으며"라고 한 말을 고려한다면, "금지시키는 것이 없는"다는 말은 '사슴'등 큰 동물을 포함할 뿐만 아니라 또한 마땅히 많은 산림자원을 포함 시켜야한다.

> 시장에서 점포 세만 받고 물품 세를 받지 않거나 관리만 하고 점포세도 받지 않으면 천하의 상인들이 모두 기뻐하여 그 시장에 장사하기를 원할 것이다. 관문에서 살피기만 하고 통관세를 받지 않으면 천하의 여행자들이 모두 기뻐하여 그 도로를 이용하고자 할 것이다.[52]

여기에서 맹자는 상인의 증가는 국가발전에 장애가 되지 않는 것으로 생각한 것처럼 보여 진다. 만일 맹자의 이러한 생각을 '자유경제사상'[53]이라 하고 당시의 상업을 천시하던 사상의 풍조와 비교해 본다면 그 관점은 당시의 사회경제 전반에 대한 종합적인 판단을 통해서 체득한 결과라고 할 수 있다. 맹자의 상업에 대한 중시는 당시 머물렀던 제나라의 수도인 임치臨淄가 상업발달의 중심지였던 것과 관련 있다.

교민教民 이상 역시 맹자 왕도정치사상의 중요한 내용의 하나인데 이러한 이상이 후대에 더욱 발전하여 '교화사상'이 되며 동시에 백성을 교화시키는 효과로 인해서 역대왕조에서 선정善政을 실행하는 중요한 지표로 평가되어 왔다.

맹자가 언급한 '교민'이상의 부분은 다음과 같다.

> 그 농사지을 때를 빼앗지 아니하면 몇 식구의 집안이 굶주림이

52 『孟子』, 「公孫丑上」, "市, 廛而不征, 法而不廛, 則天下之商, 皆悅而願藏於其市矣; 關, 譏而不征, 則天下之旅, 皆悅而願出於其路矣."

53 侯家駒, 『先秦自由經濟思想』, 臺北, 聯經出版事業公司, 1985년, 63쪽 참조.

없을 수 있으며, 상서의 가르침을 신중히 하고 거듭나기를 효제의 의리로써 한다면 머리가 반백이 된 자가 도로에서 지거나 이지 않을 것입니다.[54]

상庠과 서序 학學과 교校를 설치하여 가르쳤으니, 상은 기른다는 뜻이고, 교는 가르친다는 뜻이며, 서는 활을 쏜다는 뜻입니다. 하나라 에서는 교라 하였으며, 은나라 에서는 서라 하였으며, 주나라에서는 상이라 하였으며 학은 삼대三代가 공통이었으니 모두 인륜을 밝히기 위한 것이었습니다. 인륜이 위에서 밝아지면 백성들이 아래에서 한마음이 됩니다. 왕자가 나타남이 있으면 반드시 와서 법을 취할 것이니, 이는 왕자의 스승이 되는 것입니다.[55]

백성을 가르치지 아니하고서 (전쟁에)쓰는 것을 백성에게 재앙을 입히는 것이라고 한다.[56]

좋은 정치善政는 백성들의 재물을 얻고 좋은 교화善敎는 백성들의 마음을 얻는다.[57]

---

54 『孟子』, 「梁惠王上」, "勿奪其時, 數口之家可以無飢矣. 謹庠序之教, 申之以孝悌之養, 頒白者不負戴於道路矣."

55 『孟子』, 「滕文公上」, "設爲庠序學校以教之 庠者, 養也. 校者, 教也. 序者, 射也. 夏曰校, 殷曰序, 周曰庠, 學則三代共之, 皆所以明人倫也. 人倫明於上, 小民親於下. 有王者起, 必來取法, 是爲王者師也."

56 『孟子』, 「告子下」, "不教民而用之, 謂之殃民."

57 『孟子』, 「盡心上」, "善政得民財, 善教得民心."

> 군자가 가르치는 방법이 다섯 가지이니, 단비가 내려 일시에 만물을 소생시키듯이 하는 것이 있으며, 덕을 이루게 하는 것이 있으며, 재질을 통달하게 하는 것이 있으며, 물음에 답하는 것이 있으며, (직접 가르치지 않고) 사적私的으로 잘 도야하게 하는 것이다. 이 다섯 가지는 군자가 가르치는 방법이다.[58]

이상과 같이 맹자에게 있어서의 교敎는 도덕교육의 '교'임을 알 수 있다. 이러한 '교'의 의미는 『논어』에도 있는데, 만일 "공자는 네 가지로 가르친다."는 말을 "공자가 제자들에게 가르치는 네 가지 내용"으로 해석한다면, 공자가 가르치는 주요한 대상은 피통치계층의 백성들을 포함하지 않고 그의 제자들에게만 국한된 것처럼 보인다. 또한 이 문장 속에서는 교육내용 역시 새로운 형태의 국가행정 업무와 관련된 인재의 지식과 행동규범을 배양시키는 것과 관련 있는 것처럼 보인다. 그렇다면 초기유가에서는 모든 백성들에 대한 교육을 부정하는 것인가? 『논어』, 「술이」 편에 있는 "속수束脩의 예를 행한 자에서부터 그 이상은 내 일찍이 가르쳐주지 않은 적이 없다."의 내용을 고려한다면 초기유가에서는 농민 등의 피 통치계층의 사람들을 받아 들였음을 알 수 있다. 그러나 이러한 사실로써 초기유가가 모든 백성들에게 광범위하게 교육을 확대하려는 의도를 가지고 있었다고 추론할 수 있는 것일까? 설사 우리가 『논어』, 「자로」 편에서 공

58 『孟子』, 「盡心上」, "君子之所以敎者五. 有如時雨化之者, 有成德者, 有達財者, 有答問者, 有私淑艾者. 此五者, 君子之所以敎也."

자가 염유冉有에게 말한 "그것을 가르친다教之"의 '교敎'자가 교련教鍊의 의미를 갖고 있을 뿐만 아니라 '도덕교육'의 의미도 포함하고 있다고 인정해도, 역시 초기유가가 진정으로 모든 백성들에게 교육을 확대하려는 의도를 가지고 있었는지에 대해서는 의심의 여지가 남는다. 이러한 문제에 대해 『논어』, 「양화」 편의 한 장이 단서를 제공한다.

> 공자가 무성武城에 가서 현악에 맞추어 부르는 노래 소리를 들었다. 공자가 빙그레 웃으며 말했다. "닭을 잡는데 어찌 소 잡는 칼을 쓰느냐?" 자유子游가 대답했다. "전에 제가 선생님께 듣자오니, 군자가 도를 배우면 남을 사랑하고, 소인이 도를 배우면 부리기가 쉽다고 하셨습니다." 공자가 말했다. "언偃의 말이 옳다. 좀 전에 한말은 농담이다."

만일 공자와 자유의 대화 내용이 무성에 대한 '교화'(풍속을 개정함)에 관련된 것이라면, 자유가 한 한마디의 말을 주의해야 한다. 즉 "소인이 도를 배우면 부리기 쉽다." 이것뿐 아니라 공자는 자유의 의견에 전적으로 동조하는데, 이는 초기유가가 일반 백성에 대해서 교육을 시행할 때 통치자로서 공리주의적인 성향이 짙었음을 의미한다.

위의 관점에 비춰볼 때 맹자의 교민 이상에서 주의할만한 가치는, 맹자의 '교'의 대상은 그의 제자나 문인에만 국한되지 않고 가장 기층인 빈궁한 농촌공동체에 까지 확대한 것이라는 사실이다. 이는 곧 맹자의 '교민'이상이 모든 백성들을 교육시키기 위해 설계된 것이라고 말할 수 있다. 그렇다면 맹자의 교육이상이 초기유가의 공리주의적 성향을 완전히 탈피한 것이라고 말할 수 있을까? 사실 우리는 맹자의 교육이상 속에 공리주의적인 요소가 전혀 없다고는 말할 수 없다. 그러나 『맹자』, 「양혜왕상」편에 있는 "상서의 가르침을 신중히 하고 거듭하기를 효제의 의리로써 한다면"과 뒤이어 "머리가 반백이 된 자가 도로에서 지거나 이지 않을 것이다."라고 한 말속에서 우리는 맹자의 교민이상의 주요목적이 도덕을 회복하는데 있으며 또한 붕괴하고 있는 농촌기층공동체의 윤리질서를 재건하는데 있다고 할 수 있다. 이와 같이 볼 때 맹자가 내놓은 교민이상 추진의 정책 청사진은 확실히 시대를 초월한 보편적인 가치가 있는 것이다.

5. 맺는 말

지금까지 살펴본 내용은 유가정치이상의 정수라고 할 수 있는 왕도정치사상 이었다. 맹자에게 있어서의 '왕王' 개념은 기본적으로 춘추시대 이래의 '왕' 개념을 계승하여 통치자에게 있어서의 도덕과 행동상의 최고 경계를 말하는 것이며, 또한 이러한 각도에서 본다면 맹자의 '왕'은 곧 일종의 맹자 자신의 사유의 결과라는 것이다.

또한 맹자는 당시 사회의 현실을 일반 민중들의 생활 상태를 통해서 분석했는데, 전국시대의 사회는 기층촌락이 붕괴의 위기에 처한 상황으로 특히 흉년이 들었을 때 일반 민중들의 삶이 철저하게 파괴되는 원인을 과중한 세금과 노역·전쟁에의 동원 그리고 산림과 호수 등등 자연자원의 독점 때문이라고 보았다. 맹자는 이렇게 각 국의 제후들이 자행한 학정은 다음과 같은 결과를 초래한다고 생각했다. 즉 이렇게 제후들이 일반 민중들을 희생시켜 만든 번영은 매우 취약한 것이며 심지어는 국가의 멸망을 가져온다고 지적하였다. 또한 이러한 상황 즉 백성들이 안심하고 살 수 없는 세태 속에서 맹자는 '왕자'가 나타날 것이라고 확신했다.

그리고 맹자는 이러한 시대의 상황을 종식시킬 수 있는 구체적인 정책대안을 내놓는데, 그 첫 번째로 전쟁의 재해로부터 백성들을 보호한다고 하는 '보민'정책으로, 제후들에게 임의로 전쟁을 일으키지 말 것을 역설하여 천하에 평화가 회복되는 가운데 '보민'정책의 목적을 이룰 수 있다고 보았다. 둘째로는 백성들의 삶을 보장하여 촌락공동체를 재생시킨다고 하는 '양민'정책으로, 그 구체적인 내용은 토지제도의 확립을 통하여 백성들을 기근으로부터 벗어나게 하고 산림·호수 자원을 개방하여 백성들의 생활공간과 생계수단을 국가가 독점하지 않는 것이며 또한 상업의 진작과 교통의 활성화를 통해 사회경제를 발전시키는 것이었다. 셋째로는 백성들을 교화시켜 이상적인 공동체를 창조한다고 하는 '교민'정책으로, 도덕의 회복을 통하여 붕괴하고 있는 농촌기층공동체의 윤리질서를 재건한다는 것이다.

이상과 같이 맹자는 '보민'·'양민'·'교민'의 세 정책의 시행을 통해서 천하를 통일하는 것이 바로 왕도정치의 완성이라고 생각했다. 또한 맹자는 이러한 정책을 시행하여 달성한 제후를 '왕자王者'의 자격을 갖춘 것으로 보았다. 그러나 한 국가 내에서만 인정仁政을 실행해서는 왕도정치를 완성할 수 없는 것이라고 했는데, 이는 곧 왕자는 반드시 학정 속에서 고통 받고 있는 천하의 모든 백성들을 해방 시켜야하기 때문이다. 그러므로 맹자는 천하의 모든 백성들을 학정에서 해방시키는 것을 진정한 왕도정치의 완성으로 보았다.

| 참고문헌 |

孫星衍, 『尙書今古文注疏』, 平津館叢書本.

朱熹, 『四書章句集注』, 海淵閣明刻本.

郎擎霄, 『孟子學案』, 上海, 商務印書館, 1928년.

唐迪風, 『孟子大義』, 北京, 北平直隸書局, 1931년.

李信言, 『孟子政治思想及經濟思想』, 上海, 易社, 1938년.

楊寬, 『古史新探』, 北京, 中華書局, 1965년.

侯家駒, 『先秦儒家自由經濟思想』, 臺北, 聯經出版事業公司, 1985년.

許宗興, 『孟子的哲學』, 臺北, 臺灣商務印書館, 1989년.

葉經柱, 『孟子之民本主義』, 臺北, 正中書局, 1990년.

蔡仁厚, 『孔孟荀哲學』, 臺北, 學生書局, 1990년.

錢穆, 『國史大綱』 卷上, 臺北, 臺灣商務印書館, 1991년.

黃俊傑 主編, 『孟子思想的歷史發展』, 臺北, 中央硏究院 中國文哲硏究所籌備處, 1995년.

劉鄂培, 『孟子大傳』, 北京, 清華大學出版社, 1998년.

侯家駒,「井田叢考」,『大陸雜誌』 卷67, 第3期, 臺北, 1972년.
近藤正則,「『讀余隱之尊孟辨』に見える朱子の孟子不尊周への對應」,『日本中國學會報』 第33集, 日本中國學會, 1981년.
倉田信靖,「『孟子』の“春秋天子之事也”に就いて」,『日本中國學會報』 第38集, 日本中國學會, 1986년.

제4절

궁극적인 민생 안정의 길

1. 시작하는 말

맹자는 공자의 철학사상을 계승하여 발전시켰다고 할 수 있다. 맹자의 경제사상은 농민과 수공업자 등을 포함한 기층의 생산자 계층의 요구를 대표한다고 할 수 있다. 맹자는 분업과 가격 및 농단 등의 개념에서 기본적이고 정확한 자신의 견해를 제기했다. 맹자의 이론이 반영하는 계층은 비교적 복잡하기 때문에, 그의 경제관점에는 마음을 쓰는 것과 육체의 힘을 쓴다고 하는 관점이 존재하고 있으며, 또한 농민들에게 토지를 제공해야 한다고 하는 관점이 담겨져 있고, 농민들을 행복하게 만들고자 하는 관점 역시 포함되어 있는데, 예를 들자면 정전제도井田制度가 바로 그러한 것이라고 할 수 있는 것이다. 그러나 어떤 측면의 문제에 있어서는 맹자가 백성들의 이익을 위해서 변호한다고들 하고는 있지만, 한편으로는 민중들을 대표하는 학파에 대하여 공격적인 태도를 취하기도 한다. 예를 들면 묵가와 농가에 대한 비판이 그것이다.

현대의 일부 학자들은 맹자가 어떤 때에는 자신의 주장을 강력하게 강조하기 위하여 다른 사람들의 학설에 대하여 신랄하게 공격함으로써 자신의 이론을 증명하려 했다고 주장하고 있기도 하다.[1] 예를 들자면 맹자가 주장한 홀아비와 과부 및 고아와 외로운 사람 등의 구제는 왕도정치의 시작인데, 자산子產의 "자신의 수레에 사람들을 태워 진수·유수를 건너게 해주었다"[2]는 것과 같은 구제행위에 대하여 비토를 한 것이 그것이다. 또한 어떤 사람은 맹자가 생산을 장려했기 때문에 구제정책에 반대했다고도 한다. 맹자가 생산을 장려한 것은 정확한 사실이지만, 곤경 속에서 신음하고 있는 백성들 한 사람 한 사람을 구제 하는데 그치거나 혹은 백성들 한 사람 한 사람을 기쁘게 하는데 그치는 것이 아니라, 그들의 근본적인 삶을 보장할 수 있는 기반을 마련해주는 정책이 바로 맹자의 왕도정치 정신이 추구하는 가치라고 할 수 있는 것이다.

맹자의 경제사상은 긍정적으로 평가받을 만한 부분이 매우 많다고 판단된다. 특히 정교하게 주장한 사회적인 분업의 이론 같은 경우와 '농단'관념과 실질적으로 경제의 기본정신을 중시한 점들은 정당한 평가를 받을 만한 가치가 있다고 생각된다.

본문에서는 맹자의 경제사상에 대하여 조세이론과 분업이론 그리고 물가정책 이론을 중심으로 논의를 진행해 나가도록 하

1 陳紹聞, 『中國經濟思想簡史』, 上海, 上海人民出版社, 1978년, 95쪽 참조.

2 『孟子』, 「離婁下」, "以其乘輿濟人於溱洧."

겠다.

2. 조세이론

맹자의 재정관련 사상은 그의 왕도정치사상의 기초가 된다고 할 수 있으며, 한편으로는 왕도정치를 실행하기 위해서는 충분한 재정수입이 필요조건으로 작용했다.

> 일 아닌 것이 없어서 봄이면 경작하는 것을 살펴 부족한 것을 보충해주고, 가을이면 거두는 것을 살펴서 모자라는 것을 돕습니다.[3]

> 천하를 얻는 것에 도가 있으니, 그 백성을 얻으면 곧 천하를 얻을 것이다. 그 백성을 얻는 것에 도가 있으니 그 마음을 얻으면 곧 백성을 얻을 것이다. 그 마음을 얻는데 도가 있으니, 바라는 것을 그들을 위해 모아주고, 싫어하는 것을 해주지 않는 것이다.[4]

> 군주가 도를 지향하지 않고 인에 뜻을 두지 않는데, 그를 부유하게 함을 구하면 이는 걸을 부유하게 하는 것이다.[5]

> 이와 같이 본다면 군주가 인정을 행하지 않는데도 부유하게 한다면 모두 공자에게 버림받을 자이다.[6]

---

3 『孟子』, 「梁惠王下」, "無非事者, 春省耕而補不足, 秋省斂而助不給."

4 『孟子』, 「離婁下」, "得天下有道 得其民, 斯得天下矣. 得其民有道 得其心, 斯得民矣. 得其心有道 所欲與之聚之, 所惡勿施爾也.."

5 『孟子』, 「告子下」, "君不鄕道, 不志於仁, 而求富之, 是富桀也."

위의 인용문에서와 같이 볼 수 있듯이 맹자는 국가의 조세정책은 백성들에게 유리하게 시행하는 것을 원칙으로 해야 한다고 생각했으며, 만일 그것이 백성들에게 불리하게 적용된다면 조세를 증세시켜서는 안 된다고 주장했다. 즉 맹자는 조세를 징수하거나 증세하는 것의 기준은 백성들에게 유리한지의 여부에 따라서 결정되어져야 한다고 주장했던 것이다. 호기창胡寄窗은 맹자가 말하는 백성이란 곧 피통치자계층의 사람들을 지칭하는 것으로 신흥지주계층의 사람들 역시 그 속에 포함된다고 하였으며, 조세를 징수하는 국가의 군주는 당시의 봉건영주를 지칭한다고 했다. 즉 맹자는 피통치자계층의 사람들을 대표하여 재정 부담과 조세의 징수를 백성들에게 유리하도록 경감시켜줘야 한다고 주장했다. 맹자의 관념 속에서의 주요한 납세자는 바로 신흥지주와 농민과 공인 등과 같은 생산업에 종사하는 사람들이었다. 맹자는 만일 군주가 "도를 지향하지 않음", "인에 뜻을 두지 않음", "인정을 행하지 않음"과 같은 상태에 있음에도 불구하고 그에게 납세를 한다면, 이는 무도한 군주에게 더 힘을 실어주거나 혹은 백성들에게 폐해를 증가시키는 것과 같은 것이라고 생각했다. 그러므로 맹자의 기본정신은 정치의 좋고 나쁨이 백성들의 납세여부의 조건이 된다고 하는 것에 있다.[7]

맹자는 단일 농업세라고 하는 조세제도를 시행할 것을 주장했

6 『孟子』, 「離婁上」, "由此觀之, 君不行仁政而富之, 皆棄於孔子者也."
7 胡寄窗, 『中國經濟思想史』, 上海, 上海人民出版社, 1983년, 247쪽 참조.

는데[8], 이러한 제도는 전국시대 중기에는 시행하기에 상당한 어려움이 따르는 제도였다고 할 수 있다. 왜냐하면 이러한 제도의 시행과 유사한 주장이 서양에서는 18세기에 이르러 비로소 중농주의학파에 의해서 제기되었기 때문이다.

> 시장에서 자릿세만 받고 상품 거래세는 받지 않거나, 법으로 다스리기만 하고 자릿세도 받지 않으면 천하의 장사하는 사람이 다 기뻐하여 그 나라의 시장에 상품을 두고 팔기를 바랄 것이다. 관문에서는 살피기는 하되 세금을 받지 아니하면, 천하의 나그네가 다 기뻐하여 그 나라의 길에 나서기를 바랄 것이다. 농부에게는 공전을 경작하게 할 뿐 다른 세금을 받지 아니하면 천하의 농사짓는 자가 다 기뻐하여 그 나라의 땅에서 농사짓기를 바랄 것이다. 거주하는 주택에 인두세와 가구세가 없으면 천하의 백성이 다 기뻐하여 그 고장의 주민이 되기를 바랄 것이다.[9]

시장에 있는 상점에게 징세하지 않고 상품을 규정된 법에 의해서 사고팔게 할 뿐 상품 거래세를 징수하지 않으며, 관문에서 여행객들을 검문만 할 뿐 통행세를 징수하지 않으며, 택지에서 생산된 작물이 없으면 토지세를 징수하지 않고, 직업이 없는 사

8 葉龍, 『歷代人物經濟故事』, 香港, 壹出版有限公司, 1996년, 31쪽.

9 『孟子』, 「公孫丑上」, "市, 廛而不征, 法而不廛, 則天下之商皆悅, 而願藏於其市矣. 關, 譏而不征, 則天下之旅皆悅, 而願出於其路矣. 耕者, 助而不稅, 則天下之農皆悅, 而願耕於其野矣. 廛, 無夫里之布, 則天下之民皆悅, 而願爲之氓矣."

람들에게 인두세를 매기지 않는다고 하는 맹자의 조세정책은 국가의 재정수입을 주로 농업생산의 세금으로 충당하는 것으로 볼 수 있다.

맹자는 송나라의 대부였던 대영지戴盈之가 주장한 관문세나 시장세의 점진적인 철폐에 대하여 즉시 철폐하고 농업생산에 대한 세금만을 징수할 것을 주장한다. 농업생산세의 징수에 대하여 맹자는 "공전을 경작하게 할 뿐 다른 세금을 받지 않음"을 주장하는데, 이는 곧 국가가 대지주가 되어 백성들에게 공전公田을 경작케 하여 그 생산물로 세금을 충당케 한다는 것이다. 이러한 "공전을 경작하게 할 뿐 다른 세금을 받지 않음"은 맹자의 이상적인 조세정책이었던 것이다. 맹자가 생존했던 시대의 조세 징수 방법은 크게 구분하면 두 가지(현물과 노동) 형식으로 시행되었을 것이다. 즉 맹자가 "직물과 명주로 받는 징수, 곡식으로 받는 징수, 노동력으로 받는 징수가 있다"[10]라고 언급한 것이 그것이다. 고대 중국사회에서 시행된 세금징수는 직물로 하는 과세와 곡식으로 하는 과세와 노동력으로 하는 과세의 세 종류가 있었다. 맹자는 군주가 국가를 통치함에 세 종류의 과세 가운데 하나만을 징수해야 한다고 생각했는데, 만일 두 가지를 징수한다면 백성들은 굶주리게 될 것이며, 세 가지 모두를 징수 한다면 결국에는 백성들은 온 가족이 해체되고 국가질서는 무너지게 될 것이라고 생각했다.

10 『孟子』, 「盡心下」, "有布縷之征, 粟米之征, 力役之征."

조세제도에서 단일 과세제를 주장한 것 이외에 맹자는 과세 방식에 대해서도 매우 정밀한 분석을 내놓는다. 즉 맹자는 용자龍子의 의견에 동조하여 공납방식이 최악이고 공전을 경작케 하여 그 생산물로 세금을 충당하는 것을 최선으로 보았다. 공납은 그 액수의 많고 적음을 파악하기 위해서는 반드시 사전에 계산을 하여야만 하는데, 그 계산방법은 경작지의 몇 년간의 수확량을 평균으로 삼아서 산정한다. 즉 "공은 여러 해를 비교해서 그 중간치를 표준으로 삼는다."[11] 다시 말하면 납세를 해야 하는 백성들의 공물 수량은 이러한 계산의 평균액을 기준으로 하여 결정되는 것이라고 할 수 있다.

> 풍년이 든 해에는 쌀이 넘칠 정도로 흔하여 세금으로 많이 가져가도 가혹하지 않는데 적게 가져가고, 흉년에는 생산이 그 밭의 비료 값도 안 되는데 반드시 가득하게 가져가니, 백성의 부모가 되어서 백성들이 원망을 품게 하고, 일 년 내내 일을 하고도 그 부모를 봉양하지 못하게 하고, 또 빚으로 보태어 세금을 내게 하여 이자를 더 받아서, 늙은이와 어린이들이 개천과 구덩이 속에 굴러 죽게 하면 어디에 그 백성의 부모 됨이 있는가?[12]

이와 같이 볼 때, 공납방식을 채용하게 된다면 많은 사회적

11 『孟子』, 「滕文公上」, "貢者校數歲之中以爲常."

12 『孟子』, 「滕文公上」, "樂歲, 粒米狼戾, 多取之而不爲虐, 則寡取之. 凶年, 糞其田而不足, 則必取盈焉. 爲民父母, 使民盻盻然, 將終歲勤動, 不得以養其父母, 又稱貸而益之. 使老稚轉乎溝壑, 惡在其爲民父母也?"

문제들이 야기될 수 있다. 즉 공납금액이 한번 결정된 이후에는 융통성과 신축성이 부족할 수밖에 없기 때문에, 백성들의 입장에서는 풍년이 든 해에는 다소 많은 양을 징수한다고 해도 가혹하다고 생각하지 않지만, 한번 정해진 공납금액은 바꿀 수 없기 때문에 더 많은 양을 징수할 수 없는 것이다. 또한 흉년이 든 해에는 비료대기도 부족한데도 불구하고 공납금액 맞춰 징수해가니 백성들은 과도한 부담을 질 수밖에 없는 것이다. 공전을 경작케 하여 그 생산물로 세금을 충당하는 방법은 백성들이 노동력을 제공하여 공전에서 생산된 수확물로서 세금을 대납하게 하는 것이기 때문에 풍년이나 흉년에 구애받지 않고 안정적으로 세금을 납부할 수 있게 되는 것이다. 그러므로 맹자는 이러한 세금부과 방식이야말로 가장 이상적인 제도라고 생각했던 것이다.[13]

기본적으로 맹자는 수확량의 십분의 일을 농업세로 징수할 것을 주장했는데, 그가 이러한 주장을 한 근거는 바로 하夏·상商·주周 삼대의 "그 실상은 모두 십일조 세 이다"[14]세율에 의거한 것이라고 할 수 있다. 또한 송나라 대부 대영지戴盈之가 제기했던 "십일조 세와 관문·시장의 세금 철폐"[15]의 세제에 의거했다고 할 수 있다.

---

13 葉龍, 『歷代人物經濟故事』, 香港, 壹出版有限公司, 1996년, 32쪽.

14 『孟子』, 「滕文公上」, "其實皆什一也."

15 『孟子』, 「滕文公下」, "什一, 去關市之征."

> 백규가 "나는 이십분의 일만을 세금으로 받고자 하는데 어떻겠습니까?"라고 말하자, 맹자가 "그대의 도는 맥족의 도이다. 일만 호가 사는 나라에 한 사람이 질그릇을 만든다면 되겠는가?"라고 물었다. 백규가 "안 됩니다. 그릇이 쓰기에 족하지 않습니다."라고 대답했다. "맥족의 나라는 곡식이 나지 못하고 오직 기장만 나니, 성곽이며 궁실이며 종묘에서 제사하는 예가 없으며, 제후의 폐백이며 손님 접대가 없으며, 백관이며 실무관리가 없는지라 그러므로 이십에서 일을 취하여도 충분하다. 지금 중원에 살면서 인륜을 버리고 군자를 없이하면 어찌 옳겠는가. 질그릇 굽는 사람이 적을지라도 또한 나라를 위하여 옳지 않은데 하물며 군자가 없다니! 요순의 도보다 가볍게 하고자 하는 자는 대맥이거나 소맥이요, 요순의 도보다 무겁게 하고자 하는 자는 대걸 이거나 소걸이다."[16]

백규白圭는 전국시대의 재벌로서 이십분의 일의 세금만을 걷을 것을 주장했는데, 이렇게 할 경우 반드시 농업세 이외의 기타 세수로서 부족분을 충당 해야만 하는 상황이 발생할 수 있다. 맹자는 단일 농업세로부터 충분한 국가재정의 확충 문제까지 고려했기 때문에 백규의 징세방식에 대하여 반대를 했던 것이다.

16 『孟子』, 「告子下」, "白圭曰: '吾欲二十而取一, 何如?' 孟子曰: '子之道, 貉道也. 萬室之國, 一人陶, 則可乎?' 曰: '不可, 器不足用也.' 曰: '夫貉, 五穀不生, 惟黍生之. 無城郭宮室宗廟祭祀之禮, 無諸侯幣帛饔飧, 無百官有司, 故二十取一而足也. 今居中國, 去人倫, 無君子, 如之何其可也? 陶以寡, 且不可以爲國, 況無君子乎? 欲輕之於堯舜之道者, 大貉小貉也。 欲重之於堯舜之道者, 大桀小桀也.'"

이와 같이 볼 때 맹자는 과중한 세금징수에 반대했을 뿐만 아니라 국가재정을 부족하게 만들 수 있는 과도한 감세정책 역시 반대했다고 할 수 있다.

3. 분업이론

분업이론은 맹자 경제사상의 핵심이라고 할 수 있는데, 그는 분업의 필요성과 분업의 효용성에 대하여 명확한 인식과 함께 매우 정밀한 이론체계를 수립했다. 호기창胡寄窗은 맹자가 인식하고 이론체계를 수립한 분업이론은 고대의 학자들 가운데서도 매우 찾아보기 드문 경우라고 주장했다.[17]

맹자의 분업 필요성에 관한 사상은 허행許行의 자급자족이론에 대한 반대의 입장을 표명한 것에서 찾아볼 수 있다.

> 맹자가 "허행이라는 사람은 반드시 곡식을 심은 뒤에 먹는가?"라고 묻자, 진상이 "그렇습니다."라고 대답했다. "허행이라는 사람은 반드시 베를 짠 뒤에 옷을 입는가?"라고 묻자, 진상이 "아닙니다. 허행은 갈옷을 입습니다."라고 했다. "허행은 갓을 쓰느냐?" "갓을 씁니다." "무슨 갓을 쓰느냐?" "흰 갓을 씁니다." "스스로 짜느냐?" "아닙니다. 곡식과 바꿉니다." "허행은 어찌 스스로 짜지 않는가?" "농사를 짓는데 방해가 되기 때문입니다." "허행은 솥과 시루에 불 때어 밥 지으며, 쇠 쟁기로 밭을 가느냐?" "그렇습

17 胡寄窗, 『中國經濟思想史』, 上海, 上海人民出版社, 1983년, 238쪽 참조.

> 니다." "스스로 만드느냐?" "아닙니다. 곡식으로 바꿉니다." "곡식으로 기물을 바꾸는 것은 대장장이를 괴롭히는 것이 되지 않으니, 대장장이가 또한 기물로 곡식을 바꾸는 것이 어찌 농부를 괴롭히는 것이 되느냐? 또 허행은 어찌 대장장이를 하여, 모두 그 집안에서 내어다가 취하여 쓰지 않는가? 어찌 어수선하게 온갖 장인으로 더불어 교역을 하는가? 어찌 허행은 번거로움을 거부하지 않는가?" "온갖 장인의 일은 본디 밭을 갈면서 같이 하지 못할 노릇입니다." "그러면 천하를 다스리는 것만은 농사를 지으면서도 또한 같이 할 수 있다는 것이냐? 대인의 일이 있고 소인의 일이 있다. 또 한 사람의 몸에 온갖 장인이 하는 일을 갖추었어도, 만일 반드시 자기가 만든 뒤에 쓴다면 이것은 천하 사람들을 거느리고 분주하게 오가느라 쉴 새가 없는 것이다."[18]

맹자와 진상陳相의 대화 속에서 맹자가 치국의 도리로써 허행許行의 군주 자급설의 이론을 반박하는 것을 볼 수 있다. 맹자의 분업이론은 매우 명료하고 실제상황과 결합되어 있기 때문에 그 누가 본다고 해도 바로 명확하고 쉽게 사회적 분업의 중요성

18 『孟子』, 「滕文公上」, "孟子曰: 許子必種粟而後食乎? 曰: 然. 許子必織布而後衣乎? 曰: 否. 許子衣褐. 許子冠乎? 曰: 冠. 曰: 奚冠? 曰: 冠素. 曰: 自織之與? 曰: 否. 以粟易之. 曰: 許子奚爲不自織? 曰: 害於耕. 曰: 許子以釜甑爨, 以鐵耕乎? 曰: 然. 自爲之與? 曰: 否. 以粟易之. 以粟易械器者, 不爲厲陶冶. 陶冶亦以其械器易粟者, 豈爲厲農夫哉? 且許子何不爲陶冶. 舍皆取諸其宮中而用之? 何爲紛紛然與百工交易? 何許子之不憚煩? 曰: 百工之事, 固不可耕且爲也. 然則治天下獨可耕且爲與? 有大人之事, 有小人之事. 且一人之身, 而百工之所爲備. 如必自爲而後用之, 是率天下而路也."

을 알 수 있게 만든다. 맹자는 곡식으로 기물을 교환하는 행위가 장인에게 해를 끼치는 것이 아니고, 또한 기물로 곡식을 교환하는 것이 농부에게 해를 끼치는 것이 아니라고 역설한다. 이것뿐만 아니라 한 개인이 사용해야할 일용품들은 모두 장인들에 의한 제작 생산이 필요한 것으로, 만일 그렇지 않고 자신이 이용할 일용품을 스스로 제작해서 사용해야만 한다면 모든 사람들은 결국 생업의 포기나 혹은 일용품 생산의 포기라는 극단적인 선택을 강요받게 될 것이라고 했다.

> 그대가 공들인 내용을 서로 소통시키고 일하여 만든 물건을 서로 바꾸게 하여 남는 것을 가지고 모자라는 것을 보충하지 않는다면, 농부에게는 곡식이 남아돌고, 여자에게는 삼베가 남아 돌 것이다. 그러나 그대가 만일 이것을 서로 융통한다면 목수와 수레를 만드는 공인이 모두 그대에게서 먹을 것을 얻을 것이다.[19]

위의 인용문에서 볼 수 있듯이 맹자는 분업의 필요성에 대하여 언급했을 뿐만 아니라, 분업의 장점에 대해서도 이미 숙지하고 있었다. "공들인 내용을 서로 소통시키고 일하여 만든 물건을 서로 바꾸는 것"이라고 하는 말은 사람들이 생산한 제품을 융통성 있게 서로 교환하여 사용한다는 것을 의미한다. 즉 사람들이 제각기 지니고 있는 고유한 업무를 통하여 생산한 물품을 서로

19 『孟子』, 「滕文公下」, "子不通功易事, 以羨補不足, 則農有餘粟, 女有餘布. 子如通之, 則梓匠輪輿皆得食於子."

가 필요한 사람들끼리 교환해서 사용한다는 것이다. 이러한 주장은 물물교환의 효용성뿐만 아니라 사회적 분업의 좋은 효과까지 설명하고 있는 것이라고 할 수 있다. "공들인 내용을 서로 소통시키고 일하여 만든 물건을 서로 바꾸는 것"은 장인이나 농민을 막론하고 모두에게 유익하다고 할 수 있는데, 만일 이러한 물물교환이 없다고 한다면 농민들은 매년 수확한 곡식들 가운데 식량으로 소비하는 것 외에 잉여분을 팔 수 없게 되는 현실에 직면하게 된다. 또한 농가에서 부녀자들이 생산해낸 직물 역시 다른 물품과 교환이 불가능해진다. 마찬가지로 수공업 분야에서도 물물교환이 불가능해질 경우 장인들은 자신들이 생산한 제품으로 곡식과 직물을 교환하는 일이 불가능해지게 된다. 장인과 농민이 분업을 통하여 피차 모두가 필요한 물품을 확보하게 되는 것이니 이는 그들 모두에게 유익한 것이 되는 셈이다. 구체적으로 말하자면 장인은 자신의 수공업에만 전념하면 될 뿐 구태여 농업이나 직물 생산에 종사할 필요가 없는 것이며, 농민 역시 농업에만 전념하면 된다는 것이다.

맹자는 분업의 개념을 한 단계 더 발전시켜 정신적인 노동과 육체적인 노동에까지 응용하는데 다음과 같다.

> 어떤 이는 마음으로 힘쓰고, 어떤 이는 육체로 힘쓰는 것이니, 마음으로 힘을 쓰는 자는 다른 사람을 다스리고, 육체로 힘쓰는 자는 다른 사람에게 다스림을 받는다고 하니, 다른 사람에게 다스림을 받는 자는 남을 먹이고, 다른 사람을 다스리는 자는 남에 의해

서 먹는 것이 천하에 통용되는 도리이다.[20]

맹자는 천하를 다스리는 일은 군자의 업무라고 생각하였으며, 이는 마음을 쓰는 일이라고 보았다. 또한 수공업이나 농경은 소인들의 업무라고 생각하였으며, 이는 육체로 힘쓰는 일이라고 생각했다. 마음을 쓰는 자는 다른 사람들을 통치하는 사람이고 육체로 힘쓰는 자는 다른 사람에게 통치를 받는 사람에 해당된다. 이러한 맹자의 주장에 대하여 학자들 간에 다양한 견해들이 존재하는데, 여홍뇌黎紅雷 같은 경우 "유가의 입장에서 볼 때, 관리라고 하는 것은 사람에 대한 관리로 통치행위가 된다.……정신적인 노동을 하는 사람은 관리를 하고 육체적인 노동을 하는 사람은 관리를 받는다."[21]라고 주장하기도 한다.

맹자가 언급한 "마음으로 힘쓰고, 육체로 힘쓰는 일"이론의 논증에 대해서는 다음과 같은 두 가지 측면에서 접근해볼 수 있다. 즉 분업의 필요성 측면과 노동성과물의 교환에 대한 필요성 측면이라고 할 수 있다. 현대적인 관점에서 보았을 때, 맹자의 "마음으로 힘쓰고, 육체로 힘쓰는 일"이론에는 분업의 필요성과 합리성에 대하여 인정하고 있음과 동시에 그것에 대한 체계적인 관리를 긍정하고 있음을 내포하고 있다고 할 수 있다. 고대 사회

20 『孟子』, 「滕文公上」, "或勞心, 或勞力. 勞心者治人, 勞力者治於人; 治於人者食人, 治人者食於人, 天下之通義也."

21 黎紅雷, 『現代管理與儒家知慧』, 臺北, 天地圖書出版有限公司, 1992년, 15쪽 참조.

에서의 관리계층의 형성은 바로 이러한 사회적 분업 시스템의 결과물이라고 할 수 있으며, 또한 이러한 사회계층의 출현이 인류문명의 발전사에 끼친 영향은 상당히 지대하다고 말할 수 있다. 맹자가 언급한 "마음으로 힘쓰고, 육체로 힘쓰는 일"이론은 관리자가 마음으로 힘쓴다는 것을 강조하는 하는 한편, 관리자의 두뇌 노동 및 그 성과의 사회발전에 대한 커다란 작용을 긍정한 것이라고 할 수 있다.

진소문陳紹聞과 같은 경우 역시 맹자의 분업 필요성에 대하여 다음과 같은 설명을 한다. 즉 그는 물건교환의 유용성과 장점에 대하여 매우 명확한 인식을 가지고 있는데, 특히 맹자의 "공들인 내용을 서로 소통시키고 일하여 만든 물건을 서로 바꾸는 것"이란 각 개인들이 한 가지 일에만 종사하여 자신의 노동으로 생산한 물품으로 타인이 생산한 다른 물품과 상호 교환한다고 하는 것을 의미한다고 했다. 또한 그는 만일 물품교환 행위가 없다면 사회적 생산은 지속적으로 진행 될 수 없다고 주장하기도 한다.[22]

맹자는 군자의 책무란 국가를 안정시키고 부유하게 만들어야 하는 것으로서, 그 지위의 존귀함과 책무 때문에 많은 사람들의 추앙을 받고 있다고 생각했다. 또한 맹자는 이러한 군자의 생산활동이라는 것이 직접 농토에 나가서 경작을 하여 수확하는 것을 의미하는 것은 아니라고 생각했다. 이러한 관념은 현대 경제

22 陳紹聞, 『中國古代經濟文選』, 上海, 上海人民出版社, 1983년, 79쪽 참조.

학의 노무제공의 개념과 매우 유사한 부분을 갖고 있다고 할 수 있다.

4. 물가정책 이론

맹자는 상품 가격의 비싸거나 저렴함은 상품 자체의 품질에 의해 결정되는 것이라고 생각했다. 또한 그는 각종 상품들 자체의 품질이 제각기 다르기 때문에 상품의 가격 역시 천차만별인 것으로 보았다. 맹자는 허행許行의 개별상품의 수량 관계에 따라 가격을 결정한다고 하는 이론에 대하여 반대의 입장을 취한다.

> 베와 비단의 길이가 같으면 값이 서로 같으며, 베와 명주 그리고 실과 솜이 무게가 같으면 값이 서로 같으며, 오곡의 양이 같으면 값이 서로 같으며, 신의 크기가 같으면 값이 서로 같습니다.[23]

위의 인용문을 통하여 허행이 상품의 가격이나 가치의 문제를 고려할 때, 단지 무게와 수량 크기 및 길이 등의 관계에만 치중하고 있음을 파악할 수 있다. 즉 허행의 논리대로라면 수량이 같을 경우에는 가격 역시 같게 된다는 것이다.

> 물건의 가격이 같지 아니한 것은 물건의 실제정황이니, 어떤 것은

---

23 『孟子』, 「滕文公上」, “布帛長短同, 則賈相若. 麻縷絲絮輕重同, 則賈相若. 五穀多寡同, 則賈相若. 屨大小同, 則賈相若.”

두 배도 되고 다섯 배도되며, 어떤 것은 열배 백배도 되며, 어떤 것은 천배 만배가 되거늘, 그대는 이것을 좇아서 같다 하니, 이것은 천하를 어지럽게 함이로다. 큰 신과 작은 신의 값이 같으면 사람이 어찌 이것(큰 것, 좋은 것)을 만들겠느냐? 허자의 도리를 따르면 서로 거짓을 하는 것이 되니, 어찌 국가를 다스릴 수가 있겠는가?[24]

맹자는 허행이 제기한 같은 종류의 상품이 수량만 동일하다면 같은 가격으로 팔수 있다는 주장에 반대의 입장을 표방한다. 즉 맹자는 개별상품의 품질에 제각기 큰 차별이 있다는 점에 착안하였기 때문에, 품질이 좋은 신발과 품질이 떨어지는 신발이 모두 일률적으로 같은 가격에 거래되는 것에 대하여 반대를 한다. 다시 말하자면, 만일 하등품이나 상등품이 같은 가격에 거래된다면 과연 어떤 수공업자가 상등품의 물건을 생산하려 하겠는가? 라는 의문이 제기 될 수 있다는 것이다.

맹자의 상품가격 개념에 대한 다른 특징은 춘추시대의 자공子貢이나 범려范蠡와 전혀 다른 모습을 보이고 있는데, 맹자는 상품의 수요와 공급의 관계에만 한정하여 상품가격을 결정하지 않고, 상품 자체의 품질과 효용가치까지 포함하여 상품가격을 결정했다는데 그 차이점이 있다고 할 수 있다.[25] 이와는 반대로

---

24 『孟子』, 「滕文公上」, "夫物之不齊, 物之情也. 或相倍蓰, 或相什伯, 或相千萬. 子比而同之, 是亂天下也. 巨屨小屨同賈, 人豈爲之哉? 從許子之道, 相率而爲僞者也, 惡能治國家?"

25 胡寄窗, 『中國經濟思想史』, 上海, 上海人民出版社, 1983년, 244쪽 참조.

허행은 상품의 품질과 같은 요인을 고려하지 않았기 때문에 이론적으로 보았을 때 결점을 가질 수밖에 없었다. 맹자가 언급한 "물건의 가격이 같지 아니한 것은 물건의 실제정황이다"에서의 "실제정황"은 표면적으로는 일반적인 도리인 것처럼 보이지만, 실제로는 그것이 물건의 품질을 의미하는 것인지에 대한 단정은 좀 더 연구가 필요한 부분이라는 판단이 든다.

요명춘廖名春과 같은 경우 진상陳相이 높게 사고 있는 허행의 다른 상품가격 관점에 대한 맹자의 신랄한 비판을 긍정적인 시각으로 본다. 만일 상품의 품질에 관계없이 오직 한 가지 가격만이 존재할 경우 사람들은 경쟁적으로 서로를 기만하려 할 것이며, 그 결과는 반드시 당시의 상품교환 경제 시스템을 훼손했을 것이다. 이러할 경우 국가가 커다란 혼란에 빠지게 되는 것은 자명한 사실이라고 할 수 있다. 맹자의 이러한 관점은 상품가치에 대한 실질적인 인식이 이미 있었기 때문에 가능했던 것이라고 할 수 있다.[26] 맹자는 각종의 다른 상품들의 가격이 서로 차이가 두 배가 되기도 하고 열배 심지어는 천배나 되는 것에는 "물건의 실제정황"이라는 요인이 자리 잡고 있기 때문이라고 생각했다. 즉 상품 자체의 품질에 의해서 가격이 결정된다고 하는 것이다. 이렇듯이 상품가격을 결정하는 품질은 곧 그 상품의 가치가 되는 것이다.

요명춘은 "맹자와 비슷한 시기의 고대 그리스의 철학자 아리

26 廖名春, 『孟子的知慧』, 臺北, 漢藝色研文化事業有限公司, 1984년, 129쪽 참조.

스토텔레스는 상호 교환되는 상품은 질적인 면에서의 동등성으로 인하여 서로 통할 수 있는 양적인 교환관계가 발생한다고 하였다."[27]라고 하여, 맹자와 아리스토텔레스의 상품 가치이론이 매우 유사한 것으로 보았다. 또한 후가구侯家駒는 맹자의 "공들인 내용을 서로 소통시키고 일하여 만든 물건을 서로 바꾸는 것"을 교환관계로 보았으며, 이러한 교환관계에는 반드시 가격이 발생한다고 생각했다. 아울러 그는 만일 허행의 이론대로 동일한 가격전략을 구사한다면, 판매자는 생산원가도 뽑아내기 힘들 것이며 구매자 역시 상품의 효용성을 극대화 시키지 못하게 될 것이라고 하였다. 그렇기 때문에 수요와 공급의 균형이 깨지게 되어 가격의 기능을 발휘할 수 없게 되는 상황이 발생하게 된다고 보았다.[28]

일반적으로 상품의 가격결정 요인은 주관적인 측면과 객관적인 측면으로 구분할 수 있는데, 상품의 효용성과 구매자의 구매능력과 판매자의 할인의도와 같은 쌍방의 심리상태 등은 주관적인 요인에 해당되고, 상품 자체의 생산가 등은 객관적인 요인에 해당된다고 볼 수 있다. 결국 맹자는 사회경제적 각도에서 시장경제에 관한 이론적 토대를 마련했으며, 이러한 주장은 인지상정의 도리에도 부합된다고 할 수 있는 것이다.[29]

---

27 廖名春, 『孟子的知慧』, 臺北, 漢藝色研文化事業有限公司, 1984년, 130쪽 참조.

28 侯家駒, 『先秦儒家自由經濟思想』, 臺北, 聯經出版事业公司, 1985년, 115쪽 참조.

호기창胡寄窗은 '농단壟斷'이라고 하는 개념에 대하여 "맹자가 가리키는 경제행위에서 볼 때, 농단이라고 하는 개념은 맹자가 가장 먼저 제기했다."[30]라고 주장한다. 비록 서주시대 말기에 예량보芮良父가 영이공榮夷公의 이익을 독점하는 사안에 대하여 반대했지만, 그 당시의 이익 독점은 통치자가 정치권력을 이용하여 행한 영리활동들을 의미하는 것이라고 할 수 있다. 이러한 행위가 비록 '농단'의 범위에 들어가기는 하지만, 결국은 정치적 특권을 통하여 누리는 '농단'이라고 할 수 있다. 그러나 맹자가 지적한 '농단'은 앞에서 언급한 정치권력을 이용한 '농단'이 아닌 시장에서 상인이 전횡하는 '농단'에 해당한 것이라고 할 수 있다.

> 예전의 시장거래는 자기가 가진 것과 자기가 없는 것을 바꾸는 것으로, 관리는 세금을 걷지 않고 분쟁을 다스릴 따름이었다. 그런데 어떤 비열한 사람이 있어, 반드시 우뚝한 높은 언덕에 올라가서는 좌우를 둘러보면서 시장의 이익을 모두 거둬들였다. 세상 사람들이 모두 그를 비열하다고 여겼다. 그리하여 그런 행위에 따라서 세금을 부과하게 되었다. 상인에게 세금을 물게 하는 것이 이러한 비열한 사람으로부터 비롯하게 되었다.[31]

29 錢公博, 『經濟思想論集』, 臺北, 學生書局, 1975년, 45쪽 참조.

30 胡寄窗, 『中國經濟思想史』, 上海, 上海人民出版社, 1983년, 244쪽 참조.

31 『孟子』, 「公孫丑下」, "古之爲市者, 以其所有易其所無者, 有司者治之耳. 有賤丈夫焉, 必求龍斷而登之, 以左右望而罔市利. 人皆以爲賤, 故從而征之. 征商, 自此賤丈夫始矣."

고대사회의 시장에서 교역에 종사하는 상인들은 모두가 자신들이 가진 것으로써 부족한 것을 교환했으며, 시장의 교역을 관리하는 정부의 관리들은 시장의 질서를 유지하는 직무만을 수행했었다. 그러나 후대에 비열한 사람이 출현하여 높은 곳에 자리를 차지하고 시장 전체의 동태를 파악한 뒤 그러한 정보를 바탕으로 시장의 이익을 독점 즉 '농단'하게 되는 상황이 발생하게 되었다. 사람들은 모두가 이러한 행위를 비열하고 불공평한 것이라고 생각하였기 때문에, 시장의 교역을 관리하던 정부 관리들이 이런 비열한 사람들에게 세금을 징수하게 되었던 것이다. 상인들에게 세금을 징수하는 제도는 바로 이러한 비열한 사람들 때문에 시작되었던 것이다.

맹자는 상업 활동에 있어서의 이익의 독점 즉 '농단'에 대하여 반대를 했는데, 그 이유는 비열한 사람들만이 이러한 활동에 종사한다고 생각했기 때문이며, 상업 활동에 부과되는 세금 역시 이러한 비열한 사람들 때문에 발생했다고 생각했다. 또한 맹자가 시장의 상거래 질서를 어지럽히는 비열한 사람들의 '농단'에 반대한 것에 대하여 요명춘 같은 경우 "맹자의 이러한 언급을 일반적으로 말하자면, 맹자는 상업세를 받지 않을 것과 상업 활동을 보호할 것을 주장하였지만, 비열한 상인에 대해서는 엄하게 징벌하고 그들에게서 세금을 받는 것은 동의했음을 알 수 있다. 시장의 이익을 독점하는 비열한 상인들에 대해 엄격하게 징벌하는 목적은 대다수 상인들의 이익을 보호하고 상업을 발전시키기 위한 것이다. 이런 측면에서 볼 때, 맹자는 상업을 억누를 것을 주장한 사람이 아닌 상업을 중시한 사람이었다."[32]라고 분석하고 있다.

이상과 같이 맹자는 시장의 상거래 질서를 어지럽히며 시장의 이익을 독점하는 행위에 대하여 분노했을 뿐만 아니라 한걸음 더 나가 반독점의 방법으로서 이익 독점행위에 대하여 세금을 부과 할 것을 제일 처음 제기했다고 할 수 있다.[33] 또한 맹자는 비열한 상인들이 자행하는 부당한 이익의 독점에 대하여 세금을 부과하는 방식을 통하여 시장에서의 자유경쟁 시스템을 유지하려고 했다고 할 수도 있다.

5. 맺는 말

이상과 같이 맹자의 경제사상에 대하여 조세이론과 분업이론 및 시장물가 이론을 중심으로 살펴보았는데, 이를 정리하면 다음과 같다.

맹자는 국가의 조세정책은 백성들에게 유리하게 시행하는 것을 원칙으로 해야 한다고 생각했으며, 만일 그것이 백성들에게 불리하게 적용된다면 조세를 증세시켜서는 안 된다고 했다. 즉 맹자는 조세를 징수하거나 증세하는 것의 기준은 백성들에게 유리한지의 여부에 따라서 결정되어져야 한다고 주장했다. 또한

32 廖名春, 『孟子的知慧』, 臺北, 漢藝色研文化事業有限公司, 1984년, 131쪽 참조.

33 侯家駒, 『先秦儒家自由經濟思想』, 臺北, 聯經出版事业公司, 1985년, 82쪽 참조.

맹자는 농업생산에 대한 세금만을 징수할 것을 주장한다. 농업생산세의 징수에 대하여 맹자는 "공전을 경작하게 할 뿐 다른 세금을 받지 않음"을 주장하는데, 이는 곧 국가가 대지주가 되어 백성들에게 공전公田을 경작케 하여 그 생산물로 세금을 충당케 한다는 것이다. 이러한 "공전을 경작하게 할 뿐 다른 세금을 받지 않음"은 맹자의 이상적인 조세정책이었던 것이다. 그리고 맹자는 과중한 세금징수에 반대했을 뿐만 아니라 국가재정을 부족하게 만들 수 있는 과도한 감세정책 역시 반대했다.

분업이론은 맹자 경제사상의 핵심이라고 할 수 있는데, 그는 분업의 필요성과 분업의 효용성에 대하여 명확한 인식과 함께 매우 정밀한 이론체계를 수립했다고 할 수 있다. 이러한 맹자의 분업이론은 매우 명료하고 실제상황과 결합되어 있기 때문에 그 누가 본다고 해도 바로 명확하고 쉽게 사회적 분업의 중요성을 알 수 있게 만든다. 구체적으로 맹자는 허행의 자급자족 이론에 반대하여 곡식으로 기물을 교환하는 행위가 장인에게 해를 끼치는 것이 아니고, 또한 기물로 곡식을 교환하는 것이 농부에게 해를 끼치는 것이 아니라고 역설한다. 다시 말하자면 사람들이 제각기 지니고 있는 고유한 업무를 통하여 생산한 물품을 서로가 필요한 사람들끼리 교환해서 사용한다는 것이다. 이러한 맹자의 주장은 물물교환의 효용성뿐만 아니라 사회적 분업의 좋은 효과까지 설명하고 있는 것이라고 할 수 있다. 또한 맹자는 분업의 개념을 한 단계 더 발전시켜 정신적인 노동과 육체적인 노동에까지 응용한다. 맹자의 "마음으로 힘쓰고, 육체로 힘쓰는 일"

이론에는 분업의 필요성과 합리성에 대하여 인정하고 있음과 동시에 그것에 대한 체계적인 관리를 긍정하고 있음을 내포하고 있다고 할 수 있다. 맹자가 언급한 "마음으로 힘쓰고, 육체로 힘쓰는 일"이론은 관리자가 마음으로 힘쓴다는 것을 강조하는 하는 한편, 관리자의 두뇌 노동 및 그 성과의 사회발전에 대한 커다란 작용을 긍정한 것이라고 할 수 있다.

맹자는 상품 가격의 비싸거나 저렴함은 상품 자체의 품질에 의해 결정되는 것이라고 생각했다. 또한 그는 각종 상품들 자체의 품질이 제각기 다르기 때문에 상품의 가격 역시 천차만별인 것으로 보았다. 그래서 맹자는 허행의 개별상품의 수량 관계에 따라 가격을 결정한다고 하는 이론에 대하여 반대의 입장을 취한다. 일반적으로 상품의 가격결정 요인은 주관적인 측면과 객관적인 측면으로 구분할 수 있는데, 상품의 효용성과 구매자의 구매능력과 판매자의 할인의도와 같은 쌍방의 심리상태 등은 주관적인 요인에 해당되고, 상품 자체의 생산가격 등은 객관적인 요인에 해당된다고 볼 수 있다. 이렇게 볼 때, 맹자는 사회경제적 각도에서 시장경제에 관한 이론적 토대를 마련했다고 할 수 있는 것이다. 또한 맹자는 시장의 상거래 질서를 어지럽히며 시장의 이익을 독점하는 행위에 대하여 분노했을 뿐만 아니라 한 걸음 더 나가 반독점의 방법으로서 이익 독점행위에 대하여 세금을 부과 할 것을 제일 처음 제기했다고 할 수 있다. 맹자는 비열한 상인들이 자행하는 부당한 이익의 독점에 대하여 세금을 부과하는 방식을 통하여 시장에서의 자유경쟁 시스템을 유지하려고 했다고 할 수도 있다.

| 참고문헌 |

趙岐,『孟子章句』,『四部叢刊』本.

朱熹,『孟子章句集註』,『海淵閣明刻』本.

焦循,『孟子正義』,『焦氏遺書』本.

廖名春,『孟子的知慧』, 臺北, 漢藝色研文化事業有限公司, 1984년

侯家駒,『先秦儒家自由經濟思想』, 臺北, 聯經出版事业公司, 1985년.

陳紹聞,『中國經濟思想簡史』, 上海, 上海人民出版社, 1978년.

陳紹聞,『中國古代經濟文選』, 上海, 上海人民出版社, 1983년

胡寄窗,『中國經濟思想史』, 上海, 上海人民出版社, 1983년.

葉龍,『歷代人物經濟故事』, 香港, 壹出版有限公司, 1996년.

錢公博,『經濟思想論集』, 臺北, 學生書局, 1975년

黎紅雷,『現代管理與儒家知慧』, 臺北, 天地圖書出版有限公司, 1992년.

제4장

유가의 현실주의자 순자

제1절

자연과 인간의 관계

1. 시작하는 말

순자는 전국시대 말기에 생존했는데, 그 시기에 있어서 그는 누락되어서는 안 될 사상가로서 자리매김하고 있었다. 이는 단지 그가 생존하던 시기가 백가쟁명의 시기였기 때문만이 아니라, 그가 각 학파의 학설을 수용하고 조합하여 자신만의 견해를 제시했기 때문이라고 할 수 있다. 그러므로 순자는 전국시대의 집대성적 사상가라고 할 수 있으며, 이와 같이 한 시대의 획을 그은 관건적인 경향을 띤 사상가였던 순자에 대한 재조명은 반드시 필요하다고 생각한다.

순자는 당시 다양한 환경의 변화에 직면하여 사회적 혼란과 제자백가의 잘못된 견해들을 바로잡기 위해서, 당시의 학술사상에 대하여 다양한 형태의 반응을 보였다. 이와 관련하여 순자의 사상가운데 가장 특별하고 근원적인 의미를 가진 주장은 바로 그가 천天에 대하여 진행한 주장이라고 할 수 있다. 순자는 자연적 의미의 천을 강조하였는데, 그가 비록 천에 자연적 의미만 갖추어져 있다고는 말하지 않았지만, 후세의 학자들 대부분은 순자가 언급한 천이 자연적 의미만을 갖추고 있다고 주장하며 심지어는 순자를 유가의 이단자로 보기도 한다. 이러한 견해들은 순자에 대한 오해와 편견에서 비롯된 것이라고 생각된다.

천인관계의 문제에 있어서 순자가 천을 논급한 목적은 인간을 설명하기 위함에 있었다고 할 수 있다. 이러한 천인관계의 문제에 대한 순자의 사상은 전대의 공자나 맹자의 천인관계에 관한 사상보다 진일보한 발전이 있다고 언급되어 질 수 있다. 즉 순자는 유가의 주나라 문화전통 사상을 전승하는 가운데 인식한 도덕적 의미의 천 관념에 직하稷下에서 흡수한 자연적 의미의 천도天道 관념을 적절하게 배합했다는 것이 바로 진일보 한 점이라고 할 수 있는 것이다. 이러한 순자의 천도 관념은 일견 모순되는 것처럼 보이지만, 그 안에는 도덕과 자연 사이의 대립을 초월하여 상호보완과 상호계발을 해줄 수 있는 부분을 포함하고 있다고 볼 수 있다.

선진유가의 천인관계론 가운데 순자의 천인관계론은 도덕적 의미에 집중되어 있는 유학의 천인관계론에 자연적 의미를 더한 새로운 형태의 천인관계론을 수립했다는 점에서 사상사적 의미가 있다고 판단한다. 이러한 순자의 천인관계론에 대하여 본문에서는 자연적 의미의 천과 그것의 출현, 천과 인간의 구분, 인간의 천에 대한 반응의 문제 등에 관하여 논의를 진행해보았다.

2. 자연적 의미의 천

순자는 자연적 의미의 천 관념의 제기를 통하여 기존의 천인 관계의 모식을 재정립하여 새로운 각도로 천과 인간 사이의 문제를 처리하고자 했다고 할 수 있다. 이러한 천의 자연적 의미는 순자가 처음으로 제기한 것이 아니라 순자 이전에 이미 존재하고 있었던 개념으로 『춘추좌전』에 "천에는 육기六氣가 있는데, 이것이 땅으로 내려와 오미五味를 낳게 하고, 오색五色을 발하게 하며, 오성五聲을 이루게 하거늘, 정도가 지나치면 여섯 가지 병이 생긴다."[1]라고 언급되어 있는 것처럼 이미 오래전에 존재하고 있었다. 그러나 이러한 개념에 대하여 상세하게 설명을 한 사람은 유가에서는 순자뿐이었다고 할 수 있다. 순자는 천에 대한 이해에 있어서 먼저 천의 운행은 일정한 것이라고 하는 화두를 던진다.

> 하늘의 운행에는 일정한 법도가 있다. 요임금 때문에 존재하는 것도 아니고, 걸왕 때문에 없어지는 것도 아니다. 거기에 다스림으로 호응하면 곧 길하고, 거기에 혼란으로 호응하면 곧 흉하다.[2]

순자는 천을 객관적 존재인 자연계로 보는 한편 이러한 자연

---

1 『春秋左傳』, 「昭公元年」, "天有六氣, 降生五味, 發爲五色, 徵爲五聲. 淫生六疾."

2 『荀子』, 「天論」, "天行有常, 不為堯存, 不為桀亡. 應之以治則吉, 應之以亂則凶."

계는 규칙적으로 운행한다고 생각했다. 이와 같은 객관적 존재로서의 자연계는 인간사와는 무관하게 돌아가는 것이기 때문에 순자는 인간세상의 길흉화복은 전적으로 인간 자신에 의해서 결정되는 것이라고 했다.

> 농사에 힘쓰고 쓰는 것을 절약하면 하늘도 가난하게 할 수 없고, 잘 보양하고 제때에 움직이면 하늘도 병들게 할 수 없으며, 올바른 도를 닦아 도리에 어긋나지 않으면 하늘도 재난을 당하게 할 수 없다. 그러므로 장마와 가뭄도 그러한 사람을 굶주리게 할 수 없고, 추위와 더위도 병들게 할 수 없으며, 요괴도 불행하게 할 수 없는 것이다.……타고난 때는 잘 다스려지던 시대와 같은데도 재앙과 재난은 잘 다스려지던 시대와는 달리 많은 것에 대해 하늘을 원망할 수는 없는 것이며, 그들의 행동 방법이 그렇게 만든 것이다.[3]

순자는 천하의 안정됨과 혼란한 문제에 당면하여, 일월성신으로 대표되는 천과 춘하추동으로 대표되는 때와 삶과 죽음으로 대표되는 대지 모두가 천하의 안정됨과 혼란한 상황을 연출하는 것과는 전혀 관계가 없다는 점을 강조했다. 그렇기 때문에 순자는 인간이 농사에 힘쓰고 소비를 절약하며, 건강을 잘 챙기고 시의적절한 운동을 하고, 올바른 삶의 태도를 유지하면, 천은 인

3 『荀子』, 「天論」, “彊本而節用, 則天不能貧; 養備而動時, 則天不能病; 修道而不貳, 則天不能禍. 故水旱不能使之飢, 寒暑不能使之疾, 祆怪不能使之凶.……受時與治世同, 而殃禍與治世異, 不可以怨天, 其道然也.”

간을 곤궁하게 만들거나 질병이 생기게 만들거나 혹은 재앙에 빠지게 만드는 등의 물리적 영향력을 행사 할 수 없다고 한 것이다.

천의 규칙적인 측면에 대해서 말하자면, 그것의 표현은 바로 일정함에 있는 것으로 이러한 일정함은 천의 운행상태를 설명하는 것이며, 그것은 항상 일정하고 지속적인 것으로 외부 힘의 영향을 받아서 변하는 것이 아닌 것이다. 천의 운행에 일정함이 있다고 하는 것은 천의 운행에 일정한 도리와 법칙이 있다는 것을 나타내는 것이라고 할 수 있다.

> 하늘이 여러 백성들을 낳으셨으니, 사물이 있으면 법칙이 있다. 백성들은 불변하는 마음을 가져, 이 아름다운 덕을 좋아한다.[4]

> 하늘이 무슨 말씀 있으시더냐? 사계절이 운행되고 만물이 자라고 있지만, 하늘이 무슨 말씀을 하시더냐?[5]

> 요임금 때문에 존재하는 것도 아니고, 걸왕 때문에 없어지는 것도 아니다.[6]

위의 인용문들에서 언급한 "법칙"과 "말씀" 및 "하지 않는다"는 말들은 모두가 일정한 도리의 규칙적인 측면을 나타내는 것

4 『詩經』, 「大雅」, "天生蒸民, 有物有則, 民之秉彝, 好是懿德."

5 『論語』, 「陽貨」 "子曰: 天何言哉? 四時行焉, 百物生焉, 天何言哉?"

6 『荀子』, 「天論」, "天行有常, 不為堯存, 不為桀亡."

으로 영원하고 객관적이라는 것이다. 이러한 규칙성이 인간세계에 대하여 나타나는 반응은 과연 어떤 형태일 것인가? 순자는 이에 대하여 "하늘은 사람들이 추위를 싫어한다 하여 겨울을 없애지 않는다. 땅은 사람들이 먼 것을 싫어한다 하여 넓음을 없애지 않는다."[7]라고 하여, 겨울과 넓음 모두는 인간의 좋아함과 싫어한고 하는 기호에 의해서 변하는 것이 아니라고 한다. 이는 천의 일정함을 설명하는 것으로, 천이 천이되는 본질을 나타내는 것이라고 할 수 있다.

이러한 순자의 자연계의 변화에 대한 견해는 음양가의 사상과는 다른 경향을 띠고 있다고 할 수 있다.

> 추연은 나라를 가진 자가 더 음란하고 사치하여 도덕을 숭상할 수 없으므로, 대아에서 말한 것처럼 도덕을 먼저 자신의 몸에 정제한다면 비로소 그 덕을 백성들에게까지 미칠 수 있음을 보았다. 그래서 깊이 음양의 소멸과 성장 변화를 관찰하고, 기이하고 현실과 거리가 먼 변화를 기술하여 「종시」, 「대성」 편 등 십만여 자를 지었다. 그 말들이 멀고 크고 종잡을 수 없어서 변함없는 도리에 맞지 않으나, 먼저 작은 사물을 검증하고 난 후에 그것을 추론하여 확대해나가 무한한 곳까지 이르렀다.[8]

7 『荀子』, 「天論」, "天不為人之惡寒也, 輟冬; 地不為人之惡遼遠也, 輟廣."

8 『史記』, 「孟子荀卿列傳」, "騶衍睹有國者益淫侈, 不能尚德, 若大雅整之於身, 施及黎庶矣. 乃深觀陰陽消息而作怪迂之變, 終始, 大聖之篇十餘萬言. 其語閎大不經, 必先驗小物, 推而大之, 至於無垠."

음양오행의 사상은 매우 이른 시기까지 거슬러 올라갈 수 있는데, 『사기』에 "황제가 성력에 대하여 정확하게 관측한 이후로 오행으로 만물을 구성하는 이론체계를 세우고, 천지만물이 생기고 소멸되는 신진대사의 이치를 발견하고, 윤달을 설치함으로써 일 년의 열두 달 외에 남는 시간을 처리하여 추운 계절과 더운 계절의 차이를 바로잡았다."[9]라고 기록되어 있는 것처럼, 음양오행은 천문역법의 발전으로부터 비롯되어온 것이다. 전국시대 말기에 이르러 추연鄒衍이 그 학설을 체계화 시켰는데, 그는 음양의 변화와 오행의 상호결합을 통하여 오덕종시설五德終始說을 만들어 새로운 형태의 역사관으로 발전시켰다. 추연은 오행상승의 이론으로 역사상의 왕조흥망 사례를 연구했는데, 그의 이러한 학설은 한대에 매우 깊은 영향을 끼쳤다.

> 순자는 고대 종교 관념이 두 차례에 걸친 대전환기 속에서 생존했는데, 하나는 서주초기에 싹트기 시작하여 도가의 천도관에 이르는 시기까지로 이때는 천의 신비적인 성질은 점진적으로 물질적 성질의 것으로 대체되어가는 추세였다. 다른 하나는 춘추시대 말기부터 시작하여 전국시대 초기에 이르는 시기로 이때는 모든 자연현상의 이변을 천의 의지의 표현으로 보았는데, 그러한 주장의 선봉에는 묵가가 있었으며 전국시대 중후기에 와서 음양·오행 등의 미신 술수적인 이론이 주입된다. 『사기』, 「맹자순경열전」에 "순경은 멸망된 국가와 혼미한 군주가 서로 이어지고, 대도를 따

9 『史記』, 「曆書」, "蓋黃帝考定星歷, 建立五行, 起消息, 正閏餘."

르려고 하지 않고 무속에 미혹되고, 길흉의 징조를 믿는다."라고 하는 언급은 순자 천론편이 시대에 대한 객관적 이성인식의 내재적 수요를 반영하는 것이다.[10]

순자는 인간세계의 안정과 혼란은 천과 전혀 별개의 일임을 강조했는데, 해와 달과 별들이 운행되고 있는 현상과 사계절 등은 우임금 때나 걸왕 때나 모두 같은 것으로 그것이 인간세계의 질서와 혼란과는 전혀 관계없다는 것이다. 순자는 천이 객관적인 존재임을 강조하는 한편 자연계의 특별한 현상에 대하여 설명했다.

유성이 떨어지고 나무가 우는소리를 내면 나라 사람들이 모두 두려워하는데, 그 이유는 무엇인가? 그것은 아무것도 아니다. 천지의 변화이자 음양의 조화로 드물게 생기는 일이다. 그것을 괴상하게 여기는 것은 괜찮지만, 두려워하는 것은 잘못이다. 일식과 월식이 생기고 철에 맞지 않는 비바람이 일고 혜성이 나타나는 것은 늘 어느 시대에나 있었던 일이다. 군주가 현명하면 정치가 평안하게 이루어져서, 비록 그런 일이 세상에 연이어 발생해도 아무 상관이 없다. 군주가 어리석으면 정치가 험난해져서, 그런 일이 비록 한 번도 일어나지 않아도 아무 소용이 없다. 유성이 떨어지고 나무가 우는소리를 내는 것은 바로 천지의 변화이자 음양의 조화로 드물게 생기는 일이다. 이상하게 여기는 것은 괜찮지만 그것을

10 曾春海, 『儒家哲學論集』, 臺北, 文津出版社, 1989년, 112쪽 참조.

> 두려워하면 안 된다.[11]

순자는 유성이 추락하고 나무가 소리를 내는 것에 대하여 천지간 자연현상의 일부분으로 보았지, 재이현상이나 미신관념의 징조로 보지 않았다. 순자는 다만 이러한 것이 일반적인 현상은 아닌 것이기 때문에 사람들이 괴이하게 느끼게 되는 것이라고 했다. 그래서 순자는 이러한 특별한 현상은 천착해서 규명할 필요가 없는 것이라고 생각했다. 이와 같이 천은 객관적으로 존재하는 자연계일 뿐이라는 것이 순자의 천에 대한 관념이었던 것이다.

> 많은 별들은 일정하게 돌고, 해와 달은 번갈아가며 빛을 비추고, 사계절은 번갈아 바뀌고, 음과 양은 크게 변화하며 만물을 생성시키고, 비바람은 널리 내리고 불어 생육을 돕는다. 만물은 각각 그러한 조화를 얻어 생겨나고, 각각 그러한 양육을 얻어 성장한다. 그러한 일을 하는 것은 드러내 보이지 않고 그 공적만을 드러낸다. 이러한 것을 두고 신묘함이라 한다. 모두가 그렇게 하여 이루어 놓은 것은 알지만, 이루어 놓는 방법은 그 형체가 없어 알 수가 없다. 이러한 것을 두고 하늘의 공적이라 하는 것이다.[12]

---

11 『荀子』, 「天論」, "星隊木鳴, 國人皆恐. 曰: 是何也? 曰: 無何也! 是天地之變, 陰陽之化, 物之罕至者也. 怪之, 可也; 而畏之, 非也. 夫日月之有蝕, 風雨之不時, 怪星之黨見, 是無世而不常有之. 上明而政平, 則是雖並世起, 無傷也; 上闇而政險, 則是雖無一至者, 無益也. 夫星之隊, 木之鳴, 是天地之變, 陰陽之化, 物之罕至者也; 怪之, 可也; 而畏之, 非也."

위의 인용문에서 순자는 천체의 운행과 해와 달의 교체 및 사계절의 변화와 음양의 전환과 비바람에 의한 생산 등등의 현상을 천의 공적이라고 보고 있다. 이는 순자가 천에 대하여 자연계로서 혹은 물질계의 현상적 측면에서 설명한 것이라고 할 수 있다. 순자는 인간이란 단지 그것에 의해서 이루어진 것만을 이해할 수 있으며 형체가 없는 것은 이해를 할 수가 없는 것이라고 주장했다. 이들 가운데 몇 가지는 주의를 할 만한데, 먼저 "이러한 것을 두고 하늘이라고 하는 것이다."라와 같은 언급은 순자가 천을 운동변화의 능력을 갖춘 물질적 자연계로 보았다는 것을 의미한다. 그러나 순자가 "이러한 것을 두고 하늘의 공적이라 하는 것이다."라고 언급한 것은 천의 업무와 구체적인 실행을 설명하는 것으로, 천은 반드시 천체의 운행과 해와 달의 교체 및 사계절의 변화와 음양의 전환과 비바람에 의한 생장을 지속시켜야 하는데, 이렇게 해야만 천의 운행에 일정한 법도가 있다는 것이 드러나게 되는 것이다. 다른 하나는 앞의 인용문에서 언급한 인간의 인식능력은 한계가 있기 때문에 이루어져 있는 것만 인식할 수 있을 뿐, 형체가 없는 것은 인식할 수 없다는 것으로 이는 본체계와 현상계의 분야에 속하는 것이라고 할 수 있다. 끝으로 천의 운행은 신묘함인데, 이는 자연계의 현상이라는 의미의 천이 그 운행방식을 "그러한 일을 하는 것은 드러내

12 『荀子』, 「天論」, "列星隨旋, 日月遞炤, 四時代御, 陰陽大化, 風雨博施, 萬物各得其和以生, 各得其養以成, 不見其事, 而見其功, 夫是之謂神. 皆知其所以成, 莫知其無形, 夫是之謂天功."

보이지 않고 그 공적만을 드러낸다."라고 하는 것처럼 신묘하게 드러낸다는 것을 의미하는 것이다.

3. 천과 인간의 구분

순자는 천의 자연적 의미를 밝혀서 천의 자연적인 특성을 강조했다. 이어서 순자는 천과 인간의 관계에 대하여 명확한 경계를 구분하는데, 이는 인간이 객관적 실재로서의 천과 맞닥뜨렸을 때 마땅히 어떤 태도를 가지고 그것을 이해하고 대응해야하는지에 대한 성찰이었다고 할 수 있다. 그렇기 때문에 순자는 구분의 개념을 제기하여 천과 인간의 문제에 대하여 설명했던 것이다.[13]

> 위로는 신분질서의 구분이 어지럽지 않고, 아래로는 직무수행 능력이 궁지에 몰리는 일이 없게 되니, 이것이 정치의 극치다.[14]

> 사람을 사람이라 할 수 있는 근거는 무엇인가? 사람에게는 분별 능력이 있다는 것이다. 굶주리면 먹을 것을 바라고, 추우면 따스한 것을 바라며, 수고로우면 쉬기를 바라고, 이익을 좋아하고 손해를 싫어하는데, 이것은 사람들이 나면서부터 가지고 있는 것이다. 그것은 외부의 영향으로 그렇게 되는 것이 아니며, 성왕인 우

13 簡淑慧, 「分的起源及其在荀子思想系統中的地位」, 『孔孟月刊』, 29卷, 第5期, 23~28쪽 참조.

14 『荀子』, 「儒效」, "分不亂於上, 能不窮於下, 治辯之極也."

> 임금이나 폭군인 걸왕이 모두 같다.……그러므로 사람으로서의 도에는 어디에나 분별이 있다는 것이다. 분별에는 분수보다 더 큰 것이 없고, 분수에는 예의보다 더 큰 것이 없으며, 예의에는 성왕보다 더 큰 것이 없다.[15]

위의 인용문에서 순자가 언급한 굶주리면 먹을 것을 욕구하고, 추우면 따뜻한 것을 욕구하고, 피곤하면 휴식을 욕구하고, 이익을 좋아하고 손해를 싫어하는 것 등은 모두가 인간이 태어날 때부터 가지고 있는 본능으로 본래적으로 그렇게 갖춰져 있는 것이다. 그러나 인간과 짐승의 차이점은 바로 인간이 가지고 있는 구분과 분별의 능력에 있는 것이다.

순자는 분별의 주요한 기능이 도를 표현하는 것이라고 보았으며, 분별이 도달하고자 하는 목적은 바로 예의에 있다고 주장했다. 순자가 제기한 군자의 분별은, 바로 분별 있는 말을 하는 것이 군자가 마땅히 다해야할 본분인 것이다. 즉 순자는 군자가 예의의 실천을 통하여 천하에 간사한 언론이 무분별하게 유행하는 어지러운 상황을 종식시킬 수 있기를 염원했던 것이다.

순자는 천도와 인도의 구별을 통하여 천과 인간 사이의 구분을 확실하고 분명하게 하여 그것들의 혼란으로 인해 야기되는 잡다한 이론들을 종식시키고자 하였다. 이러한 구분이 혼란을

15 『荀子』, 「非相」, "人之所以為人者何已也? 曰: 以其有辨也. 飢而欲食, 寒而欲煖, 勞而欲息, 好利而惡害, 是人之所生而有也, 是無待而然者也, 是禹桀之所同也.……故人道莫不有辨. 辨莫大於分, 分莫大於禮, 禮莫大於聖王."

방지할 수 있다고 생각했던 순자는 천과 인간의 문제에 대해서도 구분의 필요성이 절실한 것으로 보았던 것이다. 그래서 순자는 천과 인간의 특성에 대하여 구분을 통하여 명확하게 설명을 했던 것이다.

> 그러므로 천과 인간의 구분을 명확하게 하면 곧 그를 지극한 사람이라 할 수 있다. 작위를 가하지 않아도 이루어지고 추구하지 않아도 얻어지는 것, 이것을 천의 직무라 한다.……천의 직무가 성립되고, 천의 공적이 이루어진 뒤에, 인간의 형체가 갖추어지고 정신이 생겨나서, 좋아함과 싫어함, 기쁨과 노여움, 슬픔과 즐거움의 감정이 깃들게 된다. 이것을 천정이라 한다. 귀·눈·코·입과 육체는 각각 밖의 것들과 접촉해 기능을 발휘하나, 기능을 함께할 수는 없다. 이것을 천관이라 한다. 마음은 가운데 텅 빈 곳을 차지하고, 귀·눈·코·입과 육체의 오관을 다스린다. 이것을 천군이라 한다. 그와 같은 종류가 아닌 것들을 적절히 이용해 인류를 양육해 주고 있다. 이것을 천양이라 한다. 그와 같은 생활에 순조로운 것을 복이라 하고, 그와 같은 종류의 생활을 거스르는 것을 화라고 한다. 이것을 천정이라 한다.[16]

순자는 천의 본질을 두 가지 측면으로 구분했는데, 하나는 천

16 『荀子』, 「天論」, "故明於天人之分, 則可謂至人矣. 不為而成, 不求而得, 夫是之謂天職.……天職既立, 天功既成, 形具而神生, 好惡喜怒哀樂臧焉, 夫是之謂天情. 耳目鼻口形能各有接而不相能也, 夫是之謂天官. 心居中虛, 以治五官, 夫是之謂天君. 財非其類以養其類, 夫是之謂天養. 順其類者謂之福, 逆其類者謂之禍, 夫是之謂天政."

직天職과 천공天功이고 다른 하나는 천정天情·천관天官·천군天君·천양天養·천정天政이다. 먼저 전자 즉 천직과 천공에 대하여 언급하자면, 천공은 이루어 놓은 것은 알지만, 이루어 놓는 방법은 그 형체가 없어 알 수가 없다고 하는 것이며, 천직은 작위를 가하지 않아도 이루어지고 추구하지 않아도 얻어지는 것으로, 이러한 것들은 천의 자연적 의미의 형이상 본질에 대한 설명으로 천을 천이라고 할 수 있는 근거가 되는 것이다. 부패영傅佩榮은 "순자 마음속에서의 천은 의지가 없고 목적도 없는 존재로서, 순자가 말하는 천직은 작위를 가하지 않아도 이루어지고 추구하지 않아도 얻어지는 것으로, 맹자가 언급한 운명의 의미에 매우 가깝다."[17] 부패영은 순자가 운명의 의미로서 천에 대하여 취한 태도는 "성인만이 천에 대하여 알려고도 추구하지도 않는다."라고 했는데, 이처럼 성인이 천에 대하여 알려고도 추구하지도 않는다고 하는 것은 확실히 순자가 운명의 의미로서 천에 대하여 취한 태도가 틀림없다고 생각하지만, 그렇다고 해서 부패영의 주장처럼 순자 마음속의 천이 결코 완전히 의지가 없고 목적도 없는 존재라고는 생각하지 않는다.

다음 후자에 대하여 언급하자면, 이는 천이 현상계의 본질로 나타는 것에 대한 설명으로, 순자는 천의 직무가 성립되고 천의 공적이 이루어진 이후에 이어서 천정天情·천관天官·천군天君·천양天養·천정天政의 문제에 대한 논의를 진행해나간다. 양경楊倞

17 傅佩榮, 『儒道天論發微』, 臺北, 學生書局, 1988년, 157쪽 참조.

이 주석에서 "인간의 육체 역시 천의 직무와 천의 공적으로 이루어진 것이다."라고 언급한 것처럼 인간 역시 천의 공적으로 이루어진 것으로, 천에 의해서 각종 감각기관의 기능과 인식능력을 부여받은 존재인 것이다. 이는 또한 인간의 "이루어 놓은 것은 알지만, 추구하지 않아도 얻어지는 것."이 되는 것이다. 이와 같이 볼 때, 먼저 순자는 구분을 사용할 때에 천과 인간의 구분만을 처리하지 않고 천과 천의 구분도 처리했다고 할 수 있다. 이러한 천과 천의 구분은 형이상의 천과 현상계의 천의 분별이며, 이러한 두 가지 의미는 천이 자연적 의미의 천이라고 하는 관점에서의 설명인 것이다. 요명춘廖名春과 같은 경우 순자가 주장한 것은 천과 인간의 구분이지 천과 인간의 상호분리는 아니라는 것이며, 순자의 천과 인간의 분리는 천과 인간 각자는 자신들만의 특정한 직분과 직능이 있다는 것을 설명하기 위한 것으로 이는 양자가 다르다는 것이지, 천과 인간이 전혀 관계가 없다는 것을 의미하는 것은 아니라고 했다.[18]

순자는 정情·관官·군君·양養·정政의 문제를 비례의 원칙을 유추하는 방식을 통하여 천이 현상계의 본질로 나타나는 특징으로 설명했다. 순자는 인간의 좋음·싫음·기쁨·노함·슬픔·즐거움 등의 정서적 반응에서 천의 감정을 설명하고, 귀·눈·코·입과 육체의 기능으로 천의 기관 기능을 설명하고, 마음으로 천의 오관을 다스림을 설명하고, 만물을 통해서 인간을 양육해 주는 것으로

18 廖名春, 『荀子新探』, 臺北, 文津出版社, 1994년, 189쪽 참조.

천의 부양을 설명하고, 이들과 같은 것으로써 순조롭거나 거스르는 태도로 천의 정사를 설명한다. 천정은 그것이 정현되는 것이 은밀한 것인데, 이는 인간의 정서가 마음에 내재되어 있는 특징과 서로 같은 것이다. 그리고 천관은 인간의 오관이 서로 제각각이어서 서로가 접해있으나 서로 도울 수 없는 것으로, 천관의 각자 직무는 상호 불간섭함을 나타내고 있는 것이다. 천군은 마음이 매우 중요한 것이며, 이는 인간 마음의 주재능력을 나타내는 것으로 오관이 마음에 의해서 비로소 조화를 이룰 수 있으며 또한 최대의 역량을 발휘할 수 있다는 것을 나타내고 있는 것이다. 천양은 양육으로 인간과 다른 종류의 것들과 그것들을 재단하는 것의 관련성을 설명하는 것으로, 이는 인간과 다른 종류의 것들로 인간을 양육하려면 재단하는 과정 속에서 재제와 분별의 적극적인 작용을 통하여 일상생활에서 생명의 유지에 필요한 과정을 체현해내는 것이다. 천정에서는 순조롭거나 거스르는 태도로서 그것과 다른 종류의 사물과의 관계 및 그 결과를 설명하고 있는 것으로, 이는 인간사의 관점에서 볼 때, 어떻게 해야 만이 인간이 직면한 국가와 사회의 문제를 거슬러 재앙을 자초하지 않고 순조롭게 해결하여 행복을 추구할 것인가를 나타내고 있는 것이다.

그렇기 때문에 순자의 천과 인간의 구분은 인간·사회·자연이라고 하는 삼자를 분별하는 것이라고 할 수 있지만, 그렇다고 해서 순자가 인간과 자연의 관계를 크게 획정지은 것은 아니다. 즉 자연은 인간 생존의 기반이 되며 인간은 자연의 연속과 완성이며, 인간은 주체적으로 천군을 맑게 하고 천관을 바르게 하며 천양을 비축하고 천정을 순조롭게 하고 천정을 양육해야 만이 비로소 그 천의 공적을 온전히 할 수 있게 되어 인간을 인간이라고 할 수 있는 본분을 실천할 수 있게 되는 것이다.

순자의 천과 인간의 구분에서 또 다른 문제 가운데의 하나는 바로 주체적인 인간이 천을 인식할 수 있는지 여부의 문제라고 할 수 있다. 이러한 문제에 관해서는 두 가지 측면으로 설명해볼 수 있는데, 하나는 바로 순자가 인간의 인식능력을 긍정했으나 인간의 인식능력의 한계를 부정하지 않았다는 점이다. 다른 하나는 바로 순자는 성인이 인식주체의 대표가 된다고 보았다는 점인데, 이러한 성인에 대해서는 순자의 이론 속에서 명쾌한 설명을 찾아보기 힘들다고 할 수 있다. 그렇기 때문에 순자가 언급한 성인은 유가의 전통 속에서 언급되어지는 성왕으로 보아도 무방하다고 생각한다.

> 오직 성인만은 천에 대하여 알려고도 추구하지도 않는다.……그의 마음인 천군을 어둡게 하고, 그의 감각기능인 천관을 어지럽히고, 자연의 양육인 천양을 버리고, 자연의 화복인 천정을 거스르고, 자연의 감정인 천정을 위배하면, 천공인 그 자신을 잃게 된다. 이것을 두고 대흉이라 한다. 성인은 그의 마음인 천군을 맑게 하고, 그의 감각기능인 천관을 올바르게 하고, 자연의 양육인 천양을 두루 갖추고, 자연의 화복인 천정을 따르고, 자연의 감정인 천정을 길러서, 그의 몸인 천공을 온전히 해야 하는 것이다. 그렇게 되면 곧 그가 할 일과 해서는 안 될 일을 알게 된다. 그러면 하늘

과 땅도 제 할 일을 해, 만물을 모두 부릴 수 있게 될 것이다. 그 행위가 빈틈없이 모든 것을 잘 다스리고, 그의 보양이 빈틈없이 모두 적절하면, 그의 삶은 손상되지 않는다. 이것을 두고 천을 안다고 하는 것이다.[19]

위의 인용문에서 순자의 천 인식에 대한 태도에서 취한 아는 것과 알려고 하지 않음이라고 하는 양면성은 결코 순자가 범한 논리적 모순이 아니라, 인간의 인식능력상에 있어서의 구분을 명확하게 한 것일 뿐이다. 먼저 알려고 하지 않음의 측면은 순자가 "이러한 것이 비록 심원하다 하더라도 올바른 사람은 거기에 대해 생각을 더하지 않고, 그것이 비록 위대하다 하더라도 능력을 더 보태려 하지 않으며, 그것이 비록 빈틈없다 하더라도 더 살펴 주지 않는다."[20]라고 언급한 것에서 "이러한 것"은 천이 그렇게 한 까닭을 의미하는 것이며, 인간이 그러한 천이 그렇게 한 까닭에 대하여 이해한 것은 "그러한 일을 하는 것은 드러내 보이지 않고 그 공적만을 드러낸다."는 것이다. 이는 천의 직무와 천의 공적의 차원에 속하는 것으로 곧 형이상의 차원인 것이다. 그러므로 그것이 이루어 놓은 것은 알지만, 이루어 놓는 방

---

19 『荀子』, 「天論」, "唯聖人為不求知天.……暗其天君, 亂其天官, 棄其天養, 逆其天政, 背其天情, 以喪天功, 夫是之謂大凶. 聖人清其天君, 正其天官, 備其天養, 順其天政, 養其天情, 以全其天功. 如是, 則知其所為, 知其所不為矣; 則天地官而萬物役矣. 其行曲治, 其養曲適, 其生不傷, 夫是之謂知天."

20 『荀子』, 「天論」, "如是者, 雖深, 其人不加慮焉; 雖大, 不加能焉; 雖精, 不加察焉."

법은 그 형체가 없어 알 수가 없는 것이다. 이점에 대하여 진대제陳大齊와 같은 경우 "순자가 천에 대해서 알려고도 추구하지도 않는다. 라고 언급한 이유는 두 가지 측면으로 볼 수 있는데, 하나는 천의 의지를 알기 위해서 천을 알려고 추구하지 않는다는 것이며, 다른 하나는 천이 그렇게 하는 까닭을 알기 위해서 천을 알려고 추구하지 않는다는 것이다."[21]라고 언급하고 있다. 이와 같은 진대제의 견해는 순자의 사상과 합치되는 것이라고 할 수 있다. 그가 언급한 천의 의지를 안다고 하는 각도에서 본 관점은 미신이나 재이사상에 쉽게 빠질 수 있는 여지가 있기 때문에 순자는 이를 제거하려 했다는 것이다. 또한 천이 그렇게 하는 까닭을 안다고 하는 각도에서 본 관점은 인간의 능력으로는 언급할 수 없는 것이기 때문에 이해할 필요가 없는 것이다. 그렇기 때문에 순자는 "그러므로 군자는……그들이 천지만물을 대함에 있어서는 그것들이 그와 같이 되어 있는 까닭을 설명하는 일에는 힘쓰지 않고, 그 자원을 잘 쓰기에 노력한다."[22]라고 생각했던 것이다. 그러므로 천의 직무는 심원하고 위대하며 정밀한 것 등의 측면으로 나타나는 것이기 때문에 인간이 마땅하게 취해야할 태도는 생각을 더하지 않고 능력을 더 보태려 하지 않고 더 살펴주지 않는 것이다. 이러한 것이 바로 알려고 추구하지 않는다고 하는 것으로서 인간과 천의 구분을 획정 지어주는 한계점인 것

21 陳大齊, 『荀子學說』, 臺北, 中國文化大學出版部, 1988년, 27쪽 참조.

22 『荀子』, 「君道」, "故君子……其於天地萬物也, 不務說其所以然, 而致善用其材."

이다.

다음은 천을 안다고 하는 측면으로 순자가 다음과 같이 언급한 것에서 분석해볼 수 있다.

> 그러므로 위대한 기교는 아무것도 하지 않는 데에 있고, 위대한 지혜는 아무것도 생각하지 않는 데에 있다. 천에 대해 알 수 있는 것은 그것이 확실히 지적할 수 있는 현상으로 드러나는 범위에 한정된다. 땅에 대해 알 수 있는 것은 그것이 생물을 번식시키기에 합당함을 드러내 주는 범위에 한정된다. 사계절에 대해 알 수 있는 것은 그것이 여러 가지 일을 할 수 있는 방도를 드러내 주는 범위에 한정된다. 음양에 대해 알 수 있는 것은 그것이 여러 가지를 다스릴 수 있는 조화를 드러내 주는 범위에 한정된다.[23]

순자는 우선 인간이 인식과 이해를 할 수 있는 범위를 긍정하는데, 그것은 바로 현상·합당함·방도·조화의 네 가지 측면이다. 천의 현상은 그것이 드러내는 상징으로 이것을 통하여 절기나 기후의 변화를 예측할 수 있는 것이다. 땅의 합당함은 토지가 각종 작물을 심기에 적합하다는 것을 의미하는 것으로 이것을 통하여 각종의 작물들이 번성하고 생육하는 것이다. 사계절의 방도는 봄 여름 가을 겨울의 변화와 질서를 의미하는 것으로 이

23 『荀子』, 「天論」, “故大巧在所不為, 大智在所不慮. 所志於天者, 已其見象之可以期者矣; 所志於地者, 已其見宜之可以息者矣; 所志於四時者, 已其見數之可以事者矣; 所志於陰陽者, 已其見和之可以治者矣.”

것을 통하여 자연계의 법칙이 생겨서 노동이나 일에 종사할 수가 있게 되는 것이다. 음양의 조화는 춥고 더운 것이 마땅한 때에 순서에 맞춰서 조화롭게 변화하여 이것을 통해서 인간사의 모든 일을 대비하고 국가의 업무를 정립하는 법칙이 되는 것이다.

이상의 논거들을 기초로 하여 순자가 언급한 안다고 하는 문제에 대하여 알 수 있는 사실은 바로 맑음·올바름·두루 갖춤·순응함·양육함의 노력을 통하여 천군·천양·천정天情·천정天政으로 나타나는 천의 현상계의 본질을 파악할 수 있다는 것이다. 다시 말하자면 맑음·올바름·두루 갖춤·순응함·양육함의 노력을 통하여야 만이 비로소 천군·천양·천정天情·천정天政 즉 천이 이루어 놓은 것을 안다고 하는 것이며, 그것의 목표가 질서를 회복할 수 있는 다스림과 적합한 양육환경의 조성 및 평안한 삶의 영위에 도달함에 있는 것이다. 이러한 것이 바로 순자가 언급한 천의 본래 의미이며 또한 천의 공적을 온전하게 펼쳐서 그것이 천지만물에 두루 미치게 하는 것이다.

4. 인간의 천에 대한 반응

순자는 천의 직무와 천의 공적에 대하여 설명을 했으나, 그것은 단지 인간의 눈앞에 펼쳐진 객관적 실재를 드러낸 것뿐이었다. 오직 인간만이 여기에서 천과 반응한 후에 비로소 관계를 수립할 수 있어서 인간이 천·지·인의 삼재 가운데 연출하는 각색을 명확하게 할 수 있게 되는 것이다.

> 천에는 그의 철에 따른 변화가 있고, 땅에는 여러 가지 생산물이 있으며, 사람에게는 그 다스림이 있다. 이것을 두고 하늘과 땅의 변화에 참여하는 것이라 한다. 사람으로서 참여하는 일은 버리고 참여하는 대상만 알기를 바란다면 미혹된 일이다.[24]

위의 인용문에서 순자는 분명하게 천·지·인이 그것의 시스템 속에서 다른 성질을 드러내고 있는데, 이는 『중용』의 "오직 천하의 지극한 정성스러움만이 자신의 성을 다할 수 있게 된다. 자신의 성을 다할 수 있으면 남의 성을 다할 수 있고, 남의 성을 다할 수 있으면 만물의 성을 다할 수 있으며, 만물의 성을 다할 수 있으면 천지의 화육을 도울 수 있다. 천지의 화육을 도울 수 있으면, 천지의 조화에 참여할 수 있게 된다."[25]라는 언급과 서로 부합된다고 할 수 있다. 그 가운데 몇 가지는 다음과 같은 의의를 가지고 있다. 먼저 인간과 천지는 상호 호응하고 협력하는 관계로서 천이 계절의 변화로 나타나고 땅이 이로움으로 드러날 때에 인간의 일은 바로 천지와 호응하여 그러한 여건을 잘 다스리는 것이다. 또한 오직 이러한 기초 위에서만이 천은 생성하고 인간은 이룩한다는 것의 이론적 근거가 있게 되는 것이다. 다음은 인간이 천지에 대하여 반응하는 과정 속에서 소홀할 수 없는

24 『荀子』, 「天論」, "天有其時, 地有其財, 人有其治, 夫是之謂能參. 舍其所以參, 而願其所參, 則惑矣."

25 『中庸』, 「二十二章」, "唯天下至誠, 為能盡其性; 能盡其性, 則能盡人之性; 能盡人之性, 則能盡物之性; 能盡物之性, 則可以贊天地之化育; 可以贊天地之化育, 則可以與天地參矣."

것은 바로 고찰하고 검사하는 노력인데, 부단히 검토하고 검증하는 데에서만이 인간의 다스림에 하자가 없게 되어 비로소 그러한 다스림이 적합하게 될 수 있는 것이다. 끝으로 순자는 천·지·인의 관계에 대한 위치를 분명하게 했는데, 이는 선진유가의 사상에서 상당히 획기적인 발상이었는데, 이러한 발상은 장자의 "나는 일월과 더불어 그 빛을 같이하고, 나는 천지와 더불어 영구불변하네."[26]라고 하는 견해와 유사성을 발견할 수 있다. 이러한 점에 대하여 또 다른 설명을 하자면, 인간이 천에 대하여 반응하는 것은 필연적인 것인데, 이것이 바로 인간의 직무인 것이다. 그러므로 순자는 "사람으로서 참여하는 일은 버리고 참여하는 대상만 알기를 바란다면 미혹된 일이다."라고 주장했던 것이다. 여기에서 순자는 계절의 변화·이로움·다스림 등의 각종 다른 직분의 작용이 드러남을 제시하여 인간이 반드시 그러한 다스림의 직분을 완성해야 만이 비로소 올바른 도리에 부합할 수 있다고 했다.

인간이 천에 대하여 반응하는 것은 그 필연성이 있는 것인데, 그렇다면 이러한 반응이 달성하고자 하는 목표는 무엇인가? 그것은 바로 천은 생성하고 인간은 이룩한다고 하는 즉 천생인성天生人成이다.

> 하늘과 땅은 군자를 낳았고 군자는 하늘과 땅을 다스리니, 군자란

26 『莊子』, 「在宥」, "吾與日月參光, 吾與天地為常."

하늘과 땅의 변화에 참여하는 것이며 만물을 아울러 거느리는 것이며 백성들의 부모가 되는 것이다.[27]

성인은 그의 마음인 천군을 맑게 하고, 그의 감각기능인 천관을 올바르게 하고, 자연의 양육인 천양을 두루 갖추고, 자연의 화복인 천정을 따르고, 자연의 감정인 천정을 길러서, 그의 몸인 천공을 온전히 해야 하는 것이다. 그렇게 되면 곧 그가 할 일과 해서는 안 될 일을 알게 된다. 그러면 하늘과 땅도 제 할 일을 해, 만물을 모두 부릴 수 있게 될 것이다.[28]

여기에서는 인간의 직분은 무엇인가에 대하여 "사람에게는 그 다스림이 있다."라고 언급한 바와 같이 인간의 이룩함이 기초가 된다는 것을 설명하고 있다. 그렇다면 인간은 어떻게 이룩할 수 있는 것인가? 또한 어떠한 목표를 달성해야 만이 비로소 이룩했다고 할 수 있는 것인가? 먼저 어떻게 이룩하는가의 문제에 대하여 순자는 정리를 방법론으로 제시한다. 정리의 본래의 의미는 사물 자체에 구비되어 있는 본질적인 발전 추세에 의해서 그것이 완전하게 갖춰지는 것에 가깝게 되는 것을 의미한다. 이러한 정리의 기초 아래서 다스림은 비로소 표준과 발전의 방향이 있게 되는 것이다. 그러므로 순자는 "적은 노력으로 정리되는

27 『荀子』, 「王制」, "天地生君子, 君子理天地; 君子者, 天地之參也, 萬物之摠也, 民之父母也."

28 『荀子』, 「天論」, "聖人清其天君, 正其天官, 備其天養, 順其天政, 養其天情, 以全其天功. 如是, 則知其所為, 知其所不為矣; 則天地官而萬物役矣."

것을 다스림이라 한다."[29]라고 언급했던 것이다. 앞에서 언급했던 천·지·인의 시스템 속에서 순자는 더욱 실제적인 방법론을 제시하는데, 즉 그는 사회정치적 측면에서 착수하여 사회적인 폐단을 바꾸려고 했었다. 그렇다고 해서 이러한 방법론이 순자가 공자나 맹자가 제시했던 역사·문화의 함의를 담고 있는 전반적인 인문적 시스템을 중시하지 않았다는 것을 의미하는 것은 아니다. 순자가 언급한 예에서 볼 수 있듯이, 그는 예를 방법으로 삼는 한편 그것에 새로운 의미를 부여하여 새로운 도식을 창조했다. 그래서 순자는 인간사회를 더욱 동태적이고 활력을 구비한 이상적인 사회로 만들고자 했던 것이며, 그 방향은 천과 인간의 관계를 새롭게 건립하는 데에 있는 것으로 이룩함의 목표를 완성하는 것에 있는 것이라고 할 수 있다. 그러므로 여기에서는 이룩함의 목표에 있어서 도달하고자 하는 단계는 과연 어디까지 인가? 라고 하는 질문이 제기 될 수 있는데, 그것에 대한 대답은 바로 천의 공적을 온전하게 한다는 단계라고 할 수 있다. 순자는 천정天情·천관·천군·천양·천정天政 등의 다섯 개의 천의 기능을 인간이 알 수 있게 되는 특질이 될 때, 인간은 이러한 것에 대하여 기름·올바름·맑음·두루 갖춤·순응함의 태도로 반응하게 되는 것이다. 이와 같이 해야 만이 비로소 인간의 직분을 완성할 수 있는 것이기 때문에 순자는 "성인은 그의 마음인 천군을 맑게 하고, 그의 감각기능인 천관을 올바르게 하고, 자연의

29 『荀子』, 「修身」, "少而理曰治."

양육인 천양을 두루 갖추고, 자연의 화복인 천정을 따르고, 자연의 감정인 천정을 길러서, 그의 몸인 천공을 온전히 해야 하는 것이다."라고 언급했던 것이다.

인간의 천에 대한 반응은 그것의 실천적인 측면에 있어서 두 가지 방면으로 나누어 볼 수 있는데, 하나는 천을 제어하고 이용한다는 것이고 다른 하나는 천을 섬긴다는 것이다.

먼저 천을 제어하여 이용한다는 즉 제천制天·용천用天에 대하여 살펴보면 다음과 같다.

> 천을 위대하게 여기고 그 생성의 힘을 고맙게 생각하는 것과, 물자를 비축하면서 그것을 제어하여 사용하는 것 가운데 어느 쪽이 더 낫겠는가? 천을 따르면서 그것을 기리는 것과 천으로부터 타고난 것을 처리하면서 그것을 이용하는 것 가운데 어느 쪽이 더 낫겠는가? 계절의 변화를 기다리는 것과 계절의 변화에 호응하여 그것을 활용하는 것 가운데 어느 쪽이 더 낫겠는가?……그러므로 인간으로서의 본분을 버리고 천을 생각한다면 곧 만물의 실정을 잃게 될 것이다.[30]

위의 인용문에서 나타난 바와 같이 제천에는 두 개의 중요한 원칙이 있음을 알 수 있다. 즉 제천은 반드시 자연의 운행질서를 따라야 한다는 것과 제천은 반드시 만물의 본질에 호응해야 한

30 『荀子』, 「天論」, "大天而思之, 孰與物畜而制之! 從天而頌之, 孰與制天命而用之! 望時而待之, 孰與應時而使之!……故錯人而思天, 則失萬物之情."

다는 것이다. 제천의 첫 번째 의미에 대하여 언급하자면, 제천은 반드시 자연의 법칙에 조화되어야 하는 것으로, 순자는 "그와 같은 종류가 아닌 것들을 적절히 이용해 인간을 양육해 주고 있다. 이것을 천양이라 한다."[31]라고 했는데, 여기에서 설명하는 양육이 요구하는 것은 무엇인가? 그것은 바로 그와 같은 종류가 아닌 것들을 적절히 이용해 인간을 양육하는 것이다. 자연계의 운행은 서로가 밀접하게 연결되어 있으며 상호의존적인 것으로 이러한 것은 쉽게 바뀔 수 없는 법칙이라고 할 수 있다. 인간이 만일 이러한 자연계의 운행법칙에 역행할 경우 바로 멸망으로 치달을 수밖에 없게 되는 것이다. 그래서 순자는 "그와 같은 종류에 순응하는 것을 복이라 하고, 그와 같은 종류에 역행하는 것을 재앙이라 한다."[32]고 언급했던 것이다.

제천의 두 번째 의미 즉 만물의 본질에 호응해야 한다는 것은, 제천의 첫 번째 의미의 확대로서 사물과 사물의 관계에서 시작하여 한 걸음 더 나가 사물의 본질에게까지 확장시켜야 한다는 것이다. 그러므로 순자는 "여럿이 모여 사는 방법이 합당하다면 만물이 모두 그들에게 합당케 되고, 여러 가지 가축들이 모두 나름대로 잘 자라게 될 것이며, 여러 생물도 모두 그들의 명대로 살게 될 것이다."[33]라고 주장했던 것이다. 그래서 인간이 만일 자연의 법칙을 알 수 있게 된다면 만물의 본성에 순응할 수 있는

31 『荀子』, 「天論」, "財非其類以養其類, 夫是之謂天養."

32 『荀子』, 「天論」, "順其類者謂之福, 逆其類者謂之禍."

33 『荀子』, 「王制」, "群道當, 則萬物皆得其宜, 六畜皆得其長, 群生皆得其命."

것이며, 만물의 본성에 순응할 수 있게 된다면 천을 제어하고 이용할 수 있게 되는 것이다.

순자는 천의 자연적인 의미를 강조했는데, 무엇 때문에 천을 섬긴다고 하는 것을 통하여 인간의 천에 대한 반응에 관하여 전혀 다른 각도의 노선을 언급한 것일까?

> 예에는 세 가지 근본이 있다. 하늘과 땅은 생명의 근본이고, 선조는 종족의 근본이고, 훌륭한 군주는 다스림의 근본이다. 하늘과 땅이 없다면 어떻게 생명이 있겠는가? 선조가 없다면 사람이 어디서 나왔겠는가? 훌륭한 군주가 없다면 어떻게 다스려지겠는가? 세 가지 중에 어느 하나가 없어도 안락한 사람은 없을 것이다. 그러므로 예는 위로는 하늘을 섬기고 아래로는 땅을 섬기며 선조를 높이고 훌륭한 군주를 존중해야 한다. 이것이 예의 세 가지 근본이다.[34]

순자는 예의 근원이 천지·선조·훌륭한 군주라고 하였으며, 이러한 것들의 근원은 다른 측면들로 표현되고 있다. 즉 생명의 근본·종족의 근본·다스림의 근본으로 구분되어 표현되고 있는 것이다. 그러므로 예의 요구에 있어서 순자가 언급한 천을 섬긴다고 하는 것의 목적은 예의 근본을 긍정하는 데에 있는 것임과

34 『荀子』, 「禮論」, "禮有三本. 天地者, 生之本也; 先祖者, 類之本也; 君師者, 治之本也. 無天地, 惡生? 無先祖, 惡出? 無君師, 惡治? 三者偏亡, 焉無安人. 故禮, 上事天, 下事地, 尊先祖而隆君師, 是禮之三本也."

동시에 인문의 중요성을 강조하는 데에 있었던 것이라고 할 수 있다. 오직 천지·선조·훌륭한 군주에 대한 긍정적인 태도가 있어야 만이 곧 "군자는 형식을 갖추기 위해 그런 일을 한다."[35]라고 하는 이상이 가능해질 것이며, 이러한 형식은 결코 인문적 수식이 아닌 것으로, 인간의 도리 즉 인도의 드러남으로서 이는 곧 인간의 천에 대한 반응인 것이다. 그러므로 천인관계의 전반적인 모식에서 볼 때, 순자는 인간을 위해서 새로운 길을 열어 놓았다고 할 수 있다. 구체적으로 말하자면 그는 천명을 천인관계의 주체로 보질 않고 자연을 통하여 인간의 능동성을 부각시키는 한편 인간존재의 천지사이에서의 역할을 강조하여 인간의 가치와 책임을 한층 더 제고시켰다고 할 수 있는 것이다.

5. 맺는 말

이상과 같이 순자의 천인관계론에 대하여 자연적 의미의 천과 그것의 출현, 천과 인간의 구분, 인간의 천에 대한 반응의 문제를 중심으로 논의를 진행해보았는데, 이를 정리하면 다음과 같다.

순자는 자연적 의미의 천 관념의 제기를 통하여 기존의 천인관계의 모식을 재정립하여 새로운 각도로 천과 인간 사이의 문제를 처리하고자 했다고 할 수 있다. 이러한 천의 자연적 의미는 순자가 처음으로 제기한 것이 아니라 순자 이전에 이미 오래전

35 『荀子』, 「天論」, "君子以為文."

부터 존재하고 있었던 개념이다. 그러나 이러한 개념에 대하여 상세하게 설명을 한 사람은 유가에서는 순자뿐이었다고 할 수 있다. 순자는 천에 대한 이해에 있어서 먼저 천의 운행은 일정한 것이라고 하는 주장을 한다. 즉 순자는 천을 객관적 존재인 자연계로 보는 한편 이러한 자연계는 규칙적으로 운행한다고 생각했다. 또한 순자는 천이 객관적인 존재임을 강조하는 한편 자연계의 특별한 현상에 대하여 천지간 자연현상의 일부분으로 간주하였을 뿐 이를 결코 재이현상이나 미신관념의 징조로 보지를 않았다. 순자는 다만 이러한 것이 일반적인 현상은 아닌 것이기 때문에 사람들이 괴이하게 느끼게 되는 것이어서 구태여 이러한 특별한 현상을 규명하기 위한 노력은 필요가 없는 것이라고 주장했던 것이다. 이와 같이 천은 객관적으로 존재하는 자연계일 뿐이라는 것이 순자의 천에 대한 관념이었던 것이다.

순자는 천과 인간의 관계에 대하여 명확한 경계를 구분하는데, 이는 인간이 객관적 실재로서의 천과 맞닥뜨렸을 때 마땅히 어떤 태도를 가지고 그것을 이해하고 대응해야하는지에 대한 성찰이었다고 할 수 있다. 그렇기 때문에 순자는 천도와 인도의 구별을 통하여 천과 인간 사이의 구분을 확실하고 분명하게 하여 그것들의 혼란으로 인해 야기되는 잡다한 이론들을 종식시키는 한편 이러한 구분이 혼란을 방지할 수 있다고 생각하여 천과 인간의 문제에 대해서도 구분의 필요성이 절실하게 요청되는 것으로 보았다. 순자의 천과 인간의 구분은 인간·사회·자연이라고 하는 삼자를 분별하는 것이라고 할 수 있지만, 그렇다고 해서 순자가 인간과 자연의 관계를 크게 획정지은 것은 아니다. 즉 자연은 인간 생존의 기반이 되며 인간은 자연의 연속과 완성이며, 인간은 주체적으로 천군을 맑게 하고 천관을 바르게 하며 천양을 비축하고 천정을 순조롭게 하고 천정을 양육해야 만이 비로소 그 천의 공적을 온전히 할 수 있게 되어 인간을 인간이라고 할 수 있는 본분을 실천할 수 있게 되는 것이다. 순자의 천과 인간의 구분에서 또 다른 문제 가운데의 하나는 바로 주체적인 인간이 천을 인식할 수 있는지 여부의 문제라고 할 수 있다. 즉 천의 직무는 심원하고 위대하며 정밀한 것 등의 측면으로 나타나는 것이기 때문에 인간이 마땅하게 취해야할 태도는 생각을 더하지 않고 능력을 더 보태려 하지 않고 더 살펴 주지 않는 것이다. 이러한 것이 바로 알려고 추구하지 않는다고 하는 것으로서 인간과 천의 구분을 획정 지어주는 한계점인 것이다.

인간의 천에 대한 반응은 그것의 실천적인 측면에 있어서 두 가지 방면으로 나누어 볼 수 있는데, 하나는 천을 제하고 이용한다는 것이고 다른 하나는 천을 섬긴다는 것이다. 먼저 천을 제어하여 이용한다는 제천·용천인데, 제천은 반드시 자연의 운행질서를 따라야 한다는 것과 제천은 반드시 만물의 본질에 호응해야 한다는 것이다. 즉 인간이 만일 자연의 법칙을 알 수 있게 된다면 만물의 본성에 순응할 수 있는 것이며, 만물의 본성에 순응할 수 있게 된다면 천을 제어하고 이용할 수 있게 되는 것이다. 다음 천을 섬긴다고 하는 것인데, 이러한 천을 섬기는 것의 목적은 예의 근본을 긍정하는 데에 있는 것임과 동시에 인문의 중요성을 강조하는 데에 있었던 것이라고 할 수 있다.

이상과 같은 순자의 천인관계론은 천명을 천인관계의 주체로 보지를 않고 자연을 통하여 인간의 능동성을 부각시키는 한편 인간존재의 천지사이에서의 역할을 강조하여 인간의 가치와 책임을 한층 더 제고시켰다고 할 수 있는 것이다.

| 참고문헌 |

朱公遷,『詩經義疏』,『四庫全書』 本.

趙汸,『春秋左氏傳補注』,『通志堂經解』 本.

黃侃,『論語義疏』,『皇淸經解』 本.

朱熹,『中庸章句』,『海淵閣』 明刻本.

王先謙,『荀子集解』, 北京, 中華書局, 1992년.

王忠林,『荀子讀本』, 臺北, 三民書局, 1996년.

王先謙,『莊子集解』, 北京, 中華書局, 1987년.

司馬遷, , 1999년.瀧川資言 會注考證,『史記會注考證』, 太原, 北岳文藝出版社

陳大齊,『荀子學說』, 臺北, 中國文化大學出版部, 1988년.

廖名春,『荀子新探』, 臺北, 文津出版社, 1994년.

傅佩榮,『儒道天論發微』, 臺北, 學生書局, 1988년.

曾春海,『儒家哲學論集』, 臺北, 文津出版社, 1989년.

簡淑慧,「分的起源及其在荀子思想系統中的地位」,『孔孟月刊』, 29卷, 第5期.

제2절

예의교화와 악한 본성

1. 시작하는 말

고대 중국의 인성론 전통에 있어서 맹자孟子의 '성선설性善說'과 함께 한 획을 그어온 순자荀子의 '성악설性惡說'에 대하여 지난 시간들 속에서 수많은 학자들이 각기 나름대로의 해석과 견해를 피력해왔다. 그러나 이러한 해석과 견해들 대부분이 순자의 '성악설'을 이루는 중요한 성분의 하나인 선악善惡개념의 분석을 간과한 경향들을 보이고 있다.

순자가 언급한 성性은 형식적인 측면에서 본다면 다음과 같은 두 가지의 의미를 가지고 있다고 할 수 있다. 하나는 '성'은 타고난 것이라는 의미이고, 다른 하나는 자연적인 것이라는 의미이다. 이러한 두 가지 의미 가운데 어느 것 하나만 갖추고 있어도 '성'이라고 할 수 있는 것이다. 이러한 정의를 바탕으로 실질적인 측면에 본다면 '성'은 자연적인 생명의 여러 가지 징후라고 할 수 있는 것으로서 곧 인간의 자연적 성질을 의미한다고 할 수 있다. 좀 더 구체적으로 말한다면 감각기관과 그 기능 그리고 생리적 욕구 및 심리적 욕망 등을 포함한다고 할 수 있다. 이와 같이 언급되어지는 '性'에 관한 논의는 '본능이 곧 성性이다'라고 하는 주장도 할 수 있게 되는 것이다.

'본능이 곧 성이다'라고 한다면 '성'의 문제에 관하여 순자는 마땅히 고자告子처럼 성性에는 선善함도 없고 불선不善함도 없다' 라고 주장했어야 함에도 불구하고 '성은 악하다'라는 주장을 한다. 순자는 도대체 왜 본성이 악하다는 주장을 한 것일까? 그는 기존의 학설과 다른 새로운 이론체계를 세우기 위해서 본성이 악하다는 주장을 한 것일까? 아니면 피치 못할 어떤 고충이 있었던 것일까?

순자가 본성이 악하다고 하는 주장은 이후 학술계의 주요 쟁점 가운데의 하나가 되었으며, 심지어 그는 이러한 주장으로 인해서 신랄한 비판을 받기도 했다. 현대에 와서 많은 학자들은 이러한 순자의 '본능이 곧 성이다'라는 주장에 대하여 제각기 다른 해석과 주장을 내놓고 있지만, 그들의 해석과 주장이 과연 보편타당한 것인가라는 의문이 생긴다. 그렇기 때문에 본문에서는 이러한 문제들에 대한 명확한 정리를 통하여 순자는 어떤 이유 때문에 본성이 악하다고 주장했는가를 규명하고, 그가 언급한 '본성은 악하다'는 주장 속에는 어떠한 함의가 담겨져 있는지를 현대적인 시각에서 재조명 하고자 한다.

2. 성악性惡에 대한 현대학자들의 해석

인간의 본성이 악하다고 하는 주장은 순자의 사상체계 가운데 후세 학자들로부터 가장 주목을 받는 한편 의견이 분분한 부분이라고 할 수 있을 것이다. 이와 같은 인간의 본성이 악하다는 주장으로 인하여 순자는 송대宋代에 많은 유학자들로부터 적지 않은 비판을 받는데, 특히 정이천程伊川 같은 경우 "순자는 심하게 순수하지 않음에 치우쳐 있다. 그는 본성은 악한 것이다 라고 하는 한마디 때문에 그 큰 근본을 이미 상실했다."[1]라고 비판을 한다.

현대의 학자들은 순자의 인간의 본성이 악惡하다는 주장에 대하여 송대의 유학자들에게서 보여 지는 것과 같은 감정적인 비판에서 벗어나 비교적 객관적인 각도에서 비판하지만, 일부 개념들의 의미를 명확하게 규정하지 못했기 때문에 순자가 주장한 성악性惡에 대한 이해 역시 제각기 다른 양상을 보이고 있다.

모종삼牟宗三은 순자의 '본성은 악한 것이다'라는 주장에 대하여 비교적 합리적인 해석을 하는데, 그의 해석은 현대신유학자들 사이에서 상당한 영향력과 대표성을 지니고 있다고 할 수 있다.

> 순자는 인간의 본성에 대하여 단지 한 측면만을 보았는데, 그것은 인간을 생리적 욕구를 가진 자연 생명체로만 본 것이다. 이러한

1 程頤, 程顥, 『二程全書』, 遺書十九, 臺北, 臺灣中華書局, 1990년.

동물적인 성향을 가진 자연 생명체는 그 자체로만 보았을 때 악하다고 할 수 없으며 자연적일 뿐이다. 그러한 것을 따르기만 하고 조절하지 않는다면 곧 악과 무질서가 발생할 것이다. 이것이 바로 순자가 말하는 본성은 악하다는 것이다.[2]

즉 모종삼은 순자가 언급한 인간의 본성이란 것은 인간의 자연적 성향을 의미하는 것으로, 이러한 자연적 성향에는 선이나 악이라고 하는 가치판단이 내재되어 있지 않은 가치중립적인 것이기 때문에 인간의 본성이 악하다고는 말할 수 없다고 하는 것이다. 그러나 순자는 그의 저서 곳곳에서 인간의 본성은 악하다고 언급하고 있는데, 이러한 문제에 대하여 과연 어떻게 해석해야 할 것인가의 문제에 직면하게 된다. 다시 말하면 자연적 성향으로서의 본성과 악 사이에는 어떠한 상관관계가 성립되어 있는가의 문제에 직면하게 된다는 것이다. 이러한 문제에 대한 해답은 다음과 같다. "그러한 것을 따르기만 하고 조절하지 않는다면 곧 惡과 무질서가 발생할 것이다. 이것이 바로 순자가 말하는 본성은 악하다는 것이다." 즉 자연적 성향으로서의 본성을 따르기만 하고 적절하게 조절하지 않는다면 악과 무질서가 발생하는 결과가 초래될 것이라는 것을 의미한다. 그러므로 순자는 본성은 악한 것이라고 주장했다는 것이다.

위정통韋政通은 이러한 문제에 대하여 좀 더 진일보한 견해를 내놓는다.

---

2 牟宗三, 『名家與荀子』, 臺北, 學生書局, 1985년, 223쪽 참조.

인간 본성의 자연적 성향에서 악이 발생한다는 것의 관건은 바로 자연적 성향을 따른다는 것에서 찾아질 수 있다. 자연적 성향을 따른다는 것은 바로 자연적인 본능을 따르기만 할 뿐 그러한 자연적인 본능을 절제할 줄 모른다는 것을 의미한다. 현실의 삶 속에서 인간은 욕망이 없을 수 없다. '인간은 태어날 때부터 욕망이 있다'(예론禮論)는 말은 보편적인 사실이다. 인간은 욕망을 가지고 있을 뿐만 아니라 본능을 따르기 때문에 결국은 욕망이 많은 존재로 궁핍함이 누적되어도 만족할 줄 모른다. 그래서 인간과 인간 사이에는 쟁탈이 발생하여 결국 폭력이 출현하는 것이다. 그러므로 인간 본성의 자연적 성향이 요구하는 것을 따른 결과 인간의 본성은 악하다는 결과가 출현하는 것은 필연적이라고 할 수 있다.[3]

인간 본성의 자연적인 성향은 욕망을 추구하기 때문에 욕망이 많고 그러한 욕망을 충족시켜줄 수 있는 재화가 적은 상황 속에서, 만일 모든 인간들이 자연적인 성향을 따르기만 하고 절제하지 않는다면 반드시 인간들 사이에서 쟁탈과 혼란이 발생하게 되는데 이것이 바로 악의 국면인 것이다. 이와 같이 인간 본성의 자연적인 성향이 추구하는 것을 따르기만 했을 때 반드시 악의 국면이 조성된다면, 순자의 인간의 본성이 악하다는 주장은 설득력을 얻게 되는 것이다.

위정통은 여기에서 특히 "그러한 것을 따르기만 한다"라는 점

3 韋政通, 『荀子與古代哲學』, 臺北, 臺灣商務印書館, 1992년, 68쪽 참조.

을 강조하는데, 이는 한편으로 인간 본성의 자연적인 성향이 악으로 변화되어지는 필연성을 설명한 것으로 모종삼의 해석에 비하여 더욱 설득력을 갖게 된다. 다른 한편으로는 "그러한 것을 따르기만 한다"는 의미 속에는 선택의 의미가 내재되어 있다는 것이다. 다시 말하면 비록 본성에는 악으로 편향되는 경향이 있기는 하지만 인간 스스로 이러한 경향을 따를 것인가 혹은 거스를 것인가를 선택할 수 있기 때문에, 악의 출현은 선택에 의해 결정될 수 있다는 것이다.

이상과 같은 위정통의 해석은 인간 본성의 자연적인 성향으로부터 악이 생성될 수 있다는 점을 관건성의 문제로 설명하는 한편 악의 기원문제에 대한 설명도 있기는 하지만, 본성이 악하다는 문제에 대한 직접적인 해석은 없다.

본성이 악하다는 문제에 관해서는 진대제陳大齊의 해석이 앞서 언급한 두 학자들의 부족한 부분을 보충할 수 있다고 판단된다.

> 본성이 악하다고 하는 말의 진정한 의미는 본성이라고 하는 심리적 요소 그 자체가 악하다는 의미가 아니라, 그러한 본성에 의해 발생되는 행위로 인해 결과적으로 조성된 사실이 악하다는 것이다.[4]

진대제는 윤리학의 '동기론'과 '결과론'의 구분에 근거하여 순

4 陳大齊, 『荀子學說』, 臺北, 中國文化大學出版部, 1988년, 58쪽 참조.

자가 취한 것이 '결과론'이라고 생각했다. 즉 그는 인간 본성의 자연적인 성향을 따르게 되면 악의 결과가 조성될 수 있기 때문에 순자는 이러한 악의 발생근거로서의 본성을 악하다고 보아서 성악을 주장한 것이라고 한 것이다. 엄밀하게 본다면 순자의 '성악설'은 '인성향악설人性向惡說'일 뿐이다.[5]

그렇지만 인간의 본성은 악하다는 명제를 인간의 본성에는 악한 경향이 있다 라고 해석했을 때 여전히 해결해야할 문제가 발생하는데, 그 이유로는 인간의 본성은 악하다는 명제와 인간의 본성에는 악한 경향이 있다는 명제 사이에는 분명한 차이점이 존재하기 때문이다. 구체적으로 말하자면 후자는 단지 인간의 본성에 악한 경향이 있다는 것만을 초래할 뿐 인간의 본성 그 자체는 결코 악이 아니라는 것이며, 전자는 인간의 본성 자체가 악한 것이기 때문에 개선의 필요가 있다는 것이다.

요명춘廖名春은 순자가 인간의 본성 그 자체를 악한 것으로 본 것에 대하여 다음과 같은 논리로 긍정한다.

> 순자의 성악론은 인간 본성이 자연적 성향의 기초 위에서 건립된 것이다. 순자는 이익을 좋아하고 남을 미워하고 시기하기하며 좋은 음악과 아름다운 여인을 좋아하는 것은 인간의 생리적 본능이라고 생각했다. 이러한 것은 '태어날 때부터 가지고 있는'것으로 이러한 본능은 분쟁과 서로 해침 그리고 음란함의 근원이 되는 것으로, 이는 '편벽되고 불공평하여 바르지 못한 것이 되어, 도리

5 陳大齊, 『荀子學說』, 臺北, 中國文化大學出版部, 1988년, 66쪽 참조.

에 벗어나서 어지럽게 되고 만다'는 것의 근원이 된다는 것이다. 그러므로 그는 인간의 이러한 생리적 본능은 악한 것이라고 생각한 것이다. 이것이 바로 순자가 주장한 성악론의 논리이다.[6]

인간의 본성에는 악한 경향이 있다는 진대제의 이론과 비교했을 때 요명춘의 해석은 인간의 본성은 본래 악하다는 주장으로도 불리어질 수 있을 것이다. 그러나 요명춘은 바로 이어서 순자의 이러한 주장에 대하여 비판을 한다. 즉 순자가 인간의 사회성과 자연적 본능을 명확하게 구분하지 못한 결과로 주장된 인간의 본성이 악한 것이라는 명제는 잘못되었다는 것이다.

순자의 성악론은 선천적 성악론이다. 그래서 그는 '양보'·'신의나 신뢰'·'예의나 규범'과 같은 후천적 작위를 인간의 본성에서 배제시켜 본성 외의 것으로 간주한다. 그러나 '이익을 좋아함'·'남을 미워하고 시기함'·'좋은 음악과 아름다운 여인을 좋아함'과 같은 것들은 태어날 때부터 갖게 되는 자연적 속성이라고 할 수 있을까? 이것은 문제의 소지가 있다. 사실 '이익을 좋아함'에서는 과연 어떤 것이 이익인지를 파악 할 수 있을 때 비로소 좋아할 수 있는 것이며, '남을 미워하고 시기함'에서는 어떤 점을 미워해야 할지를 인식할 때 비로소 시기할 수 있는 것이며, '좋은 음악과 아름다운 여인을 좋아함'에서는 먼저 어떤 것이 아름답고 어떤 것이 추한 것인지를 판별할 수 있을 때 비로소 좋아할 수 있는 것이다.

6 廖名春, 『荀子新探』, 臺北, 文津出版社, 1994년, 106~107쪽 참조.

> 이러한 좋아함과 시기함 모두는 학습을 통해서 체득되는 것이지 인간의 자연적인 본능 속에 갖추어져 있는 것이 아니다. 순자는 이와 같이 인간의 사회적 속성을 자연적 본능에 귀결시켜 악과 인간의 생리적 욕구를 연결시킨 일면에 매몰되어 인간의 본성이 악하다는 결론을 도출해냈는데, 이는 완전히 틀린 견해다.[7]

'이익을 좋아함'·'남을 미워하고 시기함'·'좋은 음악과 아름다운 여인을 좋아함'등은 태어날 때부터 갖게 되는 것이 아니다라는 주장은 틀린 말은 아니지만, 이러한 것들이 인간의 본성에 속하지 않는다고 했을 때는 문제가 발생한다. 즉 순자가 언급한 인간의 본성에는 태어날 때부터 가지게 되는 것이라는 의미 이외에 자연적인 것이라는 의미도 있다. '이익을 좋아함' 등등은 비록 태어날 때부터 갖게 되는 선천적인 속성은 아닐지라도 자연적인 것이라고 할 수 있으며, 이러한 것들은 교육과 학습의 필요가 없는 것이기 때문에 본성에 귀속시킬 수 있는 것이다.

이상에서 언급한 현대학자들의 '성악'에 대한 해석들은 비록 다 같은 것이라고 할 수는 없지만, 모두 본성과 악의 관계에 초점을 집중하여 자연적인 속성과 성악 사이의 불일치의 해결을 시도했다. 그렇기 때문에 순자가 사용한 악 개념의 특수한 의미에 대한 분석이 불가피하게 소홀할 수밖에 없었던 것이다. 그러므로 다음 장에서는 관심의 초점을 악의 의미에 맞춰서 순자가 과연 어떻게 이러한 개념을 사용했는지 살펴보도록 하겠다.

---

7 廖名春, 『荀子新探』, 臺北, 文津出版社, 1994년, 107쪽 참조.

3. 선善과 악惡의 개념 분석

순자가 사용한 선과 악의 개념은 두 가지 측면의 의미가 있다는 주장이 있는데 다음과 같다. 하나는 완벽함과 열악함의 의미이고, 다른 하나는 선량함과 악함의 의미라는 것이다.[8] 만일 이러한 주장이 정확한 것이라면 우리는 앞서 언급한 학자들의 논의가 모두 악함의 의미에만 집중되어 있을 뿐 열악함의 의미에 대해서는 인식을 소홀히 했기 때문에 자연적인 속성과 성악 사이의 불일치의 문제를 해결할 수 없었을 것이라고 말할 수 있다.

앞서 언급한 바와 같은 장기지張豈之의 구분방법은 위에서 언급한 문제들에 대한 해결의 실마리를 제공했다고 할 수 있다. 그의 견해에 의하면 '성악'이라고 하는 것은 한편으로 본성의 열악함을 의미하고 다른 한편으로는 본성의 악함을 의미하는 것이라고 말할 수 있다.

> 순자가 언급한 본성은 자연적인 천성이나 원초적 자질과 생리적 본능을 의미하는 것으로 어떠한 가공과 개선을 거치지 않은 상태의 것을 말한다. 이러한 의미에서 본다면 그가 언급한 '성악'은 인간 본성의 열악함을 의미하는 것이다. 그러나 그는 또 인간의 본성을 원초적 자질로 보고 그 속에는 예의나 법률제도를 만들어 내거나 포함시킬 수도 없다고 강조하는 한편 예의나 법률제도와도 상충된다고 강조했다. 예를 들면 '인간의 본성을 따르고 감정

8 張豈之, 『中國儒學思想史』, 臺北, 水牛出版社, 1992년, 123쪽 참조.

에 따라서 행동한다면 반드시 서로 다투고 빼앗고 하면서 사회 질서의 어지러움을 야기시켜 무법사회가 출현하게 된다' 『荀子』, 「性惡」 이러한 의미에서 본다면 그가 언급한 '성악'은 본성의 악함을 지칭하는 것이다. 이와 같이 볼 때 '악'에는 열악함의 의미와 악함의 의미가 있는 것이다.[9]

위의 인용문에서 볼 수 있듯이 선량함이라는 것은 '예의나 법률제도'에 부합한 내용을 의미하는 것이며, 악함이라는 것은 '예의나 법률제도'에 위배되는 행위를 의미한다. 바꿔 말하면 이는 도덕표준에 부합되는지의 여부에 따라 선과 악을 구분한 것이기 때문에, 선과 악은 도덕과 비도덕의 개념에 상당한다고 할 수 있을 것이다. 그러나 서복관徐復觀을 비롯한 일부 학자들은 이러한 각도에서 이해되어진 순자의 '성악'은 성립할 수 없다고 생각했다.[10] 즉 순자가 언급한 본성의 개념 속에는 도덕적 의미가 내재되어 있지 않기 때문에 선은 도덕이고 악은 비도덕이라고 말할 수가 없다는 것이다.

『순자』 속에 선과 악의 개념은 각각 200여 차례정도 보이며 그 의미 역시 매우 다양하다고 할 수 있다. 그러나 선과 악이 함께 보이는 경우는 「성악性惡」 편의 '성악선위性惡善僞'와 '선악지분善惡之分' 외에 다음과 같은 곳에서 보여 진다.

9 張豈之, 『中國儒學思想史』, 臺北, 水牛出版社, 1992년, 123~124쪽 참조.
10 徐復觀, 『中國人性論史』, 臺北, 臺灣商務印書館, 1990년, 255~256쪽 참조.

> 현명한 사람을 존중하고 유능한 인사를 기용하여 공적이 있는 사람에게는 상을 주고 죄가 있는 사람에게는 벌을 내리는 것은 군주 혼자서만 행한 것이 아니다. 그것은 옛 성왕聖王으로부터 내려온 법도요 민심을 통일하는 근본이며, 선함을 선하다고 하고, 악함을 악하다고 하는 당연한 응대로서 국가의 다스림은 반드시 이러한 상벌의 법도에 의존해야 한다는 것은 옛날이나 지금이나 한가지인 것이다.[11]

위의 인용문 가운데 "선함을 선하다고 하고, 악함을 악하다고 하는 당연한 응대"라는 말은 대략 '선하면 상을 주고 악하면 벌을 준다'는 의미에 상당한다고 볼 수 있는데, 그 속에는 선과 악을 도덕과 비도덕의 의미로 이해한듯한 분위기가 담겨져 있으며 또한 도덕적 행위에 대하여 장려를 하고 비도덕적 행위에 대해서는 징벌을 가해야 한다는 의미가 담겨져 있다. 그러나 문장 전체의 맥락에서 볼 때 여기에서 말하고자 하는 요점은 공적과 죄의 문제에 있다. 즉 "공적이 있는 사람에게는 상을 주고, 죄가 있는 사람에게는 벌을 내린다."는 말속에서 의미하는 바는 한 개인의 공과功過에 대한 상벌의 문제이지 개인의 도덕수양 문제와는 무관하다고 할 수 있는 것이다. 그러므로 위의 인용문에서 언급된 선과 악을 도덕과 비도덕의 문제로 이해하는 것은 문제의 소지가 있다고 판단된다.

---

11 『荀子』, 「彊國」, "夫尙賢使能, 賞有功, 罰有罪, 非獨一人爲之也, 彼先王之道也, 一人之本也, 善善惡惡之應也, 治必由之, 古今一也."

부정한 음악이 사람의 마음을 감동시키게 되면 여기에 따라 부정한 기운이 일어나게 되고, 그 부정한 기운은 마침내 부정한 노래와 춤으로 나타나 사람의 마음을 음탕하게 만들어 혼란이 생기게 된다. 그러나 바른 음악이 사람의 마음을 감동시키게 되면 이에 따라 바른 기운이 일어나게 되고, 그 바른 기운은 바른 노래와 춤으로 나타나 사람의 마음을 아름답게 만들어 여기서 질서가 생기게 된다. 노래하고 화답하는 데는 서로 맞아 어울리는 것이 있고, 선과 악 또한 마찬가지로 류類에 따라 같은 결과를 낳는다. 그러므로 군자는 무엇보다도 음악에 있어서 정正과 사邪를 신중하게 가려 부정한 것을 버리고 바른 것을 따르는 것이다.[12]

위의 인용문은 음악과 사회적 분위기와의 관계에 대하여 설명한 것이다. 즉 퇴폐적인 음악은 사람들의 마음을 뒤흔들어 사회적 혼란을 야기 시키고, 좋은 음악은 사람들의 정서를 순화시켜 사회의 질서를 유지시키는 기능을 한다는 것이다. 여기에서 언급된 선과 악 역시 도덕적 의미를 가지고 있지 않다고 할 수 있다.

순자는「성악」편에서 선과 악의 개념에 대하여 다음과 같이 설명하고 있다.

옛날부터 지금에 이르기까지 세상에서 말하는 선이라고 하는 것은 바르고 이치에 맞으며 질서가 있는 것이다. 일반적으로 말하는

12 『荀子』,「樂論」, "凡姦聲感人而逆氣應之, 逆氣成象而亂生焉. 正聲感人而順氣應之, 順氣成象而治生焉. 唱和有應, 善惡相象, 故君子愼其所去就也."

악이라고 하는 것은 편벽되고 불공평하고 도리에 어긋나 혼란한 것이다. 이것이 바로 선과 악의 구분이다.[13]

잠일성岑溢成은 위의 문장 가운데서 "바르고 이치에 맞으며 질서가 있는 것과 편벽되고 불공평하고 도리에 어긋나 혼란한 것"은 개인의 도덕행위와 사회질서 유지와도 관련이 있다고 주장한다. 즉 순자는 선악 구분의 기준을 예의와 이러한 두 측면의 의미를 갖춘 것으로 삼았다는 것이다. 그러나 잠일성은 순자가 인간과 짐승의 구분에 대하여 언급할 때 비교적 사회질서 유지의 측면에 편중되어 있다는 점을 강조한다.[14] 순자가 '성악'을 주장한 까닭은 '인간이 인간 되는 이유'를 바로 사회질서 유지에 근거하였기 때문이며 또한 인간과 짐승의 차이점에 대해서도 이러한 기준을 적용하기 때문에, 순자에게 있어서 사회질서 유지의 의미가 개인의 도덕행위의 의미에 선행된다고 할 수 있는 것이다.

사회질서의 측면에서 보았을 때 선이라고 하는 것은 "바르고 이치에 맞으며 질서가 있는"상태를 의미하는데, 이는 사회의 이상적이고 완벽한 상태를 말한다. 또한 악이라는 것은 "편벽되고 불공평하고 도리에 어긋나 혼란한"상태를 의미하며 이는

13 『荀子』, 「性惡」, "凡古今天下之所謂善者, 正理治平也; 所謂惡者, 偏險悖亂也. 是善惡之分也已."

14 岑溢成, 「荀子性惡論析辯」, 『鵝湖學誌』 第3期, 臺北, 文津出版社, 1989년, 52~54쪽 참조.

이상적이지 못하고 불안정한 상태를 의미한다. 또한 순자는 「불구不苟」 편에서도 '예의'와 '비예의非禮義'로써 사회적 질서와 혼란에 대하여 설명을 한다. 즉 순자는 이상적이거나 완벽한 사회적 상태는 바로 예의의 표현이 그 구체적인 내용이 되어야 하는 것이며, 이상적이지 못하고 불안정한 사회적 상태는 예의가 결여되어 있거나 도덕적 상태가 이루어지지 않은 것을 의미한다고 생각한 것이다. 여기에서의 선과 악은 도덕과 비도덕의 개념에 상당히 접근되었다고 할 수 있다.

순자의 도덕과 비도덕에 관한 논의 역시 주목할 만한 가치가 있다고 할 수 있다.

> 타인의 선함을 보면 마음을 가다듬어 반드시 스스로 내 자신을 돌이켜보고, 타인의 선하지 않은 것을 보면 걱정이 되어 혹시 나에게도 그러한 결점이 없나 반성하여 볼 것이다. 그래서 나에게 선함이 있으면 굳건히 지켜 스스로 기뻐할 것이요, 선하지 않음이 나에게 있으면 재앙이 나에게 있듯이 미워할 것이다.[15]

위의 인용문에서 말하고자 하는 것은, 바로 타인의 도덕기준에 부합하는 행위를 보면 반드시 자신의 행위 역시 도덕적 요구에 부합하는지를 냉정하게 성찰하고, 타인의 도덕기준에 위배되는 행위를 보게 되면 자신 역시 같은 잘못을 범하지 않았는지

15 『荀子』, 「修身」, "見善, 修然必以自存也; 見不善, 愀然必以自省也. 善在身, 介然必以自好也, 不善在身, 菑然必以自惡也."

돌이켜 반성해야만 한다는 것이다. 또한 자신의 행위가 도덕기준에 부합된다면 마땅히 그러한 점을 굳게 지켜나가야 하며, 자신의 행위가 도덕기준에 위배된다면 마땅히 잘못된 점을 개선하여 같은 실수를 되풀이해서는 안 된다는 것이다.

> 이제 만일 선하지 않은 사람과 함께 있다면 항상 듣는 것은 사람을 속이는 거짓말 뿐, 또 항상 보는 것은 추악함과 사악함 그리고 탐욕뿐이다. 이렇게 하여 자기 자신에게 형벌이 가해지는 상황으로 몰려도 자각하지 못하는 것은 주위로부터의 영향에 따른 완만한 변화이기 때문이다.[16]

이것은 환경의 중요성을 강조한 언급으로, 만일 개인이 품행이 불량한 사람들과 어울리게 되면 그러한 사람들로부터 보고 듣게 되는 것은 모두 남을 기만하는 거짓말과 추악하고 사악한 행위와 탐욕스러운 마음일 뿐으로, 시간이 지나면 자신 역시 이러한 악습에 물든다는 것이다.

이상과 같이 볼 때 순자가 사용한 선과 악의 개념은 그 의미에 있어서 오늘날 현대인들이 사용하는 개념과 의미상에 있어서 분명한 차이가 존재하고 있음을 알 수 있을 것이다. 즉 순자가 언급한 선과 악에는 도덕과 비도덕의 의미가 내재되어 있지 않기 때문이다. 다만 그가 언급한 '선악지분'과 '성악선위'의 주장들

16 『荀子』, 性惡」, "今與不善人處, 則所聞者欺誣詐僞也, 所見者汙漫淫邪貪利之行也. 身且加於刑戮而不自知者, 靡使然也."

속에서 도덕·비도덕과 유사한 개념이 보일 뿐이다. 또한 그가 도덕과 비도덕을 설명할 때 사용한 개념 역시 선과 불선이다.

4. 성악선위性惡善僞

순자는 「성악」 편에서 "인간의 본성은 악이며, 그 선한 요소는 모두 후천적인 작위에 기인하는 것이다."라는 언급을 하는데, 이것은 그의 인성에 대한 기본적인 관점이라고 말 할 수 있다. 또한 문장 전반에 걸친 논의는 결국 이러한 주장의 연장이라고 할 수 있다. 앞서 진행된 논의를 근거로 하여 순자의 "인간의 본성은 악이며, 그 선한 요소는 모두 후천적인 작위에 기인하는 것이다."를 해석해보면 다음과 같다고 할 수 있다. 즉 인간의 자연적 성향은 불완전하고 비도덕적인 것이고, 완전하거나 도덕적 행위의 실현은 후천적인 학습과 노력에 의해야 한다는 것이다. 이러한 주장은 "생리적 본능을 본성이라고 한다"의 각도에서 인간의 본성을 인식한 것이 아니고 "인간이 인간 되는 까닭"의 각도에서 인간의 본성을 인식한 것이라고 할 수 있다. 즉 순자는 인간을 도덕적 존재로 인식하는 유가의 근본정신을 계승하여, 이러한 기준으로부터 그는 본성이 비도덕적이라고 생각하고 '성악'을 주장한 것이다. 그러므로 본 장에서는 '성악'과 '선위'의 문제에 대한 분석을 중심으로 논의를 진행해보도록 하겠다.

먼저 '성악'에 대하여 살펴보겠다. 이 문제에 관하여 장기지張豈之는 '성악'은 한편으로는 본성의 열악함을 의미하고 다른 한편으로는 본성의 악함을 의미한다고 주장했다.[17] 다시 말하면 본성이란 것은 비도덕적인 것이라는 것이다. 그러므로 '성악'의 '악'을 비도덕적 의미로 해석할 수 있다는 말이 되는데 이러한 주장은 그 타당성이 부족하다는 것을 이미 앞에서 언급했다. 그렇다면 여기에서 우리는 '성악'과 '악성'의 차이에 대하여 살펴볼 필요가 있다고 생각된다. 즉 '성악'에서 '성'은 비도덕적 의미를 내포하고 있으며, '악성'에서의 '성'은 도덕이 아니라는 의미를 내포하고 있는 것이다.[18]

필자는 비록 순자가 언급한 '성악'에서 '악'을 도덕이 아니라는 해석에는 동의 할 수는 없지만, 이러한 주장은 '도덕이 아님'의 근원에 대한 해석을 가능하게 해준다고 본다. 모종삼 등과 같은 학자들의 견해에 의하면 인간 본성의 자연적인 성향이 '악성'으로 변하게 되는 관건성의 문제는 결국 "자연적 성향으로서의 본성을 따르기만 한다"는 데에서 찾아질 수 있다는 것이다. 즉 자연적인 성향으로서의 본성 그 자체는 '악'이 될 수가 없고 다만 그러한 성향을 조절하지 못하고 제어하지 못했을 때 '악'의 결과가 조성된다는 것이다.

그러나 순자는 "자연적 성향으로서의 본성을 따르기만 한다"

17 張豈之, 『中國儒學思想史』, 臺北, 水牛出版社, 1992년, 124쪽 참조.

18 鮑國順은 인간의 자연적인 성향이 '惡性'으로 변하게되는 원인을 인간이 자연적인 욕망을 쫓기만 할 뿐 절제할 줄 모르기 때문에 발생하게 되는 것이라고 주장한다. 그가 언급한 '악성'은 바로 이런 의미이다. 鮑國順, 『荀子學說析論』, 臺北, 華正書局, 1993년, 13쪽 참조.

는 것만이 '악'의 근원적인 문제라고 보지 않았다. 또한 순자는 한 걸음 더 나아가 "자연적 성향으로서의 본성을 따르기만 한다"는 것으로부터 '악'이 조성될 수 있는 원인을 '성악'에 있다고 보았다. 즉 본성 자체가 '악'이라는 것이다. 일반적으로 우리는 순자의 성악설에 대하여 단편적으로 전자의 의미에만 관심을 집중할 뿐, 후자의 의미를 소홀히 하는 경향이 있는데 바로 이러한 후자의 의미가 순자가 주장하고자 했던 핵심이라고 할 수 있는 것이다.

그러므로 '악성'은 다음과 같은 두 가지의 조건들을 만들어낸다고 할 수 있다. 하나는 인간의 자연적인 성향은 불완전하다는 것이고, 다른 하나는 인간의 자연적인 성향을 방임한다는 것이다. 인간의 자연적인 성향을 방임했을 경우 '악'의 결과가 조성된다는 말속에는 '방임'이라고 하는 선택을 포함하고 있음과 동시에 상대적으로 조절이나 제어를 선택할 수 있는 성분을 포함하고 있기 때문에 의지의 자유 관점에서 본 것이라고 할 수 있다. 그러나 이러한 주장은 그 설득력이 매우 약하다고 할 수 있다. 즉 어째서 방임을 선택한 것이 도덕적인 것이 아니란 말인가?

이러한 문제는 당시의 유가의 학자들이 직면했던 문제였다고 할 수 있다. 즉 당시에 성행했던 일부 사조들 가운데는 인간의 자연적 성향이 완벽하고 이상적인 것이라고 생각하여, 일체의 외재적 간섭을 배제한 자연 그대로의 상태로 방임할 것을 주장하는 학파도 있었기 때문에, 유가에서 중시하는 예의법도나 인

문제도 등은 필요 없는 것으로 취급되었다. 이러한 상황 속에서 인간의 본성을 자연 그대로의 상태로 방임하자는 이론의 문제점을 지적하기 위해서 순자는 '성악'을 주장한 것이다. 즉 순자는 인간의 본성은 불완전하고 결함이 있는 것이기 때문에 그것을 방임하고 조절하지 않는다면 '악'의 결과가 조성된다고 보았던 것이다. '악'의 형성은 한편으로는 자유의지의 선택 결과에 의한 것이며, 다른 한편으로는 이러한 선택이 도덕적인 것이 아니기 때문에 '성'은 비도덕적인 것이라는 것이다.

다음은 '선위善僞'에 대하여 살펴보겠다. 순자가 주장한 '성악선위性惡善僞'는 '성'과 '위'의 구분이 단지 선천적인 것과 후천적인 것의 구분에만 그치는 것이 아닐 뿐만 아니라 동시에 '위'의 결과가 반드시 '선'이 되는 것이 아니라는 점을 의미하기도 한다. '위'와 '선'은 두 측면의 의미를 가지고 있기 때문에 이러한 주장을 상당히 복잡한 형태로 만드는 한편 다양한 이해를 가능하게 하는 것이다. '선위'의 문제에 대한 이해를 보다 쉽게 하기 위해서 '위선僞善'의 문제와 비교하여 분석해보도록 하겠다.

'선위'는 다음과 같은 두 가지 의미를 함축하고 있다. 그 가운데 하나의 의미로는 인격의 완성과 도덕은 후천적인 학습과 노력에 의해서 실현된다는 것이다. 이때의 '선'은 '악'과 상대적인 의미로서의 '선'이며, '위'는 수양 혹은 인위적인 노력 등을 의미한다. 이러한 의미는 반드시 '성악'과 동반되어 이해되어져야 할 것이다. 앞서 언급한 것처럼 '성'은 불완전하고 비도덕적인 것이기 때문에 인간 행위의 준칙이 되지 못하는 것이다. 인간 본성의 불완전하고 비도덕적인 성향만으로는 동물과의 차이를 규정 지울 수 없기 때문에 반드시 인간만의 특징을 규정 지울 수 있는 그 무엇이 필요한 것이다. 다시 말하면 '성악'과 대비되는 개념으로서 그 무엇이 필요하다는 것이다. 이러한 '성악'과 대비되는 개념으로서 그 무엇이 바로 '선위'라는 것이다. 이러한 '선위'는 도덕과 이상은 인간의 학습과 노력에 의해 실현된다는 것을 의미한다. 이렇게 인간의 인위적인 노력과 실천의 중요성을 강조한 순자의 '선위'는 도가道家에서 주장한 무위無爲와 분명한 대비를 이루고 있다고 할 수 있다.

'선위'의 또 다른 의미는 다음과 같다. 즉 도덕은 반드시 실천이 전제가 되어야한다는 것이다. 만일 인간이 실천을 하지 않는다면 도덕이라고 하는 것은 그 존재이유를 상실하게 되는 것이다.[19] '선위'는 단지 '선'이 반드시 '위'를 그 전제로 해야만 한다는 것을 의미할 뿐, '위'의 결과가 반드시 '선'이 되어야 한다는 의미는 포함하고 있지를 않다.(여기에서의 '선'은 '불선' 즉 비도덕과 대비되는 의미로서의 '선'을 의미한다.) 바꿔 말하면 도덕의 영역은 인간이 그것을 실천하는 것으로부터 열리는 것이며, 이러한 영역 내에서야 비로소 도덕과 비도덕이라고 하는 것이 있게 된다

19 『荀子』, 「儒效」, "도(道)라는 것은 하늘의 도도 아니고 땅의 도도 아니며, 사람으로서 마땅히 걸어가야 할 길로서 군자가 밟아나가야 할 길을 말한다."라고 언급되어있는 것에서 볼 수 있듯이 순자에 있어서의 도는 자연의 법칙을 의미하는 것이 아니라 인간세계의 규범을 의미하는 것이다.

는 것이다.

위선僞善에서의 '위'는 이상理想의 의미로 간주해서 해석해야 하며, '선'은 두 가지 의미를 겸해서 가지고 있다고 할 수 있다.[20] 이상의 의미로서의 '위'란 장기적인 학습과 노력이 축적되어 나온 결과를 의미하며 이러한 결과를 '선'이라고 부른다. 사회 전체의 측면에서 본다면 이것은 일종의 인류문명에 대한 긍정으로 인류가 장기간에 걸쳐 자연과의 투쟁 속에서 점차 원시생활에서 벗어나 문명생활로의 진입을 했음을 의미하는 것이다. 개인의 측면에서 본다면 이것은 성인聖人이라는 존재가 선천적으로 성인이 된 것이 아니고 장기간에 걸친 자아수양과 노력을 거쳐 만들어진 존재라는 것을 의미하는 것이다. 즉 장기간 노력을 하면 성인이 될 수 있다는 것이다.

이와 같이 '위선'은 '위'와 '선' 사이에 어떠한 필연적 관련이 있다는 것을 나타내고는 있지만, 그러한 필연성은 자연계의 인과율적 필연성이 아니고 인간세계 속에서의 실천 가운데의 필연성을 의미하며 끊임없는 실천을 그 전제로 한다.

20 여기에서 말하는 두 가지 의미를 겸해서 가지고 있는 말은 의리적인 측면에서 언급한 것이다. 앞서 張豈之의 견해를 비판한 이유는 바로 그가 이러한 두 가지 의미를 보편적으로 응용을 했기 때문이다. 그러나 '性惡善僞' 주장의 측면에서 본다면, '善'과 '惡'은 기본적으로는 '완벽함'과 '조악함'으로 해석되거나 '도덕'과 '비도덕'으로 해석되는 것이 비교적 타당하다고 생각된다. 또한 개별적이고 다른 상황 속에서는 이 둘이 병존될 수도 있다. 그러나 이러한 두 의미에는 선후가 있는데, 즉 먼저 기본적인 의미가 있고 그 뒤에 응용한 의미가 있다는 것이다.

이상과 같은 '성악선위性惡善僞'의 주장 속에는 인간의 본성이 불완전하다는 것이 지적되어 있다. 인간의 본성이 불완전한 이유에는 다음과 같은 것이 있다. 즉 소극적인 측면으로는 예의禮義가 없고 예의를 알지 못하기 때문이며, 적극적인 측면으로는 도덕행위를 방해하기 때문이다.[21] '성악'의 주장은 기본적으로 '선위'를 기준으로 해서 나온 것이다. 즉 '선위'라는 것은 한편으로 '선'의 의미와 범위를 규정하는 것으로 그것은 인간의 실천행위를 통해서 드러나는 것이기 때문에 본성이라고 말할 수 없는 것이며, 다른 한편으로는 '성악'은 해결의 방법을 제공해주며 또한 '선'으로 통할 수 있는 길을 제시해주고 있는데 그것이 바로 실천이라는 것이다.

5. 맺는 말

앞에서 살펴본 바와 같이 인간의 본성이 악하다고 하는 주장은 순자의 사상체계 가운데 후세 학자들로부터 가장 주목을 받는 한편 의견이 분분한 부분이라고 할 수 있다. 특히 현대학자들의 순자가 언급한 '성악'에 대한 해석들은 비록 다 같은 것이라고 할 수는 없지만, 모두 본성과 악의 관계에 초점을 집중하여

21 岑溢成은 '性惡'을 강한 의미와 약한 의미로 구분한다. 즉 강한 의미는 禮義가 파괴된 것을 뜻하고, 약한 의미는 禮義가 결핍된 것을 뜻한다고 한다.
岑溢成, 「荀子性惡論析辯」, 『鵝湖學誌』 第3期, 臺北, 文津出版社, 1989년, 56쪽 참조.

자연적인 속성과 성악 사이의 불일치의 해결을 시도했다고 볼 수 있으며, 그렇기 때문에 순자가 사용한 악 개념의 특수한 의미에 대한 분석이 불가피하게 소홀할 수밖에 없었던 것이다. 그러므로 관심의 초점을 악의 의미에 맞춰서 순자가 과연 어떻게 이러한 개념을 사용했는지 분석한 결과는 다음과 같다.

순자가 사용한 선과 악의 개념은 그 의미에 있어서 오늘날 현대인들이 사용하는 개념과는 의미상에 있어서 분명한 차이가 존재하고 있다고 할 수 있다. 이러한 차이는 순자가 언급한 선과 악에는 도덕과 비도덕의 의미가 내재되어 있지 않기 때문에 존재하는 것이다. 다만 그가 언급한 '선악지분善惡之分'과 '성악선위性惡善僞'의 주장들 속에서 도덕·비도덕과 유사한 개념이 보일 뿐이며, 또한 그가 도덕과 비도덕을 설명할 때 사용한 개념 역시 선과 불선이다.

또한 순자가 언급한 '성악선위'의 주장 속에는 인간의 본성이 불완전하다는 것이 지적되어 있다. 인간의 본성이 불완전한 이유에는 다음과 같은 것이 있다. 즉 소극적인 측면으로는 예의가 없고 예의를 알지 못하기 때문이며, 적극적인 측면으로는 도덕 행위를 방해하기 때문이다. '성악'의 주장은 기본적으로 '선위'를 기준으로 해서 나온 것이다. 즉 '선위'라는 것은 한편으로 '선'의 의미와 범위를 규정하는 것으로 그것은 인간의 실천행위를 통해서 드러나는 것이기 때문에 본성이라고 말할 수 없는 것이며, 다른 한편으로는 '성악'은 해결의 방법을 제공해주며 또한 '선'으로 통할 수 있는 길을 제시해주고 있는데 그것이 바로 실천이라는 것이다.

| 참고문헌 |

王先謙,『荀子集解』, 北京, 中華書局, 1992년.

程頤, 程顥,『二程全書』, 遺書十九, 臺北, 臺灣中華書局, 1990년.

牟宗三,『名家與荀子』, 臺北, 學生書局, 1985년.

韋政通,『荀子與古代哲學』, 臺北, 臺灣商務印書館, 1992년.

陳大齊,『荀子學說』, 臺北, 中國文化大學出版部, 1988년.

廖名春,『荀子新探』, 臺北, 文津出版社, 1994년.

張豈之,『中國儒學思想史』, 臺北, 水牛出版社, 1992년.

徐復觀,『中國人性論史』, 臺北, 臺灣商務印書館, 1990년.

鮑國順,『荀子學說析論』, 臺北, 華正書局, 1993년.

岑溢成,「荀子性惡論析辯」,『鵝湖學誌』第3期, 臺北, 文津出版社, 1989년.

제3절

현실 정치에 대한 견해

1. 시작하는 말

순자는 전국시대 말기의 사회문제 해결과 사회적 환경의 개선 및 사회의 발전을 견인할 수 있는 유일한 방법으로 정치적 조치를 들었다. 순자는 사회와 정치가 서로 영향을 주는 관계에 있는 것으로 보았기 때문에, 순자의 정치사상은 고대 중국의 정치사회학[1] 이론의 한 실마리라고 볼 수 있다.

순자가 세운 이론체계는 이성적 사유와 경험적 검증을 동시에 중시하는 것으로 목적과 수단이 하나로 녹아져 있기 때문에 그가 논의한 정치는 이론과 실천이 서로 대칭되어 있으며 이상과 실용이 함께 병행되어 있는 것이라고 할 수 있다. 그렇기 때문에 순자의 정치사상 속에는 유가와 법가의 사상이 하나로 관통되어져 있다고 할 수 있는 것이다.

순자는 먼저 국가의 기원을 현실적인 필요에 의해서 발생한

1 沙亦群, 『意識形態與社會變遷』, 臺北, 巨流圖書公司, 1983년, 120~121쪽 참조.

것으로 보는 한편 국가를 인간 사회가 발전함에 따라 나타나는 고도의 정치적 조직이라고 강조했다. 또한 이러한 정치조직의 실제적인 조처는 인력자원을 효율적으로 이용하여 경제적 이익을 합리적으로 분배하며 사회질서를 확실하게 제어하여 정치와 사회의 상호작용의 효과를 극대화시킴으로써 천하를 안정화 시킨다고 하는 이상을 완수하는 것에 있다고 할 수 있다.

그렇기 때문에 순자는 이러한 정치조직을 이끄는 군주가 올바른 도리에 의거해서 정치를 펼쳐나갈 것을 요구한다. 즉 군주가 수신을 바탕으로 국가를 통치하고, 국가의 이익을 증대하는 한편 손해를 최대한으로 줄여서 백성들 개개인이 충분하게 삶을 영위할 수 있도록 만들어 천하를 안정시켜야 한다는 것이다. 만약 그렇지 않다면 백성들은 '도'가 있는 군주를 선택하여 그에게 귀의할 권리가 있으며, 올바른 도리의 지극한 이치를 분명하게 드러냄으로써 군주를 제어해야 한다고 했다. 그러므로 순자의 사상체계 속에는 비록 혁명의 의미가 담겨져 있기는 하지만, 그 요지는 올바른 도리의 이치를 명확하게 드러내는 것에 있는 것으로 이를 통하여 군주와 백성들 상호작용 관계를 조화롭게 하는 것이 주된 목적이라고 할 수 있다. 즉 군주는 백성을 아끼고 사랑하며 백성들은 군주를 공경하여, 이를 서로가 위배하지 않을 때 '인도人道'의 지극함을 이룩하게 되는 것이다.

순자는 군주가 독재정치를 해서는 안 되고 반드시 신하와 관리들의 보좌를 받아야 만이 통치과업을 완성할 수 있다고 보았기 때문에 관료정치 시스템을 명확하게 계획했다.[2] 즉 순자는 정치조직의 구조적 분화와 업무분화를 기획함으로써 정치운용의 행정적 효율을 제고시키는 것을 통하여 정치이상의 실천적 조치를 실현하고자 했던 것이다.

순자는 만일 성왕에 의한 통치가 분명하게 실천된다면 군주의 자리가 세습되지 않을 것이라고 하는 한편 선양을 기대할 필요도 없다고 했다. 그는 다만 백성들의 마음이 귀의하게 되는 현명한 군주가 천자의 지위를 계승하여 그 통치의 대업을 이어갈 때 혼란은 종식된다고 보았다. 또한 순자는 만일 군대를 일으켜 서로가 분쟁을 일삼는 자들이 발생할 경우, 현명한 군주는 반드시 '인의仁義'의 덕을 근본으로 하여 백성들을 아끼고 사랑하는 마음으로 폭력과 온갖 해악을 금지시켜 성왕의 도를 유지발전 시킴으로써 백성들의 평안을 도모한다고 했다.

이러한 성왕의 도는 예의와 법도의 제정에 있는 것이라고 할 수 있는데, 예의와 법도라는 것은 성인의 사고가 누적되어 형성되고 그 시스템이 완성되어진 세상을 통치하는 이치이자 백성들을 평안하게 만드는 제도라고 할 수 있다. 이 가운데 예의라는 것은 통치의 시작이며, 법도라는 것은 통치의 과정이라고 할 수 있으며 군자는 그러한 통치의 중심이라고 할 수 있는 것이다. 법도는 예의에서 기원하는 것이고, 예의는 군자에게서 기원하는 것이라고 할 수 있다. 이와 같은 세 가지가 상호 영향을 주고받는 보완 관계에 있는 것으로, 그러한 관계가 안정적일 때는 타당

2 陳鴻瑜, 『政治發展理論』, 西寧, 青海教育出版社, 1995년, 201쪽 참조.

성을 얻게 되고 실천에 있어서도 실효를 거둘 수 있게 되어 결국은 순자가 언급한 '천생인성天生人成'의 요지에도 부합하는 것이라고 할 수 있다.

이상과 같은 순자의 정치사상에 대하여 본문에서는 국가의 기원과 관료정치체제와 성왕의 통치 및 예의법도의 제정을 중심으로 살펴보았다.

2. 국가의 기원

국가의 형성은 사회발전의 필연적인 결과물이라고 할 수 있다.[3] 사회의 형성은 사람들이 삶의 만족을 얻기 위한 방편을 기반으로 하는 것이기 때문에, 사람과 사람 사이의 상호이익의 충돌을 조정하며 또한 사람들을 통솔하여 그들의 능력을 효율적으로 운영하는 것은 국가조직의 정치체제만이 그렇게 할 수 있는 것이다.

> 만물이 같은 우주 안에 있으면서도 형체가 서로 다르고, 사람들에게 특별한 뜻은 없으면서도 사람을 위해 쓰일 곳이 있는 것은 법도이다. 인류가 모두 함께 생활하면서 욕구는 같은데도 그것을 추구하는 방법이 다르고, 욕망이 같은데도 그것에 대한 지혜는 서로 다른 것은 본성이다. 모두가 괜찮다고 인정하는 점에서는 지혜 있는 사람과 어리석은 자가 같지만, 괜찮다고 인정하는 대상

3 朱岑樓, 『社會學』, 貴陽, 貴州人民出版社, 1997년, 91쪽 참조.

이 달라 지혜 있는 사람과 어리석은 자가 갈라진다. 사회적인 지위는 서로 같은데도 지혜는 서로 차이가 나며, 사사로운 이익을 추구하는데도 재난을 당하지 않고, 욕심껏 멋대로 행동하는데도 궁지에 몰리지 않는다면, 곧 민심은 분격하여 서로 다투게 되어 그들을 열복시킬 수가 없다.……신하들을 통제할 군주가 없다면, 아랫사람들을 통제할 윗사람도 없다. 천하의 폐해는 욕심을 마음대로 부리는 데서 생겨난다. 사람들이 바라는 것과 싫어하는 대상은 같은데, 바라는 것은 많고 그 대상은 적은 것이 실정이다. 그 대상이 적으면 반드시 서로 다투게 된다.[4]

인성의 욕구를 절제하기 위해서는 충분하게 재화를 공급해줘야 하며, 백성들이 삶을 영위하는데 필요한 것들을 적절하게 분할하기 위해서 국가조직의 정치체제가 성립된 것이다.[5]

천하의 땅을 헤아려 제후들의 나라를 세워 주고, 나라의 이익을 헤아려 백성들을 양육하며, 사람들의 능력을 헤아려 할 일을 맡기는 것이다. 사람들이 틀림없이 맡은 일을 잘해 내게 되면, 그들이 하는 일은 반드시 이익을 가져오고, 그 이익이 백성들이 살아가는데 충분하면 모든 사람들이 입고 먹고 여러 가지 일에 쓰는 데에 지출과 수입의 균형이 잡혀, 반드시 남는 것이 있으면 그때마다 저장하게 될 것이다. 이것을 잘 어울리게 하는 술수라 일컫는다.[6]

---

4 『荀子』, 「富國」, "萬物同宇而異體, 無宜而有用為人, 數也. 人倫並處, 同求而異道, 同欲而異知, 生也. 皆有可也, 知愚同; 所可異也, 知愚分. 埶同而知異, 行私而無禍, 縱欲而不窮, 則民心奮而不可說也.……無君以制臣, 無上以制下, 天下害生縱欲. 欲惡同物, 欲多而物寡, 寡則必爭矣."

5 朱岑樓, 『社會學』, 貴陽, 貴州人民出版社, 1997년, 97쪽 참조.

앞의 인용문에서와 같이 볼 수 있듯이, 순자의 관점 속에서는 국가란 필요한 정치체제로서 백성들의 삶을 영위시켜주고 평안함을 유지시켜주는 것이 그 주된 임무라는 사실을 알 수 있다. 이러한 국가의 성립에는 반드시 그것에 필요한 기본 요건이 충족되어야 한다.

> 토지가 없다면 사람들이 편안히 살지 못한다. 사람들이 없다면 땅을 지키지 못한다. 도와 법이 없다면 사람들이 모여들지 않고, 군자가 없다면 도가 행해지지 않는다. 그러므로 토지와 사람과 도와 법이라는 것은 나라가 이루어지는 근본이다.[7]

순자는 토지와 백성 및 도와 법 등의 네 가지를 국가 성립의 기본 요건으로 보았다. 국가는 사회발전의 고차원적인 문화현상이라고 할 수 있는데, 이는 반드시 백성들이 그것의 건립을 요구하는 주체가 되어야만 하는 것이다. 또한 백성들의 생활은 반드시 토지의 이용에 의해서만이 유지되는 것이며, 백성들의 평안한 삶은 도와 법률의 시행에 의해서만이 그 효과를 볼 수 있는 것이다. 그렇기 때문에 토지와 백성이 있으면 곧 국가가 성립되고, 도와 법률이 있으면 국가는 다스려지게 되는 것이다. 토지라

6 『荀子』, 「富國」, "量地而立國, 計利而畜民, 度人力而授事, 使民必勝事, 事必出利, 利足以生民, 皆使衣食百用出入相揜, 必時臧餘, 謂之稱數."

7 『荀子』, 「致士」, "無土則人不安居, 無人則土不守, 無道法則人不至, 無君子則道不擧. 故土之與人也, 道之與法也者, 國家之本作也."

는 것은 백성들의 삶의 근본이 되고, 도라는 것은 법률의 근원이 되는 것이다. 그러므로 국가가 힘써야 할 것은 바로 토지를 이용하여 백성들의 삶을 영위시켜 주고 도를 세워서 법률을 제정해야 하는 것에 있는 것이다. 그렇기 때문에 국가를 안정적으로 다스리기 위해서는 군주의 통치력 및 도와 법률의 시행이 그것의 성패여부를 결정짓는 관건의 소재가 되는 것이다.

> 국가란 천하의 제도로서 이로운 공구이고, 군주란 천하의 이로운 권세이다. 올바른 도를 따라 이것을 유지해 나가면 크게 안락할 것이고, 크게 영화로울 것이며, 아름다운 명성이 쌓이는 근원이 된다. 올바른 도를 따르지 않고 이것을 유지하면 크게 위태로워지고 큰 위해가 가해지며, 그것이 있음은 없는 것만도 못하게 되어, 궁극에 가서는 평범한 남자가 되려고 하더라도 때가 늦을 것이다. 제나라 민왕과 송나라 헌왕이 그러한 군주다. 그러므로 군주란 천하의 이로운 권세이지만 스스로 안락하게 지내지 못하기도 하는 것이다. 군주자리에서 안락하게 지내는 사람은 반드시 올바른 도를 지킨 사람이다.[8]

그렇기 때문에 군주의 도가 되는 것은, 바로 "도를 닦고 의로움을 행하며, 온 천하 사람들에게 다 같이 해로운 일은 없애 준

8 『荀子』, 「王霸」, "國者, 天下之制利用也; 人主者, 天下之利埶也. 得道以持之, 則大安也, 大榮也, 積美之源也. 不得道以持之, 則大危也, 大累也, 有之不如無之; 及其綦也, 索為匹夫不可得也, 齊湣宋獻是也. 故人主天下之利埶也, 然而不能自安也, 安之者必將道也."

다."[9]에 있는 것이다. 이러한 도를 바탕으로 국가를 통치하고 백성들을 평안하게 한다는 실질적인 목적을 달성할 수 있는 것이며 더나가 천하를 평안하게 만들 수 있는 대업을 완수할 수 있게 되는 것이다.

순자는 군주를 국가의 주인으로 보고 백성들을 국가의 근본으로 보았다. 그래서 그는 "하늘이 백성들을 낳은 것은 군주를 위한 것이 아니며, 하늘이 군주를 옹립한 것은 백성들을 위한 것이다."[10]라고 언급했던 것이다. 그렇기 때문에 군주의 통치행위는 반드시 백성들이 필요로 하는 것에 도움이 될 수 있는 것이어야 하며, 백성들의 안정적인 삶은 국가통치의 가장 중요한 책무가 되는 것이다.

> 그렇기 때문에 옛날에 땅을 나누어 여러 나라를 세운 것은 그것으로 제후들을 존귀하게 하려던 것은 아니며, 여러 관직을 두고 작위와 녹봉의 차별을 둔 것은 그것으로 대부들을 높여 주려한 것만은 아니다.[11]

국가의 건국과 정치체제의 형성의 근본적인 의미는 모두가 백성을 위해서인 것이다. 그러므로 순자에게 있어서의 국가 성립

9 『荀子』, 「正論」, "修其道, 行其義, 興天下之同利, 除天下之同害."

10 『荀子』, 「大略」, "天之生民, 非為君也; 天之立君, 以為民也."

11 『荀子』, 「大略」, "故古者, 列地建國, 非以貴諸侯而已; 列官職, 差爵祿, 非以尊大夫而已."

의 필요성은 백성들 공동의 복지를 위해서 요청된 것이며, 국가의 정치시스템의 효과적인 운용은 경제적 이익과 합리적인 분배를 수반하게 된다. 또한 이러한 정치체제의 지도자인 군주는 앞서 언급한 조건들을 바탕으로 백성들을 교화하고 삶을 보장한다고 하는 국가통치의 소임을 다함으로써 국가사회의 장기적인 안정을 확보해야만 하는 것이다.

이상과 같이 볼 때 순자의 시야에 있어서의 국가는 인류사회의 발전과정 가운데 필요한 존재로 고차원적인 문화현상으로서, 인적자원을 효율적으로 이용하여 그에 수반되는 경제적 이익의 합리적인 분배를 통하여 사회질서를 확실하게 제어하여 결국에는 천하를 안정되게 만들어주는 역할을 하는 것이라고 할 수 있는 것이다.

3. 관료정치체제

춘추전국시대는 봉건제도가 이미 와해되어가고 있는 시기임과 동시에 관료정치체제가 점진적으로 형성되어 가고 있는 시기였다.[12] 순자는 이러한 관료정치체제의 발전을 심도 있게 인지하고 있었다. 그는 당시 사회에 형성되어 유행하기 시작한 정치적 분업시스템은 필연적 추세라고 생각하는 한편 그러한 시스템이 행정적 효율을 제고시키는 데에 있어서 꼭 필요한 조치임을

12 黃俊傑, 『春秋戰國時代尚賢政治的理論與實際』, 臺北, 問學出版社, 1977년, 29쪽 참조.

깊이 인식하고 있었다.

순자는 관료정치체제가 가장 커다란 효과를 발휘할 수 있는 방법으로는 현명하고 유능한 사람이 그에 걸 맞는 지위에 있어야 하는 것으로 생각했다. 그러므로 순자의 현명한 사람을 숭상하고 능력 있는 사람을 등용한다는 언급의 의미는 관료정치체제의 필요성에 대한 입론의 근거와 상응하는 것이라고 할 수 있다. 또한 순자는 사람들이 각자가 지니고 있는 재질이 차이가 있다고 보아서 인재를 적재적소에 배치하여 운용한다고 하는 관념을 관직임명의 참고 기준으로 삼았다. 또한 순자는 비록 주나라의 제도를 정치체제의 근간으로 삼기는 했지만, 서주에서 시행되었던 관직세습제도에 대해서는 분명하게 반대 했다. 그리고 그는 모든 관직은 정확한 검증을 거쳐서 승진시키거나 강등을 시키거나 혹은 해임시킬 것을 정해야함을 강조함으로써 정치체제에 새로운 활력과 실제적인 효과를 발휘시킬 수 있도록 해야 한다고 했다.

> 그들은 사람을 고르는 데 도가 있었고, 사람을 등용하는 데 법이 있었다. 사람을 고르는 도란 예의로써 그를 따져 보는 것이고, 사람을 등용하는 법이란 사회 계급으로써 그의 직위를 한정하는 것이다. 그들이 의로움을 행하는 거동을 예의를 바탕으로 헤아리고, 그들의 지혜와 생각으로 일을 처리하는 능력을 이루어 놓은 성과를 참조하여 평가하고, 그들이 오랜 세월 쌓아 놓은 성과를 참조하여 평가하고, 그들이 오랜 세월 쌓아 놓은 업적은 공적을 근거로 하여 평가한다. 그러므로 신분이 낮은 자가 신분이 높은 사람

> 위에 군림할 수가 없고, 직분이 가벼운 사람이 직분이 무거운 사람을 비판할 수가 없으며, 어리석은 자가 지혜 있는 사람의 생각을 아는 체할 수가 없었다. 그렇기 때문에 만 가지 일을 해도 한 번의 잘못도 없었다. 그러므로 기용할 사람을 예의로써 평가하여 그가 공경한 몸가짐으로 편안할 수 있는가를 살펴보며, 그와 더불어 여러 가지 일을 해보고 행동을 해보아 그가 여러 가지 변화에 잘 대응할 수 있는가를 살펴보며, 그와 함께 놀고 잔치를 벌이면서 그가 지나친 즐김에 빠지지 않는가를 살펴보며, 그를 음악과 여자, 권세와 이익, 분한 일과 노여운 일, 환난과 위험 등을 체험하게 하여 그가 지켜야 할 절조를 잃지 않는가를 살펴보는 것이다. 그들이 진실로 그러한 것들을 몸에 지니고 있는가와 그들이 진실로 그러한 것들을 지니고 있지 않은가를 흰 것과 검은 것을 구별하듯 알 수 있는 것이니, 잘못 판단할 수가 있겠는가? 그러므로 백락은 말에 관한 일로 속일 수가 없고, 군자는 사람을 판단하는 일로 속일 수가 없는 것이다. 이것이 명철한 군주의 도이다.[13]

그렇기 때문에 현명한 군주는 덕을 인재등용의 기준으로 삼고 예의법도를 사람들을 제어하는 근거로 삼아서, 덕이 있는 사람

---

13 『荀子』, 「君道」, “其取人有道, 其用人有法. 取人之道, 參之以禮; 用人之法, 禁之以等. 行義動靜, 度之以禮; 知慮取舍, 稽之以成; 日月積久, 校之以功, 故卑不得以臨尊, 輕不得以縣重, 愚不得以謀知, 是以萬舉而不過也. 故校之以禮, 而觀其能安敬也; 與之舉措遷移, 而觀其能應變也; 與之安燕, 而觀其能無流慆也; 接之以聲色,權利忿怒患險, 而觀其能無離守也. 彼誠有之者, 與誠無之者, 若白黑然, 可詘邪哉! 故伯樂不可欺以馬, 而君子不可欺以人, 此明王之道也.”

에게 직위를 주고 능력이 있는 사람을 관리로 등용하여 정치적 분업시스템을 효율적으로 운용했던 것이다.

> 그러므로 명철한 군주는 사람들의 덕을 판단해 벼슬자리에 차례대로 앉힌다. 이것이 어지러워지지 않는 이유이다. 충성된 신하는 진실로 능력이 있어야만 감히 내리는 직위를 받는다. 이것이 직무를 수행할 때 궁지로 몰리는 일이 없는 이유이다. 위로는 신분의 서열이 어지럽지 않고, 아래로는 직무 수행 능력이 궁지에 몰리는 일이 없게 되니, 이것이 정치의 극치이다.[14]

이처럼 순자는 관리의 도에 대하여 언급할 때, 현명한 이를 숭상하고 능력이 있는 사람을 우선적으로 등용할 것을 주장했으며, 아울러 그에 수반 되는 효과는 뒤로 미룰 것을 강조했다. 또한 그는 덕이 있는 사람에게 직위를 주고 능력이 있는 사람을 등용함으로써 관료정치체제의 가장 큰 효과를 기대할 수 있다고도 했다. 또한 순자는 관료정치체제의 행정시스템을 효율적으로 운용하기 위해서는 행정업무에 밝은 지식인을 기용해야 만이 그 효과를 볼 수 있다고 했다. 그렇기 때문에 순자는 선비의 공적을 숭상했던 것이다.

> 선비란 옛 군주들을 본받고 예의를 존중하며, 신하나 자식들에

14 『荀子』, 「儒效」, "故明主譎德而序位, 所以為不亂也; 忠臣誠能然後敢受職, 所以為不窮也. 分不亂於上, 能不窮於下, 治辯之極也."

> 대해서는 삼가게 하고 그의 윗사람에 대해서는 매우 존경하도록 하는 사람들입니다. 군주가 그를 등용하면 곧 조정의 직위를 따라 모든 일을 합당하게 할 것이며, 등용치 않으면 물러나 백성들 틈에 끼어 성실히 지내 반드시 순종할 것입니다. 비록 곤궁해 헐벗고 굶주린다 하더라도 절대로 사악한 길에 들어서서 탐욕해지지 않을 것이며, 송곳을 꽂을 만큼의 땅도 가지고 있지 않다 하더라도 국가를 지탱하는 대의에는 밝습니다. 소리쳐 불러도 아무도 응해 주지 않는 위치에 있다 하더라도 만물을 풍부하게 하고 백성들을 기르는 법에는 통달해 있습니다. 권세를 잡아 남의 위에 서면 군주가 될 재목이고, 남의 아래에 있으면 국가의 신하이며 군주의 보배가 될 인재들입니다.[15]

그러나 순자가 비록 선비를 국가통치와 민생안정에 효율적인 존재로 매우 중시했지만, 선비들 개개인의 유능함과 무능함 및 이상적임과 세속적임의 현실적인 차이에 대해서는 간과했다. 그러므로 현명한 군주는 인재를 구별할 수 있는 명철함으로 능력 있는 선비를 선택하여 등용해야 만이 비로소 자신의 정치이상을 실현할 수 있게 되어 천하를 안정시킬 수 있게 되는 것이다.

순자의 관료정치체제를 세밀하게 관찰하면 관료들 가운데 재

15 『荀子』, 「儒效」, “儒者法先王, 隆禮義, 謹乎臣子而致貴其上者也. 人主用之, 則埶在本朝而宜; 不用, 則退編百姓而慤; 必為順下矣. 雖窮困凍餧, 必不以邪道為貪. 無置錐之地, 而明於持社稷之大義. 嗚呼而莫之能應, 然而通乎財萬物, 養百姓之經紀. 埶在人上, 則王公之材也; 在人下, 則社稷之臣, 國君之寶也.”

상의 지위가 가장 높았으며 직책 역시 가장 막중했다고 하는 점을 발견할 수 있다. 군주는 관료정치체제를 통하여 자신의 국가 통치 이념을 관철시키고자 했기 때문에 매우 신중하게 재상을 선택하여 자신을 보좌토록 했던 것이다.

> 군주는 홀로 나라를 다스릴 수 없다고 하는 것이다. 재상과 보좌하는 사람들은 군주에게는 들메끈이나 지팡이 같은 것이다. 그것은 서둘러 갖추지 않으면 안 되는 것이다. 본래 군주란 반드시 일을 맡길 만한 재상이나 보좌하는 사람들이 있어야만 한다.[16]

순자가 언급한 관료정치체제는 현대사회의 내각책임제와 매우 유사한 경향을 보이고 있다. 그러므로 군주는 재상에게 명령을 내리고 그것이 시행되는지를 살펴보아서 정책을 결정하는 것이다. 이처럼 국가통치가 원활하게 이루어지면 군주는 안정적이고 순조롭게 권세를 누릴 수가 있게 되는 것이다. 또한 순자는 군주가 재상을 등용할 때는 반드시 명분과 실리에 부합하게 해야 만이 자신이 편안하고 국가를 제대로 통치할 수 있게 되어 공적과 명성을 누릴 수 있다고 했다.

> 한 사람의 재상을 검토하고 골라서 모든 일들을 아울러 통솔케 하고, 신하들과 여러 관리들이 모두가 도에 뜻을 두어 올바른 방

16 『荀子』, 「君道」, “人主不可以獨也. 卿相輔佐, 人主之基杖也, 不可不早具也. 故人主必將有卿相輔佐足任者, 然後可.”

향으로 힘써 일하도록 하는 일이 바로 군주의 직무인 것이다. 그렇게만 되면 천하를 통일하여 요임금이나 우임금과 같은 명성을 얻게 될 것이다. 이런 군주는 스스로 지키는 것이 간략하면서도 자세한 일까지 영향을 미치고, 하는 일은 지극히 편안하면서도 큰 공적을 올리게 될 것이다. 옷자락을 늘어뜨린 채 편한 자세로 앉아 있는 자리에서 내려오지 않고 편히 있어도 온 세상 사람들 모두가 그를 자기네 제왕으로 모시고 싶어 할 것이다. 이러한 것을 두고 지극히 간략하면서도 즐거움은 이보다 더 클 수가 없다고 하는 것이다.[17]

그렇기 때문에 군주는 공적인 일을 처리할 때나 사적인 일을 처리할 때를 막론하고 신중하게 재상을 등용시켜서 모든 관료들을 통솔하게 하고 도를 준수하여 제도를 정비하게 하면, 이로 인하여 신하를 비롯한 모든 백성들이 안정된 삶을 누리게 되어 천하는 제대로 통치될 수 있게 되는 것이다.

순자가 주장한 현명한 사람을 숭상하고 유능한 인재를 등용시킨다고 하는 것은 관료정치체제의 필요에 적극 부응하는 것으로, 군주의 "구분을 분명하게 하고 무리지어 살게 한다."고 하는 지혜를 드러내게 함으로써 그가 국가통치의 도를 이룰 수 있게 하는 첩경이 된다고 할 수 있는 것이다. 그렇기 때문에 성왕의

17 『荀子』, 「王覇」, "若夫論一相以兼率之, 使臣下百吏莫不宿道鄉方而務, 是夫人主之職也. 若是則一天下, 名配堯禹. 之主者, 守至約而詳, 事至佚而功, 垂衣裳, 不下簟席之上, 而海內之人莫不願得以為帝王. 夫是之謂至約, 樂莫大焉."

도는 관료정치체제를 기반으로 하여 정치를 펼쳐나가는 것으로 "구분을 분명하게 하고 무리지어 살게 한다."와 "현명한 사람을 숭상하고 유능한 인재를 등용시킨다."고 하는 시책에 잘 나타나 있으며, 이를 통하여 천하를 안정시킬 수 있는 효과를 낼 수 있게 되는 것이다.

4. 성왕의 통치

순자의 전체적인 정치체제의 청사진 가운데 관료조직은 행정을 집행 운용하는 행정력 분야에 속하는 것이라고 할 수 있고, 정치권력 분야에 대해서는 천자와 제후를 구분하는데 이는 서주의 정치조직시스템을 그대로 계승한 것으로서 제후를 한 국가의 군주로 보고 천자를 천하의 군주로 보았다. 제후 가운데 만일 예의를 숭상하고 현명한 사람을 존중할 수 있는 자가 있다면 이는 왕자王者가 될 것이고, 법률을 중시하고 백성을 아낄 수 있는 자는 패자覇者가 될 것이다. 패자는 신뢰를 바탕으로 세력을 얻는 반면 왕자는 의로움을 바탕으로 백성을 얻게 된다. 그러므로 왕자의 통치는 패자의 통치보다 훨씬 우월한 것이 되는 것으로, 백성들의 마음을 얻게 되는 것이기 때문에 천하의 왕 즉 천자가 되는 것이다.[18] 이처럼 순자의 정치론은 백성들에 대한 사랑을 기반으로 하여 제후들에게 백성의 마음을 얻는 자가 천하의 왕

18 韋政通, 『荀子與古代哲學』, 臺北, 臺灣商務印書館, 1985년, 113~115쪽 참조.

이 될 수 있다고 하는 관념을 일깨워줌으로써 자신의 정치이상의 실현을 기대하는 것에 그 주된 목적이 있었다고 할 수 있다.

순자가 군주의 도로부터 착수해서 정치이상을 실현하려고 했던 것은, 그 자신이 전국시대 말기라고 하는 혼란한 시기에 생존하면서 사회적 규범이 무너진 상황 속에 노출된 백성들이 자신의 본능적인 욕구에 이끌려 서로가 쟁탈과 분쟁을 통하여 자신의 이익만을 추구하는 현상을 직접적으로 목격했기 때문이다. 이러한 현상을 직접 목격한 순자는 군주의 존엄이 없고 정치적 제어장치가 없게 되면 백성들은 반드시 제멋대로 행동하게 되어 결국에는 천하에 질서가 사라지게 된다고 보았던 것이다.

> 그러므로 옛날에 성왕께서는 사람들의 본성이 악해 음험하고 편벽되어 바르지 못하며, 어지러이 사리를 어겨 다스리지 않는다고 생각했기 때문에 그들을 위해 군주의 권세를 세워서 이들 위에 군림하고, 예의를 밝혀 이들을 교화하고, 올바른 법도를 만들어 이들을 다스렸으며, 형벌을 무겁게 해 이들의 악한 행동을 금하였다. 그렇게 함으로써 온 세상이 모두 잘 다스려지도록 하고 선함으로 모이도록 한 것이다. 이것이 성왕의 다스림이며 예의의 교화이다.[19]

이와 같이 볼 때 순자 정치론의 기본구조는 바로 성왕의 통치

---

19 『荀子』, 「性惡」, "故古者聖人以人之性惡, 以為偏險而不正, 悖亂而不治, 故為之立君上之埶以臨之, 明禮義以化之, 起法正以治之, 重刑罰以禁之, 使天下皆出於治, 合於善也. 是聖王之治而禮義之化也."

를 숭상하는 것에 있는 것으로서, 예의의 교화를 핵심으로 삼고 법률과 형벌로 금지시키는 것을 보완점으로 삼아서 올바른 도리에 의해서 통치되는 사회를 만드는 것이 그의 정치이상이라고 할 수 있는 것이다. 그래서 순자는 "군주란 백성들의 근원이다. 근원이 맑으면 흐름도 맑고, 근원이 흐리면 흐름도 흐리다."[20]라고 하여, 군주가 된 자는 백성들이 삶을 영위하는데 필요한 것들을 관제하고 백성들의 행색을 잘 만들어야할 책임이 있는 사람이기 때문에 그가 백성들에게 끼치는 영향은 실로 지대하다고 할 수 있는 것이다. 그렇기 때문에 순자는 현명한 군주가 당연하게 해야 하는 것과 군주가 마땅히 해야 할 것을 강하게 천명했던 것이다.

> 군주란 무엇인가? 많은 사람들을 잘 돌보는 것을 말한다. 많은 사람들을 잘 돌본다는 것은 무엇을 말하는가? 사람들이 잘 살도록 양육하는 것이며, 사람들을 잘 다스리는 것이며, 사람들을 잘 등용하는 것이며, 사람들에게 제대로 신분에 맞는 옷을 입게 해주는 것이다.……수공업에 종사하는 사람과 상인은 줄이고 농부들을 늘리며, 도둑을 없애고 간사한 자들을 물리치는 것, 이것이 사람들을 잘 살도록 해주는 방법이다. 천자는 삼공을 두고 제후는 한 사람의 제후를 두며, 대부들은 관직을 차지하고 사士는 그 직무를 지키는데, 법도에 맞지 않고 공정하지 않은 것이 없도록 하는 것, 이것이 사람들을 잘 다스리는 방법이다. 덕이 있고 없음을

20 『荀子』, 「君道」, "君者, 民之原也. 原清則流清, 原濁則流濁."

> 검토하여 서열을 결정하고, 능력을 헤아려 관직을 주어 모든 사람들로 하여금 그의 할 일을 수행하며 각각 모두가 그의 합당한 자리를 차지하게 하며, 가장 현명한 사람은 삼공의 자리를 맡게 하고, 그 다음으로 현명한 사람은 제후가 되게 하며, 하급의 현명한 사람들은 사대부가 되게 하는 것, 이것이 사람들을 잘 등용하는 것이다. 관과 옷은 여러 가지 무늬와 여러 가지 조각을 잘 정리하여 모두 차등이 있도록 하는 것, 이것이 사람들에게 제대로 신분에 맞는 옷을 입도록 해주는 것이다.[21]

순자는 이러한 네 가지의 정책을 현명한 군주가 당연히 펼쳐야할 시책 속에 이미 포함된 것으로 보아서, 만일 군주가 이러한 정책을 확실하게 실행할 수 있게 된다면 백성들의 마음은 그에게로 귀의하게 되어 천하의 왕이라고 불릴 수 있게 되는 것이라고 했다. 그러나 순자는 만일 군주가 현명한 지혜가 없어서 구분을 명확하게 하고 무리지어 살게 하지 못하고, 인덕仁德이 없어서 도를 수양하지 않고 의를 행하지 않는다면 천하를 지킬 수 없다고 하였다. 즉 천하를 안정되게 통치할 수 있는 기반을 갖춘 뒤에야 이를 오래토록 보전할 수 있게 된다는 것이다.

---

21 『荀子』, 「君道」, “君者, 何也? 曰: 能群也. 能群也者, 何也? 曰: 善生養人者也, 善班治人者也, 善顯設人者也, 善藩飾人者也.……省工賈, 衆農夫, 禁盜賊, 除姦邪, 是所以生養之也. 天子三公, 諸侯一相, 大夫擅官, 士保職, 莫不法度而公, 是所以班治之也. 論德而定次, 量能而授官, 皆使人載其事, 而各得其所宜. 上賢使之為三公, 次賢使之為諸侯, 下賢使之為士大夫, 是所以顯設之也. 修冠弁衣裳, 黼黻文章, 琱琢刻鏤, 皆有等差, 是所以藩飾之也.”

천하란 지극히 중대한 것이어서 지극히 강력한 사람이 아니면 그것을 책임질 수가 없다. 지극히 큰 것이어서 지극히 분별력 있는 사람이 아니면 그 분수를 따라 질서를 유지할 수가 없다. 지극히 많은 사람들이 있어 지극히 명철한 사람이 아니라면 그들을 화합시킬 수가 없다. 이 세 가지 지극한 능력은 성인이 아니라면 다 갖출 수가 없다. 그러므로 성인이 아니라면 왕자王者가 될 수 없는 것이다.[22]

성인이라는 것은 인륜의 도리를 다 궁구할 수 있는 사람이며, 현명한 군주란 예의와 법도를 모두 제어할 수 있는 사람이다. 예의법도의 제정은 인륜의 도리에 근본을 두고 군주의 도는 인도人道의 지극함이 되는 것이다. 그리고 성인은 도를 두루 갖추고 완전한 아름다움을 지닌 사람이어서 천하를 저울질하듯 평화롭게 다스릴 사람인 것이다.[23] 그렇기 때문에 성인이 아닌 사람은 왕자王者가 될 수 없는 것이며, 천하 역시 성인의 도래를 통하여 완벽하게 다스려질 수 있게 되는 것이다. 그러나 과거에는 많은 성왕이 있었는데 현재의 군주는 마땅히 어떤 성인을 본받아야 하는 것인가? 라고 하는 의문이 제기 될 수 있다.

성왕이란 백 명도 넘는데, 우리는 누구를 법도로 삼아야 할 것인

---

22 『荀子』, 「正論」, "天下者, 至重也, 非至彊莫之能任; 至大也, 非至辨莫之能分; 至衆也, 非至明莫之能和. 此三至者, 非聖人莫之能盡. 故非聖人莫之能王."

23 『荀子』, 「正論」, "聖人備道全美者也, 是縣天下之權稱也."

가? 문물은 오래 되면 없어지고, 음악의 절주(리듬)는 오래 가면 소멸되며, 법도를 지키는 관리들도 오래 예법을 추구하다 보면 지쳐서 해이해진다. 그러므로 성왕의 발자취를 보려 한다면 그 분명한 것을 보아야 할 것인데, 후세 임금이 바로 그분이다.[24]

순자에게 있어서 과거의 성왕들 가운데 가장 본받을 만한 인물은 바로 순임금과 우임금이었다.[25] 그러나 이들은 매우 오래 전의 사람들이었기 때문에 그들이 만든 제도는 이미 다시는 볼 수 없어서 직접적으로 그들을 본받을 수는 없는 것이다. 그렇지만 순임금과 우임금의 후세 임금인 주나라의 문왕과 무왕은 주공의 보좌를 받아서 선왕이 수립한 제도의 요체인 예의법도를 새롭게 계승 발전시켜서 주나라 시기의 찬란한 태평성대를 열었던 것이다. 그러므로 당시의 군주는 주나라 시기의 성왕을 본받아 과거 성왕의 치세의 도리에 정통하게 됨으로써 그 역시 후세의 군주들이 배우고 본받아야 할 전범이 되는 것이다.

성왕의 통치는 예의법도로서 구분을 명확하게 규정짓고 현명한 사람을 숭상하고 능력 있는 인재를 등용하는 것에 있다. 그러므로 성왕이 재위에 있을 때는 국가는 제대로 통치되고 백성들은 안정적인 삶을 누리게 되고, 성왕이 돌아가시면 그 재위를 이어서 통치하는 사람은 반드시 성왕과 같은 사람이어야만 하는

24 『荀子』, 「非相」, "聖王有百, 吾孰法焉? 曰: 文久而滅, 節族久而絕, 守法數之有司, 極禮而褫. 故曰: 欲觀聖王之跡, 則於其粲然者矣, 後王是也."

25 『荀子』, 「非十二子」, "上則法舜禹之制."

것이다. 순자는 정권의 이양에 대하여 친족이나 혈연관계에 있는 사람에게 전해지는 것에 반대의 입장을 표명하였으며, 또한 선양과 같은 방식으로 정권이 이양되는 것에 대해서도 분명하게 반대했다.[26] 순자가 이러한 정권의 친족 이양과 선양에 대하여 반대한 까닭은 정치체제가 명확하게 구분되지 않고 정치교화 시행의 효과가 제대로 나타나지 않기 때문에 있다. 만일 정치체제의 구조가 명확하게 구분되고 그것의 운용이 합당하게 되면 정치교화의 시행이 실천적인 측면에 있어서 효과를 충분하게 나타낼 수 있게 된다. 이와 같은 정치와 교육이 상호 보완해가는 과정 속에서 성왕의 통치를 계승할 수 있는 현명한 군주가 양성되는 것이며, 백성들의 마음을 얻어서 천자의 지위를 계승할 수 있게 되는 것이다.

순자는 정권의 이양에 대하여 언급할 경우에는 반드시 객관적인 판단을 근거로 해야 한다고 주장했다. 객관적인 판단은 정치적인 측면에 있어서는 예의법도에 의한 판단이 되는 것이다. 성왕이 예의법도를 제정하여 백성들을 통치한 것은 바로 예의법도를 지킴으로써 그 통치대업을 완성할 수 있기 때문이었다. 그렇기 때문에 성왕 역시 마땅히 예의법도의 공적인 의의에 편승하여 그 정권을 예의법도에 의해서 위대한 통치를 이룩할 수 있는 현명한 군주에게 이양함으로써 그가 천자의 직무를 계승하게 해야 한다는 것이다. 바꿔 말하자면, 천자와 제후로 구성된 권력

26 党晴梵, 『荀子研究』, 西安, 陝西人民出版社, 1953년, 139쪽 참조.

분산형 정치시스템 속에서 제후들 가운데 인의仁義를 실천할 수 있으며, 예의법도를 제정하여 그것을 준수해서 올바른 도리로 천하를 안정되게 통치할 수 있는 사람은, 자연히 백성들의 신뢰를 얻게 되어 천자로 받들어지게 될 수 있는 것이다. 그렇기 때문에 성왕은 스스로가 구하지 않아도 백성들이 자발적으로 현명한 군주를 받들어 옹립시킴으로써 그러한 성왕의 적통을 계승하게 해주는 것이다. 그러므로 순자는 비록 군주를 존중해야 한다고 하는 언급을 했지만, 그것에 담겨져 있는 실질적인 의미를 살펴보면 바로 민심의 향배로써 군주의 권위를 단정하고 있음을 알 수 있게 된다.

> 성왕께서 돌아가시고 권세와 지위를 가지고 있는 자손은 무능해 천하를 평화롭게 할 수 없어 천하에 군주가 없는 상태 일 때, 제후 중에 덕을 밝히고 위엄을 쌓아가는 이가 있게 된다면 세상의 백성들은 모두 그를 모셔다가 군주나 우두머리로 삼기를 원할 것이다.……천하가 그에게로 귀복하면 그를 왕자라 하고, 천하가 그에게서 떠나가면 그는 망할 자라고 한다.[27]

성왕의 권위에 불복하여 군대를 일으켜 혼란을 야기 시키고자 하는 사람도 있지만, 왕자王者는 반드시 인의仁義덕을 근본으로 하여 백성을 아끼고 사랑하기 때문에 포악함을 막아 폐해를 없

27 『荀子』, 「正論」, "聖王沒, 有埶籍者罷不足以縣天下, 天下無君; 諸侯有能德明威積, 海內之民莫不願得以為君師.……天下歸之之謂王, 天下去之之謂亡."

애 그들을 평정하는 것이다. 그렇기 때문에 왕자王者가 군대를 동원하는 것은 싸워서 빼앗으려는 것이 아니고, 모든 백성들의 안정된 삶을 유지시키기 위한 안보의 차원에서 동원하는 것으로 그의 정치이상을 전면적으로 실현하는 실천 방법론인 것이다.

5. 예의법도의 제정

순자는 후세의 왕을 본받는다고 하는 의미로부터 선왕이 예의법도를 제정하여 치세의 도리로 삼았다는 사실을 연역해 내고 있다. 이러한 치세의 도리는 성인의 사유가 쌓여서 만들어진 것이며, 예의법도가 귀결되는 곳이며 근본원리의 도를 터득한 것이 되는 것이다.

> 성인은 자기의 기준으로 일을 헤아린다. 본래 사람을 기준으로 사람을 헤아리고, 실정을 기준으로 실정을 헤아리며, 같은 종류를 기준으로 그 종류를 헤아리고, 논리를 기준으로 일들을 헤아리며, 도를 기준으로 모든 이치를 살피기 때문에, 옛날이나 지금이나 헤아리는 기준이 한결같은 것이다. 사물의 종류가 어긋나지 않는 이상 비록 오랜 세월이 지나도 이치가 같은 것이다.[28]

성인은 자신의 기준으로 헤아려 파악한 것으로써 근본원리의

28 『荀子』, 「非相」, "聖人者, 以己度者也. 故以人度人, 以情度情, 以類度類, 以說度功, 以道觀盡, 古今一也. 類不悖, 雖久同理."

도를 터득하는데, 그러한 근본원리의 도는 바로 예禮이다. 그래서 순자는 "예는 법도의 근본이며 여러 가지 일에 관한 규정이다."[29]라고 말한 것이다. 순자는 역대의 전장제도와 의식절차 그리고 법도들을 덜고 더하는 가운데 영원히 변치 않는 원리를 통괄하여 관통한 결과 선왕의 예禮가 바로 법도를 창조하는 원칙이며, 사물의 이치를 추리하는 기준이라는 사실을 도출해냈다. 이러한 예禮는 인문세계의 최고의 도덕규범이며 인간사회의 각종 사물들의 구체적인 규범이 되는 것으로 모든 이론을 통섭하고 일체의 행위의 법도가 되는 것이다.[30] 그러므로 선왕은 예禮에 의해서 의義를 실천했으며 법도를 수립하고 제도를 정비하여 태평성대를 이룩할 수 있었던 것이다. 그렇기 때문에 선왕의 도를 탐구하고자 한다면 인의仁義의 근본을 조사해야 하는데, 이는 예禮로부터 착수하는 것이 가장 정확한 방법이라고 할 수 있다.

> 여러 옛 임금들의 도는 후세 임금들의 도가 되기도 한다. 군자가 후세 임금들의 도를 잘 살핀 다음에 여러 옛 임금들의 전 일들에 대해 논한다면, 팔짱을 끼고 앉아 논의하는 것처럼 쉬운 일이 될 것이다. 예의의 기본 규범을 밀고 나가 옳고 그른 분별을 분명히 하고, 천하의 중요한 일들을 총괄해 세상 사람들을 다스린다면, 한 사람을 부리는 것처럼 쉬울 것이다. 그러므로 지키는 행동 규범이 간략할수록 하는 일은 더욱 위대해지는 것은, 다섯 치의 곱

29 『荀子』, 「勸學」, "禮者, 法之大分, 群類之綱紀也."

30 李滌生, 『荀子集釋』, 臺北, 學生書局, 1986년, 12~13쪽 참조.

은 자를 가지고 온 천하의 네모꼴을 올바로 가늠할 수 있는 것과 같다.[31]

그러므로 군주는 성왕의 통치를 본받아 그 근본원리의 예禮를 밝혀서 변화의 상황에 대응할 수 있는 조치를 취함으로써 자신의 통치력을 상실하지 않아야만 하는 것이다.

예의는 국가를 다스리는 규범이며, 강하고 굳건해지는 근본이며, 위세를 펴는 길이며, 공적과 명성을 올리는 요체이다. 군주가 예의를 따르면 천하를 얻는 방법이 될 것이며, 예의를 따르지 않으면 나라를 망치는 근거가 될 것이다.[32]

그렇기 때문에 예禮는 국가를 세우는 최고의 준칙이 되는 것이다.

나라에 예의가 없으면 바르게 다스려지지 않으니, 예라는 것은 나라를 바르게 다스리는 근본이다. 그것은 마치 저울이 무겁고 가벼운 것을 가늠하는 근본이 되고, 먹줄이 곧고 굽은 것을 가늠하는 근본이 되며, 그림쇠와 굽은자가 네모와 동그라미를 가늠하

31 『荀子』, 「不苟」, "百王之道, 後王是也. 君子審後王之道, 而論百王之前, 若端拜而議. 推禮義之統, 分是非之分, 總天下之要, 治海內之衆, 若使一人. 故操彌約, 而事彌大. 五寸之矩, 盡天下之方也."

32 『荀子』, 「議兵」, "禮者, 治辨之極也, 強固之本也, 威行之道也, 功名之總也. 王公由之所以得天下也, 不由所以隕社稷也."

는 근본이 되는 것과 같다. 이미 그런 근본이 놓여 있으니 사람이 라면 아무도 그것을 속일 수가 없는 것이다.[33]

성왕은 예禮를 추종하고 의로움에 의거하여 실천함으로써, 예禮의 객관적 가치를 강화시키고 예禮의 정치적 입지를 더욱 공고히 하는 것이다. 예의가 정해진 뒤에는 어떻게 그것의 실제적인 효과를 나타나게 할 수 있는 것일까? 성왕은 법률제도를 건립하여 합리적인 예의의 관리를 통한 합법적인 법률제도를 이룩함으로써 예의를 실행하는데 있어서 미진한 부분을 보완하려 했다. 또한 이를 통하여 예의교화의 실제적인 효과를 공고히 했다. 예禮라고 하는 것은 인간의 내재적인 도덕의 기준을 만들어서 선한 덕성을 드러나게 하고 악한 생각을 금지시킨다. 법도라고 하는 것은 인간의 외재적인 행동거지의 근거를 만듦으로써 선한 의지를 더욱 굳건하게 만들고 악행을 제어한다. 순자는 선악의 분별을 언급할 때, 인간사회의 사람들 상호간에 영향을 주는 관계 위에서 구분을 했다. 그렇기 때문에 예의법도의 시행은 인간사회의 현실적인 삶을 염두에 두고 만든 규범적 제약으로서 예의를 내적인 것으로 하고 법률제도를 외적인 것으로 한 것이다.

성인이 예의를 건립하고 법률을 제정한 것은 예禮를 법을 실행하는 근본으로 삼고, 법을 예의에 의한 통치를 보완하는 수단

33 『荀子』, 「王霸」, "國無禮則不正. 禮之所以正國也, 譬之猶衡之於輕重也, 猶繩墨之於曲直也, 猶規矩之於方圓也, 既錯之而人莫之能誣也."

으로 삼기 위해서였다. 그러므로 법의 의의는 예禮를 밝히는 것에 있고, 법의 장점은 예禮를 지키는 것에 있기 때문에 법이 없으면 그것은 예禮가 아닌 것이다. 또한 법의 의의를 알 수 있고 그것의 장점을 실행할 수 있어서 돌발 상황에 대응함으로써 혼란을 종식시킬 수 있는 사람은 오직 군자만이 가능하다.

> 그러므로 법이란 독립할 수 없는 것이며, 유례란 그 자체로써 행해질 수는 없다. 합당한 사람이 있으면 실행이 되지만, 합당한 사람이 없으면 실행되지 않고 없어지는 것이다. 법이란 다스림의 시작이고, 군자란 법의 근원이다. 그러므로 군자가 있으면 법이 비록 생략되었다 하더라도 충분히 두루 퍼질 것이다. 군자가 없으면 법이 비록 갖추어져 있다 하더라도 앞뒤로 시행할 순서를 잃고 일의 변화에 적응하지 못하여 충분히 어지러워질 것이다. 법의 뜻을 알지 못하면서 법의 조문만을 바로 지키는 사람은 비록 널리 안다 하더라도 일을 당하면 반드시 혼란을 일으킬 것이다.[34]

이상과 같은 순자의 뜻을 미루어 보면 인치人治와 예치禮治 및 법치法治의 구별이 조화롭게 되어 있으며, 이들 셋의 상호 작용의 관계가 모두 병렬적인 양상을 띠고 있음을 알 수 있다.[35] 그러

34 『荀子』, 「君道」, “故法不能獨立, 類不能自行; 得其人則存, 失其人則亡. 法者, 治之端也; 君子者, 法之原也. 故有君子, 則法雖省, 足以遍矣; 無君子, 則法雖具, 失先後之施, 不能應事之變, 足以亂矣. 不知法之義, 而正法之數者, 雖博臨事必亂.”

35 魏元珪, 『荀子哲學思想』, 臺北, 谷風出版社, 1987년, 193~196쪽 참조.

므로 순자는 "예의를 숭상하고 법도를 이룩하면 나라의 표준이 있게 된다. 현명한 사람을 숭상하고 능력 있는 사람을 부리면 백성들이 나아갈 방향을 알게 된다."[36]라고 언급했던 것이다. 그렇기 때문에 성왕의 도를 계승함으로써 천하의 평안을 회복할 수 있는 사명을 완성할 수 있게 된다는 것이다.

예의라는 것은 통치의 출발점이 되는 것이고, 법도라는 것은 통치의 방법론이 되며, 군자는 통치의 중심축이 되는 것이다. 법도는 예의에 근원을 두고 예의는 군자에 근원을 둔다. 이와 같이 법도·예의·군자 셋이 상호 영향을 주고 의지하게 되면 안정을 얻게 되어 그것의 실행에 있어서의 효과를 이룩할 수 있게 되어 결국에는 순자의 '천생인성天生人成'의 요지에도 부합하게 되는 것이다.

6. 맺는 말

이상과 같이 순자의 정치사상에 대하여 국가의 기원과 관료정치체제와 성왕의 통치 및 예의법도의 제정을 중심으로 논의를 진행해보았는데, 이를 정리하면 다음과 같다.

순자의 관점 속에서는 국가란 필요한 정치체제로서 백성들의 삶을 영위시켜주고 평안함을 유지시켜주는 것이 그 주된 임무라는 사실을 알 수 있다. 순자는 국가의 성립에는 반드시 기본적인 요건이 충족되어야 한다고 생각했는데, 바로 토지와 백성 및 도

36 『荀子』, 「君道」, "隆禮至法則國有常, 尚賢使能則民知方."

와 법 네 가지가 국가 성립의 기본적인 요건이다. 토지는 백성들의 삶의 근본이 되고, 도는 법률의 근원이 되는 것이기 때문에 국가가 힘써야 할 것은 바로 토지를 이용하여 백성들의 삶을 영위시켜 주고 도를 세워서 법률을 제정해야 하는 것에 있는 것이다. 결국 순자에게 있어서의 국가 성립의 필요성은 백성들 공동의 복지를 위해서 요청된 것이며, 국가의 정치시스템의 효과적인 운용은 경제적 이익과 합리적인 분배를 수반하게 된다.

순자는 관료정치체제가 가장 커다란 효과를 발휘할 수 있는 방법으로는 현명하고 유능한 사람이 그에 걸 맞는 지위에 있어야 하는 것으로 생각했다. 그러므로 순자의 현명한 사람을 숭상하고 능력 있는 사람을 등용한다는 언급의 의미는 관료정치체제의 필요성에 대한 입론의 근거와 상응하는 것이라고 할 수 있다. 또한 순자는 사람들이 각자가 지니고 있는 재질이 차이가 있다고 보아서 인재를 적재적소에 배치하여 운용한다고 하는 관념을 관직임명의 참고 기준으로 삼았다. 또한 순자는 군주가 공적인 일을 처리할 때나 사적인 일을 처리할 때를 막론하고 신중하게 재상을 등용시켜서 모든 관료들을 통솔하게 하고 도를 준수하여 제도를 정비하게 하면, 이로 인하여 신하를 비롯한 모든 백성들이 안정된 삶을 누리게 되어 천하는 제대로 통치될 수 있게 된다고 했던 것이다.

순자 정치론의 기본구조는 바로 성왕의 통치를 숭상하는 것에 있는 것으로서, 예의의 교화를 핵심으로 삼고 법률과 형벌로 금지시키는 것을 보완점으로 삼아서 올바른 도리에 의해서 통치되는 사회를 만드는 것이 그의 정치이상이라고 할 수 있는 것이다. 순자가 생각했던 성왕의 통치는 예의법도로서 구분을 명확하게 규정짓고 현명한 사람을 숭상하고 능력 있는 인재를 등용하는 것이었다. 그렇기 때문에 성왕이 재위에 있을 때는 국가는 제대로 통치되고 백성들은 안정적인 삶을 누리게 되고, 성왕이 돌아가시면 그 재위를 이어서 통치하는 사람은 반드시 성왕과 같은 사람이어야만 한다고 했던 것이다.

순자는 성왕이 법률제도를 건립하여 합리적인 예의의 관리를 통한 합법적인 법률제도를 이룩함으로써 예의를 실행하는데 있어서 미진한 부분을 보완하려 했다고 주장했다. 또한 순자는 성왕이 이를 통하여 예의교화의 실제적인 효과를 공고히 했다고 생각했다. 아울러 순자는 예의라는 것은 통치의 출발점이 되는 것이고, 법도라는 것은 통치의 방법론이 되며, 군자는 통치의 중심축이 되는 것이라고 했으며, 법도는 예의에 근원을 두고 예의는 군자에 근원을 둔다고 생각했다. 그래서 순자는 이와 같이 법도·예의·군자 셋이 상호 영향을 주고 의지하게 되면 안정을 얻게 되어 그것의 실행에 있어서의 실질적인 효과를 이룩할 수 있게 되는 것이라고 보았던 것이다.

| 참고문헌 |

王先謙,『荀子集解』, 北京, 中華書局, 1992년.

李滌生,『荀子集釋』, 臺北, 學生書局, 1986년.

王忠林,『荀子讀本』, 臺北, 三民書局, 1996년.

党晴梵,『荀子研究』, 西安, 陝西人民出版社, 1953년.
魏元珪,『荀子哲學思想』, 新店, 谷風出版社, 1987년.
韋政通,『荀子與古代哲學』, 臺北, 臺灣商務印書館, 1985년.
黃俊傑,『春秋戰國時代尙賢政治的理論與實際』, 臺北, 問學出版社, 1977년.
沙亦群,『意識形態與社會變遷』, 臺北, 巨流圖書公司, 1983년.
陳鴻瑜,『政治發展理論』, 西寧, 靑海敎育出版社, 1995년.
朱岑樓,『社會學』, 貴陽, 貴州人民出版社, 1997년.

제4절

부국강병으로 가는 길

1. 시작하는 말

한 국가의 경제발전은 그 나라 정부의 정책시행에서 국민들의 삶을 풍요롭게 하고 사회의 체제 및 각종 자원의 이용에 대한 효율적인 관리와 분배에 달려있다고 할 수 있다. 또한 정부의 경제관련 인재를 적재적소에 배치해야만 정책시행에 있어서 국민들과의 불협화음을 막을 수 있으며, 정부 관리가 되기에 부적합한 사람에 의해서 자행되는 혈세의 낭비를 막을 수 있는 것이다. 고대 중국에서는 이러한 요건들에 부합되었던 경제사상이 있었는데, 그것은 바로 순자의 경제사상 이라고 말할 수 있다.

선진유가의 경제사상은 공자와 맹자를 거쳐 순자에 이르러 더욱 정밀해지는 한편 현실주의적 경향을 띠게 된다고 할 수 있다. 순자에게 있어서 고대 성왕聖王들의 경제정책은 이상적인 목표가 있는 것으로 이해되는데, 그것은 바로 경제정책의 목표가 실질적인 시행과 이론적인 보충이 조화롭게 발현되는 것이었으며, 또한 그러할 때 비로소 진정한 가치가 드러나는 것이라고 순자는 생각했다. 그렇기 때문에 순자는 이상적인 정치를 실현할 수 있는 실질적인 경제정책으로 형평성 있는 조세정책과 유능한 인재의 등용 및 합리적인 직업시스템의 확립 등을 제시하고 있으며, 이것들이 조화롭게 실현되는 것이 순자의 경제정책 청사진이라고 할 수 있다.

2. 형평성 있는 조세정책

고대 중국사회에서 자원의 운용은 인간과 자연 사이의 균형과 협력의 관계 형태를 띠고 있었다고 할 수 있다. 또한 고대 중국사회에서 대부분의 국가의 정부는 정부명령을 통하여 세금을 부과하며 거두어들인 세금을 사회기반구축사업과 국가정책을 시행하는 데에 사용했다고 볼 수 있다. 고대 사회에서의 조세는 천연자원을 제외한 국가의 두 번째로 중요한 수입원이었다고 할 수 있는데, 조세를 거둬들인 후에는 반드시 규모에 맞는 각종 토목건설 사업의 시행을 통하여 백성들의 생활안정을 도모했다. 다른 각도에서 조세정책을 본다면 이는 정부가 백성에게서 세금을 거둬들여 백성을 위해 그것을 사용하는 과정이라는 것을 알 수 있을 것이다.

> 지금 세상은 그렇지 못하다. 오늘날의 임금은 세금을 많이 매겨 백성들의 재산을 무리하게 빼앗아가고, 경작지의 세금을 과도하게 높여 백성들의 양식을 강제로 빼앗으며, 관문의 통관세, 시장

세 등을 과중하게 매겨 화폐의 유통을 어렵게 만든다. 뿐만 아니라 민중을 우롱하고 기회를 엿보기만 하고 권모술수로 백성을 피폐하게 한다. 백성들도 그가 난폭하고 추잡하여 장차 위험할 것을 훤하게 알고 있다. 그러므로 혹은 신하가 임금을 시해하기도 하고, 혹은 아랫사람이 윗사람을 죽이기도 하고, 이익을 위하여 국토를 적국에 팔고, 충절을 저버리고 군주를 위하여 생명을 바치지 않는 것은 다름이 아니라 바로 그 군주 자신이 스스로 그러한 재앙을 받게 된 것이다.[1]

위의 인용문을 통해서 알 수 있듯이 순자는 당시 즉 전국戰國시대 중후기의 위정자들이 그들 자신이 자행한 백성들의 고통을 외면한 과도한 세금의 징수는 백성들의 고통과 부담을 더욱 가중시킨다고 하는 사실을 몰랐다고 생각했다. 국가의 세금징수가 과도할 경우 백성들의 삶은 곤궁해질 수밖에 없게 된다. 실례로 "세금을 많이 매겨 백성들의 재산을 무리하게 빼앗아가고, 경작지의 세금을 과도하게 높여 백성들의 양식을 강제로 빼앗는다." 라고 하는 언급은 백성들이 축적해놓은 재화를 조세로 거둬들인 후에 모두 국고에 쌓아놓아서 백성들의 재산은 적어지게 되는 상황 즉 국가가 백성들의 재산을 탈취하는 강도와 같은 행태가 벌어지고 있는 상황에 대하여 설명한 것이다. 이러한 것 이외에

1 『荀子』, 「富國」, "今之世而不然, 厚刀布之斂以奪之財, 重田野之稅以奪之食, 苛關市之征以難其事. 不然而已矣, 有掎契伺詐, 權謀傾覆, 以相顚倒, 以靡敝之, 百姓曉然, 皆知其汙漫暴亂而將大危亡也. 是以臣或弑其君, 下或殺其上, 粥其城, 倍其節, 而不死其事者, 無它故焉, 人主自取之也."

도 경작지에 대한 과도한 세금징수로 인해서 백성들이 생산한 곡식의 대부분이 국고로 수납되어 일반 백성들은 삶을 영위하기가 매우 어려운 지경에 처하게 되는 등의 심각한 상황이 발생하게 된다. 백성들의 삶의 기본적인 욕구마저 국가권력에 의해서 찬탈되는 상황은 사회적 불안을 조성하는 사태를 초래하게 된다.

"세금을 많이 매겨 백성들의 재산을 무리하게 빼앗아가고, 경작지의 세금을 과도하게 높여 백성들의 양식을 강제로 빼앗으며, 관문의 통관세, 시장세 등을 과중하게 매겨 화폐의 유통을 어렵게 만든다."라고 하는 세 가지 행태는 정도의 차이는 있는데, 그 가운데 재산과 식량을 찬탈하는 것이 가장 심각하다고 할 수 있다. 이는 모든 백성들의 삶에 영향을 끼칠 수 있는 것이며, 관문의 통관세나 시장세 등을 과중하게 징수한다는 것은 상인들로부터 이익을 빼앗는 것이다. 이와 같이 상인들의 이익을 찬탈한다고 하는 행태의 결과로 파급되는 영향은 두 가지 측면에서 논의될 수 있는데, 하나는 관문의 통관세를 과중하게 징수하면 그것의 직접적인 영향은 상인들의 이익감소로 이어지게 된다는 것이고, 다른 하나는 물류의 유통에 악영향을 끼쳐 결국에는 경제발전에 장애요인으로 작용을 하게 된다는 것이다.

상인들의 이익에 악영향을 준다고 하는 측면에서 본다면, 당시의 중농주의 중심의 국가체제 속에서 상인계층은 소수였으며 그들의 특징은 물류를 유통시키는데 있다고 할 수 있다. 순자는 수공업자들과 상인들이 많으면 국가는 빈궁해진다고 주장했는데, 이는 순자가 상공업의 발전을 과도하게 지지하지 않았음을 표시하는 것이며, 상공업에 종사하는 인구를 일정 정도로 제한시켜야 한다는 것을 포함하고 있는 것이다. 즉 순자의 입장은 전통의 생산방식인 농업을 매우 중시했다는데 있는 것인데, 이는 당시의 사회적 상황에서 볼 때 국가의 안정에 대하여 실질적인 의의가 있는 것이라고 할 수 있다. 그러므로 순자가 상인들에게 대한 과도한 세금징수를 반대했다고 해서 이러한 사실이 상공업에 대한 제한과 모순된다고 하는 것을 대표하지는 않는다고 할 수 있는 것이다.

물류의 유통에 해악을 끼친다고 하는 측면에서 본다면, 상인들은 비록 물류의 유통과정 속에서 이익을 취하기는 하지만 물류의 유통과정은 백성들의 생활을 더욱 편리하게 만들고, 농업생산품은 물류유통을 통하여 더욱 편리하게 교역될 수 있는 장점이 있다고 할 수 있다. 그렇기 때문에 만일 통관세와 시장세를 과중하게 부과할 경우 비록 상인계층들은 이익이 감소하여 어렵게 될지라도 가장 고통을 받는 계층은 1차 생산자인 농민계층이 된다. 그러므로 여기에서 언급한 세 가지의 조세징수 방식 가운데 무거운 세금과 경작지에 대한 과도한 세금은 농민 모두에게 직접적으로 영향을 미치는 것이며, 통관세와 시장세를 과중하게 매기는 것은 상인들을 통하여 또다시 농민들을 착취하는 것이 된다. 이와 같은 백성들의 고혈을 쥐어짜는 행태에 대하여 순자는 "백성들도 그가 난폭하고 추잡하여 장차 위험할 것을 훤하게 알고 있다"는 말로 경고하고 있다.

이러한 정치를 자행하는 군주들의 행태를 시정하기 위하여 순자는 다음과 같은 대안을 「부국富國」 편에서 제시한다.

> 군자는 덕으로써 백성을 대하고, 소인은 힘으로써 대한다는 말과 같이, 힘은 덕을 위해 사용되어야 한다. 백성들의 노력은 위정자의 덕에 의하여 비로소 공적을 거두고, 백성들의 집단도 여기에 의하여 비로소 융화되고, 백성들의 재산도 여기에 의해서 축적되고 , 백성들의 생활도 여기에 의하여 비로소 평안하고, 백성들의 수명도 여기에 의하여 비로소 길어지는 것이다. 부자가 군주가 아니면 친할 수 없고, 형제가 군주가 아니면 우애할 수 없고, 남녀가 군주가 아니면 즐거울 수 없고, 젊은이가 성장하고 노인이 봉양 받는 것도 그것이다.[2]

정책시행의 방침을 장악하고 정치의 도리를 실천하는 군자는 반드시 백성들의 안락한 삶과 질서 있는 사회를 만들어 운영하기 위하여 조세를 거둬들여야만 하는 것이지, 자기 자신의 향락을 위해 조세를 걷는 것이 아니다. 정치를 잘하는 군자는 인간사회의 집단 사이의 관계를 조화롭게 유지시키며, 또한 예의禮義의 교화를 통해서 백성들이 서로를 사랑하게 만든다. 게다가 형평성 있는 세금부과는 백성들 개인이 자신의 재화를 축적할 수 있

2 『荀子』, 「富國」, "君子以德, 小人以力, 力者德之役也. 百姓之力, 待之而後功; 百姓之群, 待之而後和; 百姓之財, 待之而後聚; 百姓之勢, 待之而後安; 百姓之壽, 待之而後長. 父子不得不親, 兄弟不得不順, 男女不得不歡, 少者以長, 老者以養."

게 만든다. 이와 같은 기초 위에서 인간사회는 비로소 조화롭게 되고 백성들의 삶은 안정될 수 있게 되는 것이다. 아울러 편안하고 여유 있는 환경 속에서 백성들은 너그러운 마음으로 천수를 누리며 살 수 있게 되는 것이다. 이러한 과정이야말로 인간사회가 조화와 균형이 잡힌 질서 있는 세상으로 가는 첩경이 되는 셈인데, 그 첫 걸음은 바로 사회 구성원 사이의 조화에 있으며, 그 다음은 개인의 소득을 증대시키는 것에 있다. 이럴 때 비로소 사회 안정이라고 하는 이상이 실현되는 것이라고 할 수 있다.

순자는 재위에 있는 군자만이 현명하며 능력이 있고 어진 마음과 덕행을 구비하여 백성들의 행복을 도모할 수 있다는 점을 부단히 강조한다. 이와는 반대로 순자는 군주가 덕행을 구비하지 않고 과도하게 세금을 부과하여 부국강병만을 추구한다면 백성들의 부담을 가중시키게 된다고 하였다. 순자가 가장 중시 한 것은 바로 예의禮義의 교화인데, 그는 이러한 교화를 통하여 백성들이 서로가 화합하며 조화를 이루며 살아갈 수 있다고 하였으며, 정치를 실행하는 군자 자신은 예의禮義를 통하여 덕행을 쌓을 때 교화는 비로소 그 효력을 얻을 수 있는 것이라고 했다. 그러므로 정치를 시행하는 방침과 영향은 바로 위정자 자신과 매우 밀접하게 관련이 있다는 것이다.

조세정책의 근본은 백성들에 대한 관용과 사랑을 기초로 하여 수립해야 하는 것이며, 그 목적은 백성들의 삶을 부유하게 만들어 사회를 안정시키는데 있는 것이다. 그러므로 만일 세금납부가 부담이 되지 않는 상황이 발생한다면 백성들의 삶은 비교적 안정적이게 되고, 백성들 또한 재화에 여유가 생겨 그러한 잉여 재화를 경제활동에 사용하게 된다면, 결국에는 그것이 국가 경제발전을 촉진시키게 되는 작용을 하게 되는 것이다. 그렇기 때문에 순자에게 있어서의 합리적인 조세정책은 가장 먼저 백성들의 재화를 수탈하지 말고 세금을 가볍게 부과하여 재화의 근원을 보장할 수 있게 하는 것을 고려해만 한다는 것이었다.[3] 그 다음에는 정부에서 확보된 세수를 낭비하지 않는 운용의 묘가 고려되어야 한다는 것이다.

3. 유능한 인재의 등용

한 국가의 재정상태가 양호하고 구성원들이 고르게 부유하게 된다면 자연히 각종의 정책들이 활발하게 시행될 수 있지만, 만일 정부에서 유능한 인재를 적재적소에 배치하지 못할 경우 막대한 조세수입이 탐관오리의 개인 호주머니 속으로 들어가거나 쓸데없이 많은 무능력한 관리들의 유지 경비로 낭비될 개연성이 크다고 할 수 있다. 이러한 상황은 정책시행의 효과를 낼 수 없을 뿐만 아니라 정부가 백성들로부터 신뢰를 받을 수 없게 만드는 요인으로 작용한다. 경제적인 관점에서 볼 때 인재를 적소에 배치하지 않거나 쓸데없는 인력의 낭비는 거둬들인 세금으로 국가의 정책을 수립 운용하는 데에 있어서 치명적인 결함요소로

3 胡寄窗, 『中國經濟思想史』, 上海, 上海人民出版社, 1978년, 445~446쪽 참조.

작용한다고 말할 수 있다.

정부에서 인재를 채용하는 기준은 정치철학에서 줄곧 논의되어져온 중요한 사안으로 위정자는 반드시 유능한 인재를 판별하는 것이 매우 중요한 사항이라는 것 외에, 반드시 인재 선별의 기준과 임용의 기준을 갖춰야만 비로소 유능한 인재와 그렇지 못한 무능한 인재를 판별할 수 있게 된다. 비록 정치사상 가운데 각종의 유능한 인재에 대한 판별의 기준이 있다고 할지라도, 많은 기준들이 시대적 상황에 따라서 달라질 수 있거나 다른 조정을 거치게 되는 경우가 발생할지라도 유능한 인재의 운용은 반드시 적재적소에 배치하는 것을 원칙으로 해야만 한다는 것은 변할 수 없는 사실이다. 예를 들자면 천리마와 백락의 관계처럼 무능한 사람은 천리마를 일반적인 말처럼 취급하고 이용하며 천리마의 가치를 매몰시켜버린다.[4] 그렇기 때문에 유능한 인재를 선택하는 입장에서는 유능한 사람과 무능한 사람을 판별하는 작업도 중요하지만 그것 이외에도 개인의 재능에 맞춰 적합한 자리에 배치하여 선택된 인재가 진정한 능력을 발휘할 수 있게 만드는 것 역시 매우 중요하다고 할 수 있다.

순자는 인간의 욕망은 끝이 없기 때문에 반드시 제어와 교화가 필요하다고 생각했으며, 또 한편으로 순자는 인간의 탐욕에는 만족함이 없다는 것을 인정했다. 군자는 캄캄한 방에서도 스스로 속임이 없으나, 일반적인 관리들이나 백성들과 같은 경우

4 千里馬와 伯樂에 관한 이야기는 韓愈의 『雜說』, 「馬說」에서 인용했다.

모두가 이러한 경지에 도달하기는 어렵다. 일반적인 사람들은 일단 돈과 권력에 대한 유혹을 쉽게 뿌리치지 못하며 설사 그러한 유혹을 뿌리치는 사람이 있다고 하더라도 극소수에 불과한 것이 일반적인 상황이다. 고대 중국사회의 정부에서 관료를 채용하는 목적은 백성들에 대한 관리와 조세의 징수 및 국가사업을 제대로 시행하기 위해서였다. 그러나 관료 역시 인간인지라 순자가 주장한 악한 본성을 가진 인간의 굴레에서 벗어나기는 어려웠기 때문에 공금을 낭비하거나 무위도식하는 쓸데없는 관리들을 제외한 관리들은 개인의 덕성을 지키는 것에 대하여 반드시 주의를 기울였다. 개인의 덕성을 제대로 지키지 못하는 관리들은 마치 구멍이 뚫린 수도관처럼 조세수입을 낭비하여 국가를 위해 사용되어져야할 재화를 고갈시켜 국가적 사업을 하지 못하게 만들었다. 바로 이러한 점들이 반드시 유능한 인재를 등용하여 적소에 배치해야만 한다는 이유가 되는 것이다. 유능한 인재의 등용에 대하여 순자는 「군도君道」 편에서 다양한 방식으로 그 원칙을 언급했는데 다음과 같다.

먼저 군주는 반드시 유능한 인재의 보좌를 받아야하며 그들을 적재적소에 배치해야만 한다는 것이다.

> 군주가 혼자서는 나라를 다스릴 수 없다고 하는 것이다. 재상과 보좌하는 사람들은 군주에게는 기대는 안석이나 지팡이 같은 것이다. 그것은 서둘러 갖추지 않으면 안 되는 것이다. 그러므로 군주란 반드시 일을 맡길 만한 재상이나 보좌하는 사람들이 있어야

만 한다. 그가 덕이 있다는 명성은 백성들을 쓰다듬어 안정시킬만하고, 그의 지혜와 생각은 온갖 변화에 대처할 만한 것이어야 한다. 이러한 것을 나라가 갖추어야 할 요건이라고 한다. 사방 이웃의 제후들과의 관계에서는 서로 교섭 하지 않으면 안 된다. 그렇지만 반드시 모두와 친하게 지낼 수는 없다. 그러므로 군주는 멀리 있는 나라에 가서 자신의 뜻을 설명해 주고 상대방의 의심을 풀어줄 만한 사람이 반드시 있어야만 한다. 그의 옳고 그름의 설명은 번잡한 일을 해결할 수 있고, 그의 지혜와 생각은 의심을 풀어 줄 수 있고, 그의 결단은 어려운 제의를 막아낼 수 있으며, 사사로운 일을 하지 않고, 군주를 배반하지 않아야 한다. 또한 다급한 일에 대응을 잘 하여, 환난을 막아 주어 나라를 잘 지탱할 수 있어야만 한다. 이러한 것을 나라가 갖추어야 할 요건이라고 하는 것이다. 그러므로 군주로서 자기가 좋아하고 사랑하는 믿을 만한 측근이 없다면, 그를 고독한 군주라고 한다. 사방 이웃 제후들에게 사신으로 보내는 사람이 잘못된 사람이라면, 그를 고독한 군주라고 한다. 고독한데다가 어리석다면 그런 군주의 나라를 위태로운 나라라고 한다. 비록 나라가 아직 그대로 있는 것처럼 보여도 옛날 사람들은 그런 나라는 망하였다고 했다.[5]

5 『荀子』, 「君道」, “人主不可以独也. 卿相辅佐, 人主之基杖也, 不可不早具也. 故人主必将有卿相辅佐足任者, 然後可. 其德音足以填抚百姓, 其知虑足以应待萬变, 然後可, 夫是之谓国具. 四邻诸侯之相與, 不可以不相接也, 然而不必相亲也, 故人主必将有足使喻志, 决疑於远方者, 然後可. 其辩说足以解烦, 其知虑足以决疑, 其齐断足以距难, 不还秩不反君, 然而应薄扞患足以持社稷, 然後可, 夫是之谓国具. 故人主無便嬖左右足信者谓之闇, 無卿相辅佐足任者谓之独, 所使於四邻诸侯者非其人谓之孤, 孤独而晻谓之危. 国虽若存, 古之人曰亡矣.”

순자는 유능한 인재의 등용은 국가를 통치하는 군주에게 있어서 매우 중대한 사안이라고 생각했다.[6] 군주가 절대로 혼자서 국가를 통치할 수 없듯이 정부 역시 한 사람에 의해서 운영되어질 수 없는 것이다. 이러한 입장에서 출발한다면 군주가 어떠한 정책을 시행하건 간에 반드시 유능한 인재 혹은 신하들의 보좌를 통할 때에만 비로소 제대로 시행될 수 있다는 것이다. 순자가 제시하는 유능한 인재의 조건은 다음과 같은 것들이 있다. 즉 내정측면에서는 국정을 잘 보좌할 수 있는 재상과 관료며, 대외적인 측면에서는 제후국들에 사신으로 파견되어 외교적 소임에 전력할 수 있는 관료라고 할 수 있다.

다시 말하면 유능한 재상과 관료의 조건은 "그가 덕이 있다는 명성은 백성들을 쓰다듬어 안정시킬만하고, 그의 지혜와 생각은 온갖 변화에 대처할 만한 것이어야 한다."와 같이 임기응변에 잘 대처할 수 있는 지략을 가지고 있으며, 충분한 덕성을 갖추고 있어서 군주의 또 다른 화신이라고 말할 만한 인재이다. 유능한 외교관은 "그의 옳고 그름의 설명은 번잡한 일을 해결할 수 있고, 그의 지혜와 생각은 의심을 풀어 줄 수 있고, 그의 결단은 어려운 제의를 막아낼 수 있으며, 사사로운 일을 하지 않고, 군주를 배반하지 않아야 한다."와 같은 능력을 가진 자로 외국에 사신으로 파견되었을 때, 독자적인 판단과 충심이 없다면 쉽게 유혹에 넘어가 변절할 수 있으며, 뛰어난 상황판단과 대처 능력

6 韋政通, 『荀子與古代哲學』, 臺北, 臺灣商務印書館, 1992년, 102쪽 참조.

이 없다면 다른 나라가 자국에 대하여 품고 있는 의심과 적의를 용해시킬 수 없게 된다. 또한 모든 일을 국가를 위해서 해야만 하고 결코 사적인 일을 하지 않는 것이야말로 대외 교섭업무를 담당하는 인재의 조건이라는 것이다.

다음으로 군주는 유능한 인재를 적재적소에 배치하여 그들이 자신의 능력을 충분히 발휘할 수 있도록 하기 위해서 인재들의 특성을 파악해야만 한다는 것이다.

> 사람들의 재능을 헤아리되, 신중하고 성실하며 부지런히 일하고, 계산이 세밀하여 전혀 빠뜨리는 일이 없다면, 이는 관청의 일반 관리로 쓸 재목이다. 스스로 잘 수양해서 단정하며, 법을 존중하고 직분을 공경히 지켜 비뚤어진 마음이 없고, 직책을 잘 지키고 할 일에 전념하여, 전혀 더하거나 덜하지 않고 대대로 자손들에게 물려줄 수 있으며, 남이 그가 하는 일을 간섭하거나 빼앗을 수가 없다면, 이는 사대부로서 관청의 우두머리로 쓸 재목이다. 예의를 숭상하는 것은 군주를 존중하기 위한 일임을 알고, 훌륭한 선비를 좋아하는 것은 명성을 아름답게 하기 위한 일임을 알며, 백성을 사랑하는 것은 나라를 안락하게 하기 위한 일임을 알고, 일정한 법도가 있는 것은 풍속을 통일하기 위한 일임을 알며, 현명한 이를 숭상하고 능력 있는 이를 등용하는 것은 공적을 증대하기 위한 일임을 알고, 근본적인 농업에 힘쓰게 하고 말단적인 상업을 억제하는 것은 풍부하게 하기 위한 일임을 알며, 아랫사람들과 작은 이익을 다투지 않아야 하는 것은 일을 하는 데 편리하도록 하기 위한 일임을 알고, 제도를 분명히 하고 사물을 잘 헤아려서 쓰는

데 알맞도록 하는 것은 모든 일이 정체되지 않도록 하기 위한 일임을 안다면, 이는 재상이나 곁에서 보좌하는 신하가 될 재목이다. 그러나 이것은 군주의 도에는 미치지 못하는 것이다. 이러한 세 가지 재목의 사람들을 잘 따지고 골라 벼슬자리에 앉혀 그들의 서열이 잘못되는 일이 없도록 하는 것이 바로 군주의 도이다. 그와 같이 한다면 군주 자신은 안락하고 나라는 잘 다스려지며, 공적은 위대해지고 명성은 아름다워져 위로는 왕자가 될 수가 있고 아래로는 패자가 될 수 있는 것이니, 이러한 것이 군주가 지켜야 할 요건이다.[7]

만일 이상과 같은 세 종류의 인재를 군주가 기용할 수만 있다면 국가를 통치하는 일은 기대 이상으로 용이할 것이다. 또한 군주는 스스로가 국가의 모든 정무를 관장할 필요가 없이 유능한 인재들을 적절하게 운용하여 정무를 관장하게 한다면 효과적으로 국가를 통치할 수 있을 것이다. 이러한 세 종류의 인재는 상급 중급 하급으로 구분할 수 있는데, 하급은 일반 관리로서 기층 백성들과 가장 밀접하게 연결되어 있기 때문에 비록 직위

7 『荀子』, 「君道」, "材人, 愿悫拘錄, 计数纤啬而無敢遗丧, 是官人使吏之材也. 脩飾端正, 尊法敬分而無倾侧之心, 守职循业, 不敢损益, 可传世也, 而不可使侵夺, 是士大夫官师之材也. 知隆禮义之为尊君也, 知好士之为美名也, 知爱民之为安国也, 知有常法之为一俗也, 知尚贤使能之为长功也. 知务本禁末之为多材也, 知無與下争小利之为便於事也, 知明制度权物稱用之为不泥也, 是卿相辅佐之材也. 未及君道也. 能论官此三材者而無失其次, 是谓人主之道也. 若是, 则身佚而国治, 功大而名美, 上可以王, 下可以霸, 是人主之要守也."

는 낮을 지라도 가장 커다란 영향력을 행사할 수 있다. 예를 들면 일선 현장에서 직접적으로 세금을 거둬들이는 관리들이 이러한 인재에 해당 된다. 그러므로 이러한 관리들은 재무관련 업무를 충분하게 숙지하고 있어야 하고 장부기록에도 한 점 오차가 있어서는 안 된다. 중급은 사대부로서 관청의 수장이 된다. 이들은 법을 존중하고 직분을 공경히 지켜서 법률이나 제도의 제정 목적을 명확하게 숙지하고 있으며, 하급관리들에 대한 관리감독뿐만 아니라 하급관리들이 경솔한 행동을 하지 못하도록 단속하기도 하며 그들을 교화시키는 역할도 담당 한다. 상급은 재상이나 군주를 보좌하는 인재들로서, 이들은 비록 군주의 도를 행할 수는 없으나 통치 능력은 가볍게 볼 수 없을 정도이다. 이러한 세 가지 원칙에서 가장 중요한 것은 인재들의 덕성이 주가 되어야 한다는 것이며, 가장 근본적인 원칙은 군주가 유능한 인재를 선임할 수 있는 능력을 가졌는지의 여부인데 만일 그러한 능력이 없다면 모든 것은 공염불이 되어버리게 된다.

유능한 인재를 등용하는 것은 백성들을 사랑하고 국가의 안정을 도모한다고 하는 통치이상에 부합하는 것이지만, 그렇지 않을 경우 순자가 말한 것처럼 국가는 반드시 존망의 위험에 처하게 된다. 이러한 사태가 발생하게 되는 가장 근본적인 원인은 국가 관리들의 행태에 있는 것으로 그들의 행위가 민심에 직접적으로 영향을 끼치고 있기 때문이다. 만일 관리가 청렴해서 백성들의 재화를 수탈하지 않는다면 국가재정에는 어떠한 해악도 없을 것이며 백성들 역시 국가권력에 대하여 원한을 품지 않게 되어 국가의 안정에 커다란 효과를 낼 수 있을 것이다. 그러나 만일 통치자가 "세금을 많이 매겨 백성들의 재산을 무리하게 빼앗는다."와 같이 백성들의 재화를 수탈하게 되면 유능하고 현명한 인재는 결코 그러한 통치자의 앞잡이가 되기를 거부한다. 그렇기 때문에 유능한 인재의 등용은 또 다른 측면에서 의미가 있다고 할 수 있는데, 그것은 바로 군주 자신의 덕성수양을 반영한다는 것이다.

> 군주가 탐욕스럽고 이익을 좋아하면 곧 신하와 여러 관리들은 그러한 것들을 이용하여 자신은 많은 양을 받고 남에게는 조금 주어 백성들을 한도 없이 착취할 것이다.[8]

위의 인용문이 표시하는 것은 신하와 관료들의 현명함과 청렴함의 여부는 군주의 태도와 매우 밀접한 관련이 있다는 사실이다. 순자는 군주가 민심을 안정시키기 위해서는 유능하고 현명한 인재 등용이 중요함을 강조했는데, 경제적 측면에서 본다면 민심의 안정은 정부가 가혹한 형벌과 무거운 세금을 매기지 않는 것과 과도하게 일반 백성들의 경제생활을 간섭하지 않는 가운데 있는 것이다. 백성들이 만족하며 여유 있는 삶을 영위해 나갈 수 있게 만들어 주기 위해서 군주는 반드시 유능하고 현명한 인재의 보좌가 필요한 것이다. 그렇기 때문에 관리의 등용에

8 『荀子』, 「君道」, "上好贪利, 则臣下百吏, 乘是而後豊取刻與, 以無度取於民."

있어서 군주는 방임의 방식을 취해서는 안 된다고 주장하는 것이다.

동서고금을 막론하고 모든 백성들은 자신들이 힘들게 벌어서 국가에 납부한 세금을 쓸데없는 사업에 함부로 낭비하지 않을 것을 염원한다. 동시에 정부가 거둬들인 조세수입을 토대로 국가경제를 발전시키고 사회를 향상시킬 수 있는 용도로 쓰이기를 원하지 정부 관리들의 사사로운 호주머니에 들어가는 것을 원치 않는다.

> 천하의 모든 사람들을 보육하고, 모든 사람들을 애호하며, 모든 사람들을 통제하여, 비록 흉작이나 장마 또는 가뭄이 든 해라 하더라도, 백성들이 헐벗고 굶주리는 걱정이 없도록 하는 것은 바로 성인다운 군주와 현명한 재상들이 할 일이다.[9]

백성들이 정부에 대하여 원하는 것은 홍수로 인해 수재가 발생하거나 가뭄이 들어 기근이 발생했을 때 자신들이 충분히 구제 받을 수 있을까하는 것에 있지 않고, 유능하고 현명한 군주와 관료들이 국가의 운영을 계획적이고 준비성 있게 하여 백성들의 생명과 재산이 천재지변에 의해서 훼손되지 않게 하는 것에 있다.

---

9 『荀子』, 「富國」, "若夫兼而覆之, 兼而愛之, 兼而制之, 歲雖凶敗水旱, 使百姓無凍餒之患, 則是聖君賢相之事也."

4. 합리적인 직업시스템

직접 농업생산에 종사하는 사람과 그렇지 않는 사람들 사이의 직업분배는 합리적으로 분배가 되어야만 많은 수의 인구를 먹이고 입힐 수 있으며 또한 대다수의 사람들 모두가 농업 생산현장에 투입되어 발생할 수 있는 인적자원의 낭비를 방지할 수 있다. 다시 말하자면 농업생산이 일정한 수준에 도달하게 되었을 때는 반드시 상업과 수공업에 종사하는 계층이 존재하게 되어 백성들이 더 많은 물질적 혜택을 누리게 됨과 동시에 물류유통의 효과를 달성할 수 있게 되는 것이다. 상인과 수공업자 계층은 전국戰國시대 중기의 사회에서 이미 없어서는 안 될 존재로 대두하게 되지만 농업생산 중심의 당시 사회체제 속에서는 역시 농업이 가장 중요한 산업이었다.[10]

> 온 천하가 모두 풍족해지는 도리는 사람들 사이의 분계를 분명히 하는 데 있다. 땅을 잘 다스려 땅의 경계를 분명히 하고, 풀을 뽑아 곡식을 잘 자라게 하며, 비료를 많이 주어 밭을 비옥하게 하는 것은 바로 농민 대중들이 할 일이다. 계절에 맞춰 백성들이 일에 힘쓰게 하여 하는 일이 잘 되고 일의 성과가 커지도록 하며, 백성들 모두가 화합케 하여 사람들을 구차하게 지내지 않도록 하는 것은 바로 지방관들이 할 일이다. 높은 곳이라 하더라도 가뭄이 들지 않고, 낮은 곳이라 하더라도 홍수가 나지 않으며, 추위와 더

10 趙靖,『中國經濟思想通史』, 北京, 北京大學出版社, 1996년, 342쪽 참조.

> 위가 계절 따라 잘 조화되어, 오곡이 때에 알맞게 잘 여물게 하는 것은 바로 하늘이 할 일이다. 천하의 모든 사람들을 보육하고, 모든 사람들을 애호하며, 모든 사람들을 통제하여, 비록 흉작이나 장마 또는 가뭄이 든 해라 하더라도, 백성들이 헐벗고 굶주리는 걱정이 없도록 하는 것은 바로 성인다운 군주와 현명한 재상들이 할 일이다.[11]

위의 인용문에서 언급된 사회체제는 매우 간단하다고 할 수 있는데, 사회의 기본적인 체제조직 방식은 위로는 군주와 재상이 있고 아래로는 농민백성들이 있으며 이들 사이의 매개자로서 지방관들이 있다. 이들 지방관들은 통치계층과 서민계층의 중간자로서 백성들 사이의 분쟁과 상호침탈을 방지하는 등의 사회치안을 담당한다. "온 천하가 모두 풍족해지는 도리는 사람들 사이의 분계를 분명히 하는 데 있다."에서 "분계를 분명히 한다."는 언급은 사람들이 자신의 위치에서 맡은 바의 직무를 이행하며 서로가 월권을 하지 않는다고 하는 의미로서 이는 예의禮義의 함의를 담고 있는 것이라고 할 수 있다.[12] 그렇기 때문에 이러한 사회는 효율적인 사회 시스템이 존재하게 되어 통치자와 생산에

---

11 『荀子』, 「富國」, "兼足天下之道在明分. 撩地表畝, 刺屮殖穀, 多糞肥田, 是農夫衆庶之事也. 守時力民, 進事長功, 和齊百姓, 使人不偷, 是將率之事也. 高者不旱, 下者不水, 寒暑和節而五穀以時孰, 是天下之事也. 若夫兼而覆之, 兼而愛之, 兼而制之, 歲雖凶敗水旱, 使百姓無凍餒之患, 則是聖君賢相之事也."

12 魏元珪, 『荀子哲學思想』, 臺北, 谷風出版社, 1987년, 212쪽 참조.

종사하는 계층의 구분이 명확하게 되어져 있는 것이다.

전국시대에는 상인 계층과 수공업자 계층이 이미 흥기해 있는 상태였는데, 만일 이러한 사회 구조상의 변동을 소홀히 한 채 경제 관련 이론체계를 수립했다면 그것은 당시의 시대적 상황에 부합하지 않는 것이었다고 할 수 있는 것이다.

> 나라의 강하고 약한 것과 가난하고 부유한 것을 알아보는 데에는 그 징표가 있다. 군주가 예의를 존중하지 않는다면 군대는 약하다. 군주가 백성을 사랑하지 않는다면 군대는 약하다. 이미 응낙한 일도 믿을 수 없는 처지라면 군대는 약하다. 포상이 제대로 되지 않고 있다면 군대는 약하다. 장수들이 무능력하다면 군대는 약하다. 군주가 공적을 올리기를 좋아한다면 나라는 가난하다. 군주가 이익을 좋아한다면 나라는 가난하다. 사대부의 수가 많으면 나라는 가난하다. 공인과 상인이 많으면 나라는 가난하다. 도량형 제도가 없다면 나라는 가난하다. 백성이 가난하면 곧 군주도 가난해진다. 백성이 부유하면 곧 군주도 부유해진다. 그러므로 밭과 들판과 시골 마을들은 재물의 근본이다. 나라의 쌀 창고나 곳간 같은 것은 재물의 말단적인 것이다. 백성들이 잘 화합하여 하는 일에 질서가 있는 것이 재화의 근원이다. 차등에 따라서 세금을 거둬들이고 창고에 물건이 쌓여 있는 것은 재화의 말류이다.[13]

13 『荀子』, 「富國」, "觀國之强弱貧富有徵. 上不隆禮則兵弱, 上不愛民則兵弱, 已諾不信則兵弱, 慶賞不漸則兵弱, 將率不能則兵弱. 上好功則國貧, 上好利則國貧, 士大夫衆則國貧, 工商衆則國貧, 無制數度量則國貧. 下貧則上貧, 下富則上富. 故田野縣鄙者財之本也, 垣窌倉廩者財之末也. 百姓時和, 事業得敍者, 貨之源也, 等賦府庫者, 貨之流也."

순자는 상공업의 발전에 대하여 일정부분 제한을 가해야 한다고 주장함과 동시에 '도량형 제도'에 통일적인 규격을 사용할 것을 주장한다. 또한 그는 군주가 침략전쟁을 좋아하면 국가는 곤궁해지고, 군주가 자신의 사리사욕 채우기를 좋아한다면 국가는 빈궁해진다고 했는데, 이는 늘 전쟁을 일으키는 국가의 군주가 백성들을 혹독하게 착취한다면 그 국가는 부강해질 수 없다는 것을 말하는 것이다. 전쟁이 경제에 대하여 미치는 부정적인 영향은 농토를 황폐하게 만들 뿐만 아니라 농토를 경작해야 하는 노동인구의 수를 급격하게 감소시킨다는데 있다. 이러한 것 외에도 정부의 치안시스템을 파괴하여 사회 안정에 많은 영향을 미친다는 것이다. 전쟁은 사회적 생산력을 저하시켜 결국에는 사회의 분란을 야기 시키게 된다. 마찬가지로 군주가 일신의 향락을 위해서 가혹하게 세금을 징수한다면 유능하고 현명한 인재들이 정부를 등지고 떠나가게 되며 민심의 이반이 발생하게 된다. 군주가 자행하는 일순간의 향락은 권력의 단축을 촉진시키는 한편 국가멸망의 첩경이라고 할 수 있는 것이다.

조세제도의 측면이나 사회생산 시스템의 측면을 막론하고 농민은 당시 사회의 근간을 이루고 있는 계층으로서, 평상시의 사회생산력을 대표하는 존재였을 뿐만 아니라 전쟁시기에는 활용 가능한 전투력을 대표하는 존재였다. 상인 계층은 각종 재화를 천하의 모든 곳에 유통시키기 때문에 자연히 여러 나라 사이를 왕래하게 된다. 그래서 일단 유사시 즉 전쟁이 발생하면 항상 전쟁을 피해서 다른 나라로 도피한다. 이러한 상인 계층은 국가의 입장에서 볼 때, 농민 계층의 생산이익을 착취할 뿐만 아니라 국가에도 실질적으로는 도움을 주지 않는 존재로 취급되어졌다. 당시의 상인들은 각국의 물류 유통을 통하여 이익을 취하는 존재들로서, 그들은 실질적인 생산 활동에 종사하지 않고 현란한 언변과 두뇌회전을 통하여 저렴한 가격에 물건을 구입하여 고가에 되파는 방식으로 이윤을 취하는 집단일 뿐이었다. 그렇기 때문에 순자는 당시 사회의 시스템 속에서 상공업에 종사하는 계층은 과도하게 많을 필요가 없다는 주장을 하는 것이다.

순자는 "수공업에 종사하는 사람과 상인은 줄이고 농부들을 늘리며, 도둑을 없애고 간사한 자들을 물리치는 것, 이것이 사람들을 잘 살도록 해주는 방법이다."[14]라고 언급했는데, 이는 그가 상공업에 종사하는 계층의 존재를 부정하거나 그러한 행위를 금지시켜야 한다는 조치를 취해야 한다고 하는 것이 아니라, 당시 사회의 시스템 속에서 좀 더 많은 사람들이 농업생산에 종사해야만 현실 생활의 기본적인 수요를 충족시킬 수 있다는 것을 강조하기 위한 주장이라고 할 수 있다. 그렇기 때문에 순자는 정치적인 측면이나 경제적인 측면 모두에서 볼 때, 상공업에 종사하는 계층이 줄어야만 농업생산력이 증가하여 국가의 경쟁력이 생긴다고 생각한 것이다.[15]

농업과 상공업 시스템 가운데 중요하거나 중요성이 떨어지는

14 『荀子』, 「君道」, "省工賈衆農夫, 禁盜賊, 除姦邪, 是所以生養之也."

15 趙靖, 『中國經濟管理思想史教程』, 北京, 北京大學出版社, 1993년, 95쪽 참조.

것에 대한 구분 이외에도 순자는 사회 각 계층의 분배와 책임에 대해서도 구분을 한다.

> 천자처럼 귀해지고 온 세상을 차지할 만큼 부유해지는 것은 사람들의 성정으로서는 다 같이 바라는 바이다. 그러니 사람들의 욕심을 따른다면 곧 형세는 그 욕심을 다 받아들일 수가 없고 물건은 충분할 수가 없을 것이다. 그러므로 선왕은 생각 끝에 이를 위해 예의를 재정하고 분별을 마련해, 귀하고 천한 등급이 있게 하고, 어른과 아이의 차별을 두게 하고, 지혜 있는 이와 어리석은 자와 능력 있고 능력 없는 사람의 분별을 마련했다. 언제나 사람들로 하여금 그들의 일을 맡아 하게 함으로써 각기 그에게 합당한 일을 갖게 하셨다. 그런 뒤에야 녹봉으로 받는 곡식이 많고 적고 두텁고 엷은 균형이 있게 되었다. 이것이 곧 여러 사람이 모여 살면서 하나로 조화되는 도리이다. 그러므로 어진 사람이 윗자리에 있으면 곧 농부는 힘써 경작하고, 상인은 잘 살펴 재화를 늘리고, 여러 수공업자들은 기술과 기계를 써서 물건을 만든다. 사대부 이상부터 제후들에 이르기까지는 모두가 인후함과 지혜와 능력으로써 그들의 관직을 다한다. 이러한 것을 지극한 공평함이라고 한다. 그러므로 어떤 사람은 온 세상을 녹봉으로 받아도 스스로 많다고 여기지 않고, 어떤 사람은 문지기나 객사지기 관문지기 야경꾼이 되어도 스스로 녹봉이 적다고 여기지 않는다. 그래서 "잘라서 가지런히 하고 굽혀 따르게 해, 같지 않으면서도 하나가 된다."고 하였는데, 이러한 것을 인륜이라 일컫는다.[16]

16 『荀子』, 「榮辱」, "夫貴為天子, 富有天下, 是人情之所同欲也. 然則從人之

사회 시스템의 구분과 인륜의 구분은 그 의미상에 있어서는 같은 것이라고 할 수 있는데, 이는 모두가 예의禮義 관념에 기원을 두고 있기 때문이다. 그렇기 때문에 예禮의 입장에서 사람과 사람 사이에서 신중하게 지켜야할 본분은 직업과 직업 사이에서도 마찬가지로 신중하게 직분을 지켜야한다. 물론 농부나 상인 수공업 종사자 및 사대부 심지어는 제후까지도 모두가 그 직분에 맞게 해야 될 업무가 있으며 제 각기 그 특징이 있다. 농부가 체력을 바탕으로 농업생산에 종사하고, 상인이 민첩하고 날카로운 관찰력으로 장사를 하고, 수공업자가 손재주로 수공업 생산품을 제조하거나, 사대부나 제후 등이 어진 마음과 지혜로운 능력으로 정치를 담당하는 것처럼 각기 제 본분과 마땅히 책임져야할 영역이 있는 것이다.

순자의 관념은 예의禮義의 의의가 "귀하고 천한 등급이 있게 하고, 어른과 아이의 차별을 두게 하고, 지혜 있는 이와 어리석은 자와 능력 있고 능력 없는 사람의 분별을 마련했다. 언제나 사람들로 하여금 그들의 일을 맡아 하게 함으로써 각기 그에게 합당한 일을 갖게 하셨다. 그런 뒤에야 녹봉으로 받는 곡식이 많고 적고 두텁고 엷은 균형이 있게 되었다."에 있다고 설명하는

欲, 則埶不能容, 物不能贍也. 故先王案為之制禮義以分之, 使有貴賤之等, 長幼之差, 知愚能不能之分, 皆使人載其事, 而各得其宜. 然後使穀祿多少厚薄之稱, 是夫群居和一之道也. 故仁人在上, 則農以力盡田, 賈以察盡財, 百工以巧盡械器. 士大夫以上至於公侯, 莫不以仁厚知能盡官職, 夫是之謂至平. 故或祿天下而不自以為多, 或監門御旅, 抱關擊柝, 而不自以為寡. 故曰: '斬而齊, 枉而順, 不同而一.' 夫是之謂人倫."

데 있다. 즉 모든 개인은 인간관계나 직무관계를 불문하고 모두 일정한 직위를 가지게 되는데, 이러한 일정한 직위는 반드시 그에 상응하는 보수가 주어져야만 한다는 것이다.[17] 구체적인 사례를 들자면 관문지기를 하거나 야경꾼에 종사하거나를 불문하고 모두 그 직위에 상응하는 보수를 받는데 있어서 직위보다 더 많이 받거나 적게 받아서도 안 된다는 것이다. 이러한 것이 바로 예치禮治 사회 안에서의 진정한 평등이며 모든 개인은 자신의 영역 안에서 자신의 능력과 소질에 따라 직업을 가질 수 있다는 것이다.

5. 맺는 말

이상과 같이 순자의 경제사상에 대하여 형평성 있는 조세정책과 유능한 인재의 등용 및 합리적인 직업시스템의 확립을 중심으로 다음과 같이 살펴보았다.

순자는 조세정책이란 백성들에 대한 관용과 사랑을 기초로 수립해야 하는 것이며, 그 목적은 백성들의 삶을 부유하게 만들어 사회를 안정시키는데 있는 것이라고 주장했다. 그렇기 때문에 만일 백성들의 국가에 대한 세금납부가 부담이 되지 않게 된다면 백성들의 삶은 안정적이게 될 뿐만 아니라, 그들이 재화에 여유가 생겨 그러한 잉여재화를 경제활동에 사용하게 된다면, 결국에는 그것이 국가 경제발전을 촉진시키게 되는 작용을 하게

17 周群振, 『荀子思想研究』, 臺北, 文津出版社, 1987년, 177쪽 참조.

된다고 주장했다. 그러므로 순자에게 있어서의 합리적인 조세정책은 백성들의 재화를 수탈하지 말고 세금을 가볍게 부과하여 재화의 근원을 보장할 수 있게 하는 것을 고려해만 하는 것이었으며, 또한 정부는 확보된 세수를 국가운영의 적시적소에 사용하여 낭비하지 않는 것이었다.

순자는 군주 자신이 국가의 모든 정무를 관장할 필요가 없이 유능한 인재들을 적절하게 운용하여 정부의 업무를 관장하게 한다면 효과적으로 국가를 통치할 수 있을 것이라고 했다. 순자가 생각한 유능한 인재에는 상급 중급 하급의 세 종류가 있었는데, 하급은 일선 현장에서 직접적으로 세금을 거둬들이는 관리들이 이러한 인재에 해당 되며, 이러한 관리들은 재무관련 업무를 충분하게 숙지하고 있어야 한다고 했다. 중급은 사대부로서 이들은 법을 존중하고 직분을 공경히 지켜서 법률이나 제도의 제정 목적을 명확하게 숙지하고 있으며, 하급관리들에 대한 관리감독뿐만 아니라 하급관리들이 경솔한 행동을 하지 못하도록 단속하기도 하며 그들을 교화시키는 역할도 담당 한다고 했다. 상급은 재상이나 군주를 보좌하는 인재들로서, 이들은 비록 군주의 도를 행할 수는 없으나 통치 능력은 가볍게 볼 수 없을 정도라고 하였다. 순자는 이러한 세 종류의 인재를 선별하는 원칙에서 가장 중요한 것은 인재들의 덕성이 주가 되어야 한다는 것이며, 가장 근본적인 원칙은 군주가 유능한 인재를 선임할 수 있는 능력을 가졌는지의 여부였다고 했다.

순자가 생각한 사회의 기본적인 체제조직 방식은 위로는 군주와 재상이 있고 아래로는 농민백성들이 있으며 이들 사이의 매개자로서 지방관들이 있는 것이었다. 순자는 "온 천하가 모두 풍족해지는 도리는 사람들 사이의 분계를 분명히 하는 데 있다." 라고 하는 언급을 통하여 사람들이 자신의 위치에서 맡은 바의 직무를 이행하며 서로가 월권을 하지 않아야 한다고 주장하는데, 이는 예의禮義의 함의를 담고 있는 것이었다. 또한 순자는 예禮의 입장에서 사람들 사이에서 신중하게 지켜야할 본분은 마찬가지로 직업들 사이에서도 신중하게 직분을 지켜야한다고 했다. 이는 물론 농부나 상인 수공업 종사자 및 사대부 심지어는 제후까지도 모두가 그 직분에 맞게 해야 될 업무가 있으며 제각기 그 특징이 있다는 의미이다. 즉 농부가 체력을 바탕으로 농업생산에 종사하고, 상인이 기민한 관찰력으로 물류의 흐름을 파악하여 장사를 하고, 수공업자가 손재주로 수공업 생산품을 제조하거나, 사대부나 제후 등이 어진 마음과 지혜로운 능력으로 정치를 담당하는 것처럼 각기 제 본분과 마땅히 책임져야할 영역이 있는 것이다.

| 참고문헌 |

王先謙,『荀子集解』, 北京, 中華書局, 1992년.

王忠林,『荀子讀本』, 臺北, 三民書局, 1996년.

韓愈,『韓昌黎全集』, 北京, 中國書店, 1991년.

韋政通,『荀子與古代哲學』, 臺北, 臺灣商務印書館, 1992년.

周群振,『荀子思想研究』, 臺北, 文津出版社, 1987년.

魏元珪,『荀子哲學思想』, 臺北, 谷風出版社, 1987년.
胡寄窗,『中國經濟思想史』, 上海, 上海人民出版社, 1978년.
趙靖,『中國經濟管理思想史教程』, 北京, 北京大學出版社, 1993년.
趙靖,『中國經濟思想通史』, 北京, 北京大學出版社, 1996년.

참고문헌

〔원전류〕

朱公遷,『詩經義疏』,『四庫全書』 本.

孫星衍,『尙書今古文注疏』,『平津館叢書』 本.

趙汸,『春秋左氏傳補注』,『通志堂經解』 本.

朱彬,『禮記訓纂』,『宜祿堂』 淸刻本.

朱熹,『大學章句』,『海淵閣』 明刻本.

黃侃,『論語義疏』,『皇淸經解』 本.

朱熹,『論語集注』,『海淵閣』 明刻本.

劉寶楠,『論語正義』,『續皇淸經解』 本.

朱熹,『中庸章句』,『海淵閣』 明刻本.

趙岐,『孟子章句』,『四部叢刊』 本.

朱熹,『孟子章句集註』,『海淵閣』 明刻本.

焦循,『孟子正義』,『焦氏遺書』 本.

王先謙,『荀子集解』, 北京, 中華書局, 1992년.

北京大學哲學系注釋,『荀子新注』, 臺北, 里仁書局, 1983년.

李滌生,『荀子集釋』, 臺北, 學生書局, 1991년.

王忠林,『荀子讀本』, 臺北, 三民書局, 1996년.

程頤, 程灝,『二程全書』, 遺書十九, 臺北, 臺灣中華書局, 1990년.

王陽明,『王陽明全集』 上册, 上海, 上海人民出版社, 1992년.

司馬遷, 瀧川資言會注考證,『史記會注考證』, 太原, 北岳文藝出版社, 1999년.

許愼撰, 段玉裁注, 『說文解字注』, 上海, 上海書店, 1992년.

〔중국자료〕

趙起彬, 『論語新探』, 北京, 人民出版社, 1976년.
匡亞明, 『孔子評傳』, 濟南, 齊魯書社, 1985년.
錢穆, 『孔子與論語』, 臺北, 聯經圖書事業公司, 1988년.
金谷治, 『唐寫本論語鄭氏注及其硏究』, 北京, 文物出版社, 1991년.
蔡仁厚, 『孔孟荀哲學』, 臺北, 學生書局, 1991년.
H.G.Creel, 『孔子與中國之道』, 太原, 山西人民出版社, 1993년.
郎擎霄, 『孟子學案』, 上海, 商務印書館, 1928년.
唐迪風, 『孟子大義』, 北京, 北平直隸書局, 1931년.
陳大齊, 『孟子的名理思想及其辯說實況』, 臺北, 臺灣商務印書館, 1983년.
何淑靜, 『孟荀道德實踐理論之硏究』, 臺北, 文津出版社, 1988년.
袁保新, 『孟子三辨之學的歷史省察與現代詮釋』, 臺北, 文津出版社, 1992년.
李信言, 『孟子政治思想及經濟思想』, 上海, 易社, 1938년.
許宗興, 『孟子的哲學』, 臺北, 臺灣商務印書館, 1989년.
葉經柱, 『孟子之民本主義』, 臺北, 正中書局, 1990년.
黃俊傑 主編, 『孟子思想的歷史發展』, 臺北, 中央硏究院 中國文哲硏究所 籌備處, 1995년.
劉鄂培, 『孟子大傳』, 北京, 淸華大學出版社, 1998년.
楊筠如, 『荀子硏究』, 上海, 商務印書館, 1931년.
周群振, 『荀子思想硏究』, 臺北, 文津出版社, 1987년.
魏元珪, 『荀子哲學思想』, 臺北, 谷風出版社, 1987년.
陳大齊, 『荀子學說』, 臺北, 中國文化大學出版部, 1989년.
李哲賢, 『荀子之核心思想』, 臺北, 文津出版社, 1994년.

馬積高,『荀學源流』, 上海, 上海古籍出版社, 2000년.
牟宗三,『名家與荀子』, 臺北, 學生書局, 1985년.
韋政通,『荀子與古代哲學』, 臺北, 臺灣商務印書館, 1992년.
陳大齊,『荀子學說』, 臺北, 中國文化大學出版部, 1989년.
廖名春,『荀子新探』, 臺北, 文津出版社, 1994년.
鮑國順,『荀子學說析論』, 臺北, 華正書局, 1993년.
熊十力,『明心篇』, 臺北, 學生書局, 1979년.
周群振,『儒學探源』, 臺北, 鵝湖出版社, 1986년.
蘇新鋈,『先秦儒學論集』, 臺北, 文津出版社, 1992년.
余英時,『中國知識階層史論』, 臺北, 聯經圖書出版事業公司, 1980년.
李澤厚,『中國古代思想史論』, 北京, 人民出版社, 1986년.
徐復觀,『中國人性論史』, 臺北, 臺灣商務印書館, 1990년.
唐君毅,『中國哲學原論』, 原性篇, 臺北, 學生書局, 1984년.
馮友蘭,『中國哲學史新編』 第二册, 北京, 人民出版社, 1995년.
張豈之,『中國儒學思想史』, 臺北, 水牛出版社, 1992년.
藩菽 主編,『中國古代心理思想研究』, 南昌, 江西人民出版社, 1983년.
陳定閎,『中國社會思想史』, 北京, 北京大學出版社, 1990년.
牟宗三,『中國哲學的特質』, 臺北, 學生書局, 1991년.
牟宗三,『中國哲學十九講』, 臺北, 學生書局, 1991년.
牟宗三,『心體與性體』 第一册, 臺北, 正中書局, 1989년.
牟宗三,『心體與性體』 第二册, 臺北, 正中書局, 1989년.
牟宗三,『圓善論』, 臺北, 學生書局, 1985년.
牟宗三,『王陽明致良知教』, 臺北, 中央文物供應社, 1980년.
傅佩榮,『儒道天論發微』, 臺北, 學生書局, 1989년.
楊慧傑,『天人關係論』, 臺北, 水牛圖書事業出版公司, 1989년.

成中英,『知識與價值』, 臺北, 聯經出版事業公司, 1986년.
黃維幸,『法律與社會理論的批判』, 臺北, 時報文化事業公司, 1991년.
瞿同祖,『中國法律與中國社會』, 臺北, 里仁, 1987년.
徐復觀,『中國思想史論集』, 臺北, 學生書局, 1983년.
徐復觀,『中國思想史論集續篇』, 臺北, 時報文化事業公司, 1985년.
蕭公權,『中國政治思想史』(上), 臺北, 聯經出版事業公司, 1990년.
侯家駒,『先秦儒家自由經濟思想』, 臺北, 聯經出版事業公司, 1985년.
王友三 主編,『中國宗教史』, 濟南, 齊魯書社, 1991년.
錢穆,『國史大綱』 卷上, 臺北, 臺灣商務印書館, 1991년.
楊寬,『古史新探』, 北京, 中華書局, 1965년.
宋淑萍,『浩瀚的學海』, 北京, 三聯書店, 1991년.
秦家懿·孔漢思,『中國宗教與西方神學』, 臺北, 聯經出版事業公司, 1993년.
칸트 著, 藍公武 譯,『純粹理性批判』, 北京, 商務印書館, 1997년.
Hans-Georg Gadamer, 洪漢鼎 譯,『眞理與方法』, 上海, 上海譯文出版社, 2004년.

〔일본자료〕

木村英一,『孔子と論語』, 東京, 創文社, 1971년.
白川靜,『孔子傳』, 東京, 中央公論社, 1989년.
增淵龍夫,『中國古代の社會と國家』, 東京, 弘文堂, 1960년.
小倉芳彦,『中國古代政治思想研究』, 東京, 青木書店, 1970년.
伊藤道治,『中國社會の成立』, 東京, 講談社, 1981년.
赤塚忠,『中國古代思想史研究』, 東京, 研文書店, 1987년.
松本雅明,『世界歷史』 卷四, 東京, 岩波書店, 1970년.

〔한국자료〕

H.Fingarette, 송영배 역, 『공자의 철학』, 서울, 서광사, 1993년.

松丸道雄 외, 조성을 역, 『중국사개설』, 서울, 한울 아카데미, 1990년.

〔논문자료〕

徐復觀, 「封建政治·社會的崩潰, 及典型專制政治的成立」, 『新亞書院學術年刊』 第十一期, 香港, 1969년.

侯家駒, 「井田叢考」, 『大陸雜誌』 卷67, 第3期, 臺北, 1972년.

許俊雅, 「禮之精神及社會價値」, 『孔孟月刊』 第二十三卷 第十二期, 臺北, 1982년.

林義正, 「論語 '夫子之文章之硏究'」, 『文史哲學報』 第四十二期, 臺北, 1995년.

薛保綸, 「荀子的天論」, 『哲學與文化』 第三卷 第十三期, 臺北, 1978년.

傅佩榮, 「荀子天論硏究」, 『哲學與文化』 第十二卷 第三期, 臺北, 1985년.

岑溢成, 「荀子性惡論析辯」, 『鵝湖學誌』 第3期, 臺北, 文津出版社, 1989년.

陳伯堅, 「荀子政治思想探微」, 『復興崗學報』 第36期, 臺北, 國防大學政治作戰學院, 1986년.

楊素珍, 「荀子禮論與其政治思想的關聯」(上), 『孔孟月刊』 第34卷, 第2期, 臺北, 1995년.

羅漢文, 「荀子的政治思想」, 『政治評論』 第40卷 第3期, 臺北, 1982년.

周紹賢, 「荀子與法家」, 『文藝復興』 第152期, 臺北, 1984년.

賴慶鴻, 「荀子禮治思想之功用」, 『東吳政治社會學報』 第8期, 臺北, 1984년.

袁信愛, 「荀子的社會思想與當前民主政治」, 『哲學與文化』 第17卷 第11期, 臺北, 1990년.

施銘燦, 「荀子之尊君貴民思想」, 『高雄師範學院學報』 第16期, 高雄, 1988년.

顏厥安, 「論法哲學的範圍及主要問題」, 『哲學雜誌』 第四期, 1993년.
蕭高彦, 「共同體的理念」, 『臺灣政治學刊』 第一期, 1996년.
河池重造, 「先秦時代‘士’の諸問題」, 『史林』 卷四十二, 1959년.
高木智見, 「春秋時代の神人共同體について」, 『中國-社會と文化』, 集五, 1990년.
近藤正則, 「『讀余隱之尊孟辨』に見える朱子の孟子不尊周への對應」, 『日本中國學會報』 第33集, 日本中國學會, 1981년.
倉田信靖, 「『孟子』の“春秋天子之事也”に就いて」, 『日本中國學會報』 第38集, 日本中國學會, 1986년.

찾아보기

ㅅ

ㅇ

ㅈ

ㅊ